미운 오리, 라틴아메리카를 날다

◆ 글·사진 송유나 ◆

어문학사

여행의 이유

상실의 시대

아버지는 평범하고 소박하게 하루하루를 열심히 살아낸 평범한 소시민이셨다. 가족을 먹여 살리고 자식들을 교육시키기 위해 당신이 좋아하는 많은 것을 포기한 보통의 가장이셨다. 치열한 삶을 감내할 수 있었던 원동력은 은퇴 후 평안한 삶에 대한 기대뿐이었다. 부양의 의무에서 자유로워질 언젠가를 희망하며 평생의 거친 노동을 기꺼이 감내하셨다. 하지만 아버지는 오랫동안 준비해온 미래의 평안함은 누리지도 못하고 돌아가셨다.

내 생애 가장 가까웠던 사람, 아버지를 상실한 후 나의 인생은 완전히 다른 시대를 맞이했다. 잘 다니고 있던 직장, 창창하게만 느껴지던 미래. 모든 것들이 신기루처럼 느껴졌다. 나 역시 올지도 안 올지도 모를 미래를 위해 현실을 담보하고 살아가는 '현실 불행, 미래 지향형' 사람이었다. 매일 이어지는 야근, 반복되는 업무 등 직장 생활에서 받은 스트레스를 주말에 술로 풀며 피폐해져만 갔다. 학창 시절 꿈꾸었던 모습과 너무도 다른 현실이 부끄러워 과거 마음에 품었던 '장래 희망'은 의도적으로 잊고 살았다. 하지만 아버지가 손에 쥐고 있던 것들이 결국은 아버지의 것이 될 수 없었던 것처럼 내가 쥐고 있던 것도 내 것이 될 수 없었다. 그 사실을 상실, 그 후에 알게 됐다. 상실은 삶에 대한 회의懷疑로 이어졌다.

나는 지금 행복한 걸까?

결심

상실의 그 시간, 그 장소에서 나는 여행을 결심했다.

물론 겁이 났다. 안정적인 미래를 위해 치열하게 준비해도 모자란 시기에 가진 것을 다 털어 불투명한 상황으로 가는 것이 마냥 즐거울 수만은 없었다. 하지만 더 겁이 났던 것은 행복할 미래를 위해 모든 것을 준비했는데 정작 그 미래가 오지 않았을 때의 상황이었다. 겁이 나서 떠난 거다, 정말.

그리고 궁금했다. 어떤 대학을 나와 어떤 직장에서 무슨 직급으로 일하는 사회적으로 정의된 '송유나'가 아닌, 자연인 '송유나'가 어떤 상황에서 어떤 사람을 만나 어떤 생각을 하는지 말이다. 사회가 만들어준 틀에 맞춰 살아오느라 자연인으로서의 나를 알지 못했다.

때로는 인생에서 한 치 앞도 못 보는 것보다 한 치 앞만 보는 게 더 위험하다. 이력서의 빈칸이 두려워 삶에 후회를 남기고 싶지는 않았다. 다른 언어를 배우고 많은 사람을 사귀고, 지구 반대편의 거대한 자연을 보며 더 성숙해질 것이라 믿었다.

안정적인 미래? 2년 정도 늦춰도 30년을 성실하게 다져온 내 인생이 무너질 일은 없을 것이다.

CONTENTS

1 콜롬비아 COLOMBIA

2 베네수엘라 VENEZUELA

3

에콰도르

ECUADOR

4

페루

PERÚ

5

볼리비아

BOLIVIA

8

과테말라 GUATEMALA

9

멕시코 MÉXICO

콜롬비아
COLOMBIA

BOGOTÁ
SAN GIL
MEDELLÍN
SANTA MARTA Y CARTAGENA
BARICHARA
VILLA DE LEYVA
CALI
POPAYÁN
IPIALES

콜롬비아 보고타
COLOMBIA BOGOTÁ

지구 반대편, 나의 두 번째 고향

나라의 수도

내 나라의 수도는 서울이다. 다시 말해, 내게 수도란 개념은 서울을 기준으로 한다. 역동적이고 스타일을 지향하는 거대 도시. 낮이면 높은 빌딩이 마천루를 이루고 밤이면 네온사인이 불을 밝혀 잠들지 않는 도시. 자고로 수도는 그래야만 했다.

라틴아메리카 여행의 첫 관문이 될 도시이자 잠시나마 '생활인'으로 머물게 될 도시, 콜롬비아의 수도 보고타Bogotá. 처음 마주한 보고타는 내가 생각한 '수도의 개념'과는 한참 동떨어진 모습이었다. 마천루도, 네온사인도 없이 오직 캄캄함이 도시를 짓누르고 있었다. 몇 주를 지내도 역동적인 느낌은 받을 수 없었다. 하지만 지낼수록 진국이었다. 나의 오해에 거세게 항의라도 하듯이 보고타는 서서히 하지만 맹렬하게 그 매력을 드러냈다. 대도시에서는 느낄 수 없는 따뜻함이 있는 도시, 그 중심에는 사람들이 있다.

보고타 거리

가족을 만들다

스페인어를 배우기 위해 보고타에서 2개월 동안 지내야 했던 나는 우선 살 집을 마련해야 했다. 보고타에 오기 전, 한국에서 인터넷을 통해 방을 어떻게 구해야 하는지 검색해봤지만 찾기 힘들었다. 보고타에 도착해 일단 호스텔에 짐을 풀고 학교 주변에 붙은 전단을 훑어가며 샅샅이 방을 찾아봤지만, 마음에 꼭 드는 안식처를 구할 수 없었다. 침대도, 창문도 없는 방에서 침낭을 깔고 2개월을 지낼 수는 없었다. 며칠을 돌아다녀 봤지만, 결과는 별반 다르지 않았다. 마지막이라는 심정으로 카우치 서핑Couch Surfing●에 방을 구한다는 글을 올렸다. 카우치 서핑을 통해서도 제대로 된 방을 구하지 못한다면 어두컴컴한 '골방'에서 2개월을 지내야 했기 때문에 간절하게 글을 쓰고 모니터 앞에서 두 손 모아 기도했다. 간절함이 통했는지 다음 날 바로 답신이 왔다. 학교 근처에서 가족과 함께 살고 있는 하비에르라는 친구였다. 마침 방이 하나 남는다며, 우리는 좋은 가족이 될 수 있을 거라는 내용이었다. 더 생각할 필요도 없었다. 침대와 간단한 가구들도 완비된 완벽한 장소였다. 다음 날 바로 그 집에, 지구 반대편에, 나만의 보금자리를 꾸렸다.

2개월, 가족이 되기에 충분한 시간. 주중에는 거실에서 맥주를 마시며 도란도란 이야기를 나누었고, 주말이면 함께 클럽과 파티에 다녔다.

● 카우치 서핑 : 여행자가 잘 곳을 찾거나, 호스트가 자신의 집을 여행자에게 빌려줄 수 있도록 도와주는 사이트.

콜롬비아 가족

학교에 갈 때마다 현관까지 나와서 배웅을 해주시던 콜롬비아 아빠, 음식을 하시면 내 것을 잊지 않고 챙겨주신 콜롬비아 엄마 사이에서 '귀여움 받는 막내'로 지낸 2개월. 향수조차 느낄 수 없던 따뜻한 시간이었다.

보고타 국립대학교 13학번!

콜롬비아의 스페인어는 스페인 본토와 발음이 흡사하고 억양도 깨끗하다는 평가를 받고 있어, 콜롬비아는 언제나 언어를 배우고 여행을 시작하려는 여행자들로 가득하다. 덕분에 보고타에서는 학원, 대학, 개인 과외를 통해서 쉽게 스페인어를 배울 수 있다. 그러나 나는 원만한 여행을 위해 배우는 스페인어에 많은 돈을 지불하고 싶지는 않았다. 그래서 선택한 곳은 저렴한 학비로 유명한 보고타 국립대학교. 오랜만에 대학 생활도 만끽할 수 있으니 일석이조였다. 수업은 하루에 2시간, 일주일에 5일뿐인 어학당 생활이지만 마음만은 대학 새내기였다. 나는 약 10년 만에 다시 신입생으로 돌아갔다.

학교에서의 수업도 만족스러웠지만, 더욱 즐거웠던 것은 역시 방과 후의

'진짜 수업'이었다. 호주, 중국, 미국, 영국, 터키, 파키스탄 등 세계 각지에서 온 친구들과 수업이 끝난 후 바에 모여 맥주를 마시며 우리는 "이것이야말로 진정한 수업이지!"를 외치며 '영어'로 이야기했다. 콜롬비아 여자 친구와의 결혼을 앞두고 스페인어를 배우는 호주 친구 딘, 더 나은 환경을 기대하며 귀화를 준비 중인 파키스탄 친구 아밀, 부인의 고향을 찾아 콜롬비아로 온 미국 친구 크리스. 스페인어를 배우는 사연은 모두 달랐지만, 콜롬비아를 제2의 고향으로 여기는 마음은 모두 같았다.

유쾌한 친구들 덕분에 우리 교실에는 항상 웃음이 떠나지 않았다. 축구 경기가 있는 날은 교수님을 설득해 수업을 '째고' 맥주를 마시며 경기를 봤고, 바른말만 가르쳐 주시려는 교수님께 '욕'을 가르쳐 달라고 하여 교수님을 당황시키기도 했다.

학교생활만으로 스페인어 실력이 획기적으로 늘지는 않았다. 하지만 나의 두 번째 고향에서 '13학번 동기'들과 만든 즐거운 추억은 보고타에 머문 2개월을 더욱 빛나게 했다. 어쩌면 학교생활을 통해 얻은 것은 약간의 스페인어와 많은 친구들과의 추억일 것이다.

사람 사는 곳은 다 똑같다

"남미에 갈 거야!"라고 공언한 순간, 주변의 반응은 한결같았다. "왜 하필 남미야? 위험하다는데 괜찮겠어?" 남미에 속한 콜롬비아를 이야기할 때 빠질 수 없는 것이 바로 치안이다. 사람 사는 곳은 다 똑같다고 생각하던 나도 하도 위험하다는 이야기만 듣다 보니 동요될 수밖에 없었다.

'현지인들도 소매치기를 당하지 않으려고 가방을 앞으로 메고 다닌다더라.' '소매치기를 만났을 때 반항하면 총 맞는다더라.' '줄 돈은 항상 따로 챙겨서 다녀야 한다더라.' '강도의 표적이 되지 않게 무조건 초라하게 하고 다녀야 한다더라.' 여행 준비는 안 하고 인터넷으로 남미의 치안, 콜롬비아 강도 등만 검색하며 여러 날을 보냈다. 친구들은 이런 내가 걱정이 됐는지 강도를 만나면 눈에 뿌리고 도망치라며 고춧가루를 선물했다. 갑작스럽게 강도를 만나면 던지고 도망갈 시간이 없다는 것을 누구보다 잘 알면서도 버릴 수 없었던 걸 보니, 떠나기 전 나도 걱정이 되긴 했나 보다. 그런 걱정이 쓸데없는 일이라고 단언할 수는 없다. 하지만 지금 치안만 검색하며 오들오들 떨던 내 모습을 회상하며 웃을 수 있는 건, 보고타 역시 사람 사는 곳 그 이상도 이하도 아닌 걸 알기 때문이다. 물론 조심하자고 마음은 먹었다. 하지만 고산지대라 오후 6시면 어두워지는 보고타에서 모든 밤 문화를 마다할 수는 없는 법이다. 여행자의 본분을 잊고 집에만 박혀 있을 수도 없었다. 다만 위험한 곳에 혼자 가지 않고 휘황찬란한 장신구를 몸에 두르지 않고 다니는 등 기본적인 것들은 지키며 다녔다.

현재 보고타에는 치안을 위해 많은 경찰이 배치돼 있다. 정권이 바뀌면서 안전에 중점을 둔 결과다. 로컬을 경험하겠다며 위험한 지역으로 혼자 가거나, 밤 늦게 술에 취해 혼자 돌아다니지만 않는다면 보고타 역시 보통 사람들이 지지고 볶고 살아가는 도시, 그 이상도 이하도 아니다. 두려움에 갇혀 집에만 있기에는 이곳은 너무 아름답다.

보고타 경찰, 무단 횡단

보고타 시내

보고타 길거리 마트

보고타는 심심한 도시?

어쩌면 여행자에게 보고타는 볼 것도 없고 할 것도 없는 심심한 도시일 수도 있다. 높은 고도 때문에 걷는 게 힘들고, 길가에 버려진 쓰레기 더미에 눈살이 찌푸려지고, 궂은 날씨에 질려 버릴 수도 있다. 하지만 여유를 갖고 보고타를 둘러보면 사람이 보인다. 미소를 머금고 친구와 이야기하며 천천히 걸어가는, 길을 물어보면 친절하게 알려주는, 구걸하는 사람에게 선뜻 자신의 지갑을 여는 사람들이 보인다. 차가운 도시를 더 차갑게 만드는 '차도남'과 '차도녀'는 이 도시에 없다. 역동적이고 세련되지는 않아도, 높은 마천루와 밤을 환하게 밝히는 네온사인은 없어도 보고타가 매력적일 수밖에 없는 이유는 바로 사람들 때문이다.

콜롬비아 산힐
COLOMBIA SAN GIL

'샘플형' 인간

천국을 날았고, 달렸다

인터넷도 없고 케이블 방송도 없던 어린 시절, 나는 여름이면 시냇가에서 멱을 감고 겨울이면 뒷동산에서 눈썰매를 타며 놀곤 했다. 자연의 품에서 몸을 쓰며 놀았던 그 시절의 추억 때문일까, 나는 지금도 인터넷이나 TV보다는 밖에서 움직이는 것을 더 좋아한다. 이런 내게 콜롬비아의 산힐San Gil은 '맞춤형 마을'이라고 해도 과언이 아니다. 액티비티Activity의 천국이란 별칭을 가지고 있을 만큼 산힐에는 케이빙Caving, 라펠링Rapelling, 래프팅Rafting, 패러글라이딩Paragliding 등 즐길 거리가 가득하다.

워낙 액티비티를 좋아해 학교생활을 하면서도 산힐에 갈 날만 기다리던 중, 드디어 때가 왔다. 6월 첫째 주, 월요일이 공휴일인 황금 주말이! 학교 친구들과 금요일 수업이 끝나자마자 밤 버스를 타고 산힐로 출발했다. 험난한 안데스Andes 산맥을 품고 있는 콜롬비아, 첫 장거리 버스 여정은 안데스의 위용을 느끼기에 충분했다. 고도 때문에 귀는 먹먹해지다 풀리기를 반복했고, 꼬불꼬불한 산길을 달리는 버스 안에서 편하게 쉬기란 불가능했다. 결국 흔들리는 버스 안에서 아무것도 할 수 없었고, 한숨도 자지 못했다.

'공식적인 소요 시간'보다 항상 시간이 더 걸린다는 이야기를 듣고 아침에 도착할 수 있게끔, 시간을 계산해 야간 버스를 선택했다. 그러나 버스에서 잠을 자고 아침부터 액티비티를 즐기려 했던 우리의 계획에 처음부터 어깃장이 놓였다. 시간이 더 걸린다는 이야기가 무색하게 정확히 7시간 만에 산힐에 도착한 것이다. 숙소도 알아보지 않고 왔는데 새벽 4시에 도착해버렸다. 인적이 드문 시간, 다행히 문을 연 가게가 있었다. 이른 아침 식사를 하고 가게 주인에게 호스텔이 있는 곳을 물었다. 알려준 길을 따라 중앙 광장으로 향했다. 문을 연 호스텔로 들어갔지만 아침이 돼야 방에 들어갈 수 있다는 말에 로비에서 급한 대로 새우잠을 청할 수밖에 없었다. 아, 이 상태로 액티비티나 제대로 할 수 있을까.

우리가 자전거를 타고 달린 폰세 강 길

피곤한 몸을 이끌고 액티비티를 알아보러 시내로 나갔다. 여행사를 찾고 예약을 하기까지는 오랜 시간이 걸리지 않았다. 래프팅, 케이빙, 패러글라이딩을 예약한 후 산힐 근방을 구경하기 위해 자전거를 빌렸다. 폰세 강Río Fonce을 따라 한참을 달렸다. 안데스의 푸름과 폰세 강의 넘실거리는 물결을 보며 상쾌한 바람을 맞으니 피곤함은 눈 녹듯 사라졌다. 하지만 3시간을 달리고 나니 안장에 얹었던 엉덩이는 아파오고 다리의 알들은 터질 것 같았다. 다행히 본격적인 액티비티는 다음 날인 일요일과 월요일로 예약을 해두었기 때문에 자전거를 탄 후 피로에 특효약인 맥주를 들이켰다. 오랜만의 운동으로 몸은 아팠지만 기분만은 날아갈 것 같았다.

일요일, 드디어 액티비티를 할 시간이다. 이것이 바로 이 작은 마을이 항상 여행객들로 붐비는 이유다. 처음 도전한 것은 바로 케이빙이었다. 1시간 동안 가이드를 따라 동굴을 탐험했다. 여행사에서 빌린 헤드램프Head lamp를 착용하고 어두운 동굴을 탐험하니 마치 인디아나 존스가 된 듯했다. 야생 박쥐도 보고, 천장까지 물이 들어차 머리까지 입수해야 하는 구간도 무사히 건넜다. 미끄러지고 벽에 부딪혀가며 탐험을 하고 나와보니 온몸은 진흙투성이가 됐다.

산힐의 개미(오르미가) 기념품

케이빙이 끝난 후, 조아나라는 콜롬비아 친구가 산힐의 전통 음식을 소개해주고 싶다며 한 가게로 우리를 안내했다. 바로 오르미가Hormiga를 파는 가게인데, 오르미가는 한국어로 '개미'란 뜻이다. 어쩐지 곳곳에서 개미 조형물이 눈에 많이 띈다 싶었다. 새끼손톱만 한 개미를 볶아서 먹는 것인데, 먹어보니 고소한 것이 꽤 맛있었다. 다른 한국 친구들은 맛만 보고 손사래를 치는 걸, 나는 아예 한 봉지를 사버렸다.

신 나는 동굴 탐험을 하고 호스텔로 돌아와 샤워한 후 패러글라이딩을 하러 갔다. 시내에서 40분 정도 봉고차를 타고 가야 했는데, 비포장도로를 달리느라 몸이 들썩이는 와중에도 창밖의 풍경에 시선을 뺏겼다. 끝없이 펼쳐진 녹색 산과 푸른 하늘, 잘 그려진 산수화가 눈앞에 펼쳐져 있었다.

패러글라이딩을 하러 도착한 곳은 치카모차 국립공원Parque Nacional del Chicamocha이 한눈에 보이는 언덕. 먼저 도착한 사람들이 하늘을 나는 모습을 보니 가슴이 두근거리기 시작했다.

어릴 적, 88올림픽 체조 경기를 보고 어린 마음에 2층 옥상 난간에서 따라 하겠다고 설치다가 떨어진 적이 있어서 높은 곳을 무서워하지만, 패러글라이딩은 '높다'는 범위를 벗어나는 것이라 큰 문제가 되지 않았다.

간략하게 인적 정보를 적고 가이드와 함께 20분을 날았다. 무섭다고 할수록 방향을 돌려가며 더 무섭게 운행해 준 가이드와 눈앞에 펼쳐진 거짓말 같은 풍경 때문에 20분은 순식간에 지나갔다. 내려온 후, 일행을 기다리는 시간마저 풍경 덕분에 지루할 새가 없었다.

공원의 밤

오전에는 케이빙으로 육지를 탐험하고 오후에는 패러글라이딩으로 하늘을 날았던 일요일. 밤에는 일행과 함께 맥주를 들고 공원으로 나갔다. 액티비티를

산힐 패러글라이딩

하러 온 산힐이지만 더욱 기억에 남는 것은 공원의 밤이다. 감미로운 목소리로 기타를 치며 노래 부르던 청년, 그 노래에 춤을 추며 쉼 없이 '세뇨리따!Señorita'를 외치던 히피, 음악에 맞춰 춤추는 아들을 보고 "술 취했니?Borracho?"라고 놀리던 아저씨. 신 나고 흥겨운 공원의 분위기에 작은 마을이 들썩였다.

캐리커처를 그리는 길거리 화가의 호객 행위에 이끌려 우리도 그림을 부탁했다. 동양인은 처음 그려본다는 화가 아저씨와 동양인을 어떻게 그릴 것인지 궁금했던 공원의 사람들(근무를 서고 있던 경찰들도!)이 모두 모여들었다. 피사체가 된 와중에도, 화가가 친구들을 그리는 와중에도 몰려든 콜롬비아 사람들에게 둘러싸여 질문을 받는 통에 정신이 하나도 없었다. 호기심이 많은 콜롬비아 사람들이 여행자에게 묻는 '공식' 질문이 있다. 이름이 무엇인지, 어디서 무엇을 하러 왔는지, 그리고 자식이 있는지. 결혼하기 전에 아이를 가지는 것이 보편화된 나라다 보니, 언제나 세 번째쯤에는 어김없이 '자식의 유무'를 묻는다. 처음에는 결혼도 안 한 처녀에게 자식이 있는지를 묻는 것이 당황스러웠지만 금세 익숙해졌다. 나도 콜롬비아 사람들에게 질문할 때 늘 세 번째쯤 자식이 있느냐고 묻는

공원의 밤, 춤추던 꼬마

걸 보니 콜롬비아 사람 다 됐구나 싶다. 질문과 동시에 함께 사진 찍자는 말에 몇 번이고 포즈를 취했다. 사인만 안 했지, 이곳에서는 내가 연예인이었다!

다음 날은 래프팅. 첫날 자전거를 타며 봤던 폰세 강을 따라 고무보트를 타고 내려온다. 1시간 정도 보트를 타며 물에 몇 번을 빠졌는지 모르겠다. 우리 일행은 다들 물놀이를 좋아해서 물에 빠질 때마다 너무 즐거워했다. 다시 보트 위로 올라오라는 가이드의 말도 안 듣고 물놀이 삼매경에 빠졌다. 가이드도 나중에는 포기한 듯 올라오라는 말조차 하지 않았다. 얼마나 신 나게 놀았던지 살이 타는 것도 몰랐다. 결국, 다음 날 반바지 자국 그대로 타서 마치 검은색 반 스타킹을 신은 모양이 됐다. 샤워를 하려고 해도 벗을 수 없는 스타킹. 아, 오늘도 사흘 치가 한 번에 까매졌다.

콜롬비아의 관광 상품

치안에 대한 걱정도 있겠지만 사실 콜롬비아에는 에콰도르의 갈라파고스, 칠레의 이스터섬, 아르헨티나의 이구아수 폭포처럼 상징적인 '관광 상품'이 없기 때문에 많은 여행자가 콜롬비아를 건너뛰곤 한다. 하지만 상징적인 관광지는 없어도 콜롬비아는 유쾌한 사람들 자체가 빼어난 '관광 상품'이다. 콜롬비아 사람들, 따뜻하고 유쾌하다. 길을 몰라 헤매고 있을 때 먼저 다가와서 도와주는 것도 그들이다. 검은 눈, 검은 머리의 이방인을 신기해하며 아래위로 훑지 않고 알고 싶어 하고 친해지고 싶어 한다. 그들에겐 너무 먼 한국이란 나라에 대해 궁금해하고 우리의 눈에 비친 콜롬비아를 궁금해한다. 말이 통하는지 안 통하는지는 중요하지 않다.

산힐 사람들 역시 콜롬비아 사람들이었다. 액티비티로 유명한 곳이라 1년 내내 많은 여행자가 방문하는 곳이지만, 사람을 맞이하고 떠나보내는 과정에 지쳐 여행자를 외면하지 않는다. 이른 새벽 기꺼이 문을 열어 로비의 소파를 내준 호스텔 직원들. 구경꾼이 아닌 참여자가 되도록 먼저 손 내밀어 공원의 밤을 함께 즐긴 사람들.

화장품을 살 때 더 기대하는 것은 바로 샘플이다. 잡지를 살 때, 판단 기준은 잡지 부록이 되기도 한다. 동굴과 강을 탐험했던, 하늘을 날았던 흥분은 가신 지 오래지만, 여전히 따뜻했던 공원 사람들에 대한 기억이 생생한 걸 보면 난 역시 '샘플형' 인간이다.

콜롬비아 메데인
COLOMBIA MEDELLÍN

다시 배낭을 꾸리고, 신발 끈을 매고

진짜 여행의 시작

2달간의 학교생활보고타 국립대학교 어학연수 과정 Nacional Universidad ELE을 무사히 마치고 드디어 진짜 여행의 시작이다. 하루 2시간뿐인 수업이었지만 클라우디아 교수님, 반 친구들과도 정이 많이 들었다. 우기에 걸려 머무는 내내 비가 오던, 그때는 너무나도 싫었던 보고타의 날씨마저 운치 있게 느껴지는 걸 보니 아쉽긴 아쉬웠던 모양이다. 무엇보다 따뜻한 가족의 품을 떠나야 하는 것이 아쉬웠다. 하지만 떠돌기 위해 왔고, 떠나야 하는 것이 여행자의 숙명이다. 2개월 새 짐이 늘었다. 배낭에 있는 것을 전부 꺼내, 신중하게 필요한 것들만 골라 다시 배낭을 꾸렸다.

아쉬운 마음을 겨우 추스르고 향한 곳은 아름다운 여인의 도시, 메데인Medellín이다. 콜롬비아라는 나라 자체가 예쁜 여자들이 많은 것으로 유명하지만, 메데인은 그중에서도 으뜸으로 꼽히는 도시다. 아직 지역감정이 남아 있는 콜롬

비아다 보니 보고타 사람들은 "메데인 여자들은 다 성형 수술한 거야!"라는 말을 덧붙이곤 하지만 말이다. 또한 보고타와 다르게 날씨도 좋아 여행자나 스페인어를 배우고자 하는 사람들에게 메데인은 늘 '꼭 가야만 하는 도시'로 꼽히곤 한다.

그들의 몸속에는 살사의 피가 흐른다

메데인에서는 카우치 서핑을 통해 살 집이 아닌 친구를 찾아보기로 했다. 연락이 닿은 친구는 메데인에서 살고 있는 사무엘과 보고타에서 메데인으로 여행 온 펠리페. 한국과 콜롬비아에 대해, 보고타와 메데인에 대해 수다를 떨며 돌아다니다 보니 어색함도 금세 사라졌다.

우리는 오전부터 오후까지 메데인 구석구석을 돌아다녔다. 더 이상 갈 곳이 없어진 저녁, 무엇을 할까 생각하던 중 펠리페가 카우치 서핑을 통해 좋은 파티가 있다는 정보를 알아냈다며 함께 가자고 했다. 가진 것은 주소 하나뿐, 포블라다Poblada를 헤맨 끝에 겨우 도착했다. 펠리페도 카우치 서핑으로 알아낸

펠리페, 사무엘 등 친구들과의 바비큐 파티

정보였기 때문에 큰 기대는 하지 않았다. 하지만 호스트인 실반의 펜트하우스에 도착하자마자 놀라지 않을 수 없었다. 메데인의 야경이 한눈에 들어오는 옥상에서 펼쳐진 바비큐 파티. 오늘 호강하겠구나! 잘 구워진 소고기와 각종 술이 가득했던 옥상에서 머리로는 파티에 걸맞도록 우아하고 도도하게 행동하자고 생각했지만 야경에 자꾸 시선을 뺏겼다. 감탄만 수백 번 했다.

분위기가 무르익자 음악은 어느덧 살사로 바뀌었다. 호스트가 스위스 사람이라고 해도, 이곳은 콜롬비아. 살사가 빠질 수 없다. 춤이라고는 못 출 것처럼 어리숙해 보이던 나의 친구들, 능숙하게 스텝을 밟는 사무엘과 펠리페도 역시 콜롬비아 사람이었다. 살사의 본고장은 쿠바라지만, 콜롬비아 사람의 살사 사랑도 쿠바에 뒤지지 않는다. 살사는 콜롬비아 사람들, 그 자체다. 모자란 스페인어로 더듬거리며 "너희 몸속에는 살사의 피가 흐르는 것 같아!"라고 말하자 고개를 끄덕이는 콜롬비아 사람들. 몸치인 탓에 몸을 사려봤지만 예외란 없었다. 발이나 밟지 않으면 다행이다. 이들은 알까, 살사를 추든 못 추든 살사를 추는 문화가 얼마나 매력적인지. 춤을 추다 지치면 야경을 바라보며 이야기를 나누고 맥주를 마셨다. 한국에서는 매일같이 "먹고 죽자!"며 마시기에만 급급했는데 콜롬비아에서는 술이 없어도, 술을 마시지 못해도 즐겁다.

콜롬비아식으로 놀기

다음 날은 친구들과 안티오키아Antioquia 공원에 함께 가기로 했다. 사무엘과 펠리페를 만나러 지하철역으로 갔더니 4명의 친구들이 더 있었다. 메데인에서 스페인어를 공부하는 호주 친구 크리스, 사무엘의 친구 세바스티안과 그의 여자 친구 레이디 그리고 레이디의 친구 카밀라까지. 인원이 늘어난 만큼 목소리는 더욱 커졌다. 내 나이를 묻는 세바스티안에게 50살이라고 농담을 하니, "역시 동양 여자들은 어려 보여."라며 고개를 끄덕인다. 이미 내 나이를 알고 있던 사무엘과 펠리페도 동조하는 바람에 한동안 나는 세바스티안에게 '젊어 보이는 반백 살의 여성' 노릇을 해야 했다.

세바스티안에게 '할머니' 취급을 받으며 지하철과 케이블카를 타고 어렵게 안티오키아 공원에 도착했지만 문이 닫혀 있었다. 아쉽게도 딱 하루 쉬는 날, 하필 그날에 걸린 거다. 만약 혼자였다면 여행책을 보면서 차선책을 마련하느라 분주했을 텐데, 현지 친구들이 있으니 대안이 금방 나왔다. 근처에 전망 좋은 언덕이 있다길래 그곳으로 향했다. 메데인이 한눈에 보이는 언덕, 허름한 가게 앞에 자리를 잡았다. 콜롬비아 사람들이 맥주만큼 좋아하는 아구아르디엔테Aguardiente라는 보드카를 마시면서 카드놀이를 시작했다. 한참 동안 카드놀이도

안티오키아 공원 앞

언덕 구멍가게 앞

하고 이야기도 하다가 해가 질 때쯤 다시 시내로 돌아왔다. 비록 공원은 볼 수 없었지만 '차선책'도 훌륭했다.

만약 사무엘과 다른 친구들을 만나지 않았다면 메데인의 '유명 관광지'인 안티오키아 공원은 볼 수 있었을지도 모른다. 하지만 이들이 없었다면 야경을 바라보며 추던 살사도, 별것 아닌 이야기에 어린아이처럼 깔깔거리며 웃던 내 모습도 없었을 것이다. 콜롬비아식으로 놀기? 낯가림과 수줍음은 필요 없다. 친구와, 그리고 친구의 친구와도 스스럼없이 나누는 진한 우정만 필요할 뿐이다.

엘 페뇰 바위

히치하이크

사실 도시를 별로 좋아하지 않는 내가 메데인에 간 이유는 따로 있었다. 꽃도, 여자도 아닌 엘 페뇰El Peñol이란 바위 때문이었다. 파티, 메데인 시내, 안티오키아 공원 근처를 누비며 며칠을 신 나게 놀다가, 도착한 지 4일이 지나고 나서야 겨우 시간을 낼 수 있었다. 메데인 친구들은 모두 바빠서, 펠리페와 함께 구아타페Guatapé로 향했다.

가기 전까지만 해도 시큰둥하던 펠리페는 구아타페에 도착하자마자 보트도 타고 싶다며 난리였다. 2개월 동안 열심히 공부했지만 내 스페인어는 원어민인 펠리페 앞에서는 당연히 무용지물이다. 길도 모르고, 길을 물어볼 충분한 스페인어 실력도 없는 상태라 주도권은 이미 필리페에게 뺏긴 지 오래였다.

이미 선착장에서 구명조끼를 주워 입고 있던 펠리페를 따라 나도 보트에 올랐다. 보트를 타고 가이드의 설명을 들으며 1시간 정도 호수를 둘러보는 것이었는데, 외국인은 나 혼자였다. 스페인어로 진행된 가이드의 이야기를 펠리페가 통역해주었지만 100% 이해하는 것은 무리였다. 하지만 그 아름다운 풍경 앞에서는 어떠한 말도, 통역도 필요하지 않았다. 콜롬비아 최대 부호들의 별장이 있는 곳답게 풍광은 그야말로 환상적이었다. 주도권을 넘긴 건 잘한 일이다.

보트 관광을 마치고 하이라이트인 엘 페뇰로 향했다. 세계에서 세 번째로 큰 바위라고 하는데, 첫 번째와 두 번째 바위가 무엇인지, 어디에 있는지 모른다. 하지만 당장 눈앞에 있는 세 번째로 큰 바위 앞에서 순위는 관심 밖으로 밀

려난 지 오래다. '정말 하나의 돌일까'라는 생각뿐, 자연의 위대함에 절로 숙연해졌다.

늦게 도착해서 보트까지 탔기 때문에 메데인으로 돌아가는 막차 시간에 맞추기 위해서는 1시간 안에 모든 것을 봐야 했다. 문제는 나였다. 원래 어딘가를 올라가는 것은 영 젬병이다. 보고타에서도 육교를 오르는 데 힘들어하던 내가 시간이 촉박하다고 해서 갑자기 없던 힘이 생길 리 없다. 남들이 보기에는 천천히 올라가는 것처럼 보였겠지만, 나는 최선을 다했다. 659개의 계단을 반쯤 올라왔을 때는 체면도 내던졌다. 짐승처럼 네 발로 기어 올라갔다. 이런 사정을 아는지 모르는지 펠리페는 빨리 올라오라며 성화였다. 정상에서 만나자는 말도 무시한 채 뒤에서 엉덩이를 발로 툭툭 치고, 위에선 내 뒤로 침을 뱉어가며 나를 괴롭혔다. 펠리페 덕분에 마음대로 쉬지도 못했다. 숨이 턱까지 차올랐을 때, 드디어 정상에 도착했다. 그리고 눈앞에 펼쳐진 장관을 본 순간 힘들었던 '659개의 계단'은 바로 머릿속에서 사라졌다. 차 시간 때문에 여유롭게 볼 수 없었지만, 평생 잊지 못할 만큼 멋진 풍경이었다.

내려갈 때도 펠리페는 긴 다리로 성큼성큼 먼저 내려갔다. 올라갈 때 무리한 탓에 나는 후들거리는 다리를 부여잡고 한참 후에나 도착했다. 먼저 도착한 펠리페는 어느 트럭 앞에서 모르는 사람들과 이야기하고 있었다. 알아듣지 못해 혼자 멀뚱거리던 내게 펠리페가 무작정 트럭 뒤에 타라고 한다. 알고 보니 메데인 근처 마리니야Marinilla라는 도시에 사는 가족들에게 히치하

엘 페뇰 정상에서 본 풍경

히치하이크로 만난 인연 케빈

이크를 부탁한 것이다. 덕분에 트럭 짐칸에서 장장 1시간 동안, 동양인과 처음 대화해 본다는 10여 명의 사람에게 둘러싸여 사진도 찍히고 질문 공세에 시달렸다. 그 와중에 5살 막내, 케빈에게는 스페인어 발음 교정까지 받았다. 내 발음이 이상하단다. '케빈 선생님'의 선창을 5번이나 넘게 따라 하고 나서야 합격할 수 있었다.

마리니야에 도착해 기념사진도 찍고 10명의 이름을 전부 한글로 써주고, 페이스북과 전화번호를 알려주고 나서야 메데인으로 가는 버스에 오를 수 있었다. 정신없었지만 덕분에 버스비도 아끼고, 혼자였다면 하기 힘들었을 히치하이크도 해볼 수 있었다.

시작의 신호

메데인에서 위험한 일을 당할 뻔했다. 크리스, 세바스티안과 지하철역으로 가던 길. 한국에서 쓰던 휴대전화에 칩만 바꾸면 콜롬비아에서도 쓸 수 있었기 때문에 나는 한국에서 '신상 스마트폰'을 가져왔다. 두 친구를 따라 걸어가며 휴대전화에 간단한 메모를 하고 있었는데 소매치기가 전화기를 훔쳐가려고 했다. 빼앗기면 안 되겠다는 생각에 나도 전화기를 꽉 잡았다. 휴대전화는 지켰지만 결국 다음 날부터 전원이 들어오지 않았다. 깜짝 놀란 마음에 친구들에게 말하니 힘이 세다는 칭찬만 들었다.

친구들과 함께 있다고 너무 마음을 놓아버린 내게, 누군가가 경고를 한 것일까. 위험할 수도 있던 상황에서 휴대전화만 고장 난 건 어쩌면 다행이다. 보고타에서 2개월 동안 안전하게 지냈다고 너무 방심했다. 좋은 친구들도 만나고 안전에 대해 다시 한 번 마음을 다잡을 수 있었던 첫 여행지, 메데인. 라틴아메리카 여행의 첫걸음, 느낌이 좋다.

메데인 시내

콜롬비아 산타 마르타 그리고 카르타헤나
COLOMBIA SANTA MARTA Y CARTAGENA

낭만의 캐리비안

기대가 너무 컸나요?

캐리비안! 아직도 캡틴 잭 스패로우가 모험의 항해를 하고 있을 것만 같은 환상의 바다. 캐리비안 지역 최고의 도시로 꼽히는 칸쿤은 멕시코에 있지만 콜롬비아에도 캐리비안은 있다. 「캐리비안의 해적」 OST를 흥얼거리며, 그 유명한 캐리비안을 보러 메데인을 떠나 콜롬비아 북쪽에 있는 도시 산타 마르타Santa Marta로 향했다.

하지만 기대가 크면 실망도 큰 법, 에메랄드 빛 푸른 바다를 생각하며 왔는데 탁해도 너무 탁한 빛깔에 실망이 컸다. 게다가 주위를 둘러봐도 모두 공사 중, 눈에 보이는 것은 크레인뿐이었다. 만약 캐리비안의 신비한 곳곳을 항해하

산타 마르타 시내 쪽 바다

던 캡틴 잭 스패로우가 산타 마르타에 왔다면 분명 그 당황한 표정을 짓고 바로 돌아섰을 것임이 틀림없다.

실망감에 이미 '관광 의지'를 상실한 지 오래, 덥고 습한 날씨 때문에 낮에는 아무것도 할 수 없었다. 오래된 선풍기가 덜덜거리며 더운 바람을 내뿜는 호스텔에서 온종일 늘어져 있다가 해가 지고 나서 겨우 산책만 했던 산타 마르타. 내 인생의 첫 캐리비안은 이렇게 시작됐다.

개념 정리

일정을 정하지 않고 다니는 여행자지만, 산타 마르타에서 아무것도 하지 않고 이틀이나 소비한 것은 좀 심하긴 했다. 더위에 적응한다는 핑계를 댔지만, 어차피 적응할 수 있는 더위도 아니었다. 온종일 늘어져 있을 수는 없는 법. 정신을 차리고 콜롬비아 최대의 휴양지라는 타이로나 국립공원Parque Nacional Tayrona으로 무거운 발걸음을 옮겼다.

콜롬비아 사람들에게 꿈의 휴양지로 꼽히는 타이로나 국립공원은 산타 마르타 시내에서 버스로 40분 정도 떨어진 곳에 있다. 내게 수도의 개념이 서울이었던 것처럼 국립공원의 개념은 설악산이다. 국립공원은 입장과 동시에 산에 오를 수 있는 곳이어야 했다. 그러나 서울과 달랐던 수도 보고타처럼 이 나라의 국립공원도 설악산과는 달랐다. 입구를 통

타이로나 트레킹

과했다고 해서 끝이 아니었다. 덥고 습한 날씨 속에서 2시간 정도 트레킹을 하고 나서야 가까스로 첫 번째 해변에 도착할 수 있었다. 말馬을 타고 가라는 호객 행위도 호기롭게 무시했건만, 이렇게 오랜 시간을 걸어야 한다는 것을 알았더라면 '하루 예산'은 묻지도 따지지도 않고 말을 탔을 텐데. 설악산 국립공원과 너무 다른 모습의 이곳에서 국립공원의 개념을 다시 썼다.

2시간이 넘는 트레킹 끝에 드디어 숙소에 도착했다. 국립공원 내에 있는 숙소는 일반 호스텔과 조금 달랐다. 돈을 내고 마당에 텐트를 치거나, 텐트가 없는 사람은 움막에 매달려 있는 해먹에서 자야 했다. 물론 방도 있지만, 가격이 비싸 가난한 배낭여행자에게는 그저 그림의 떡이다. 내 한 몸 가누기도 힘들었던 상황에서 텐트를 가지고 왔을 리가 없다. 선택의 여지 없이 해먹에서 자야 했다. 누워보니 크게 불편하지 않았다. 여행이 아니라면, 낮잠도 아닌 밤잠을 언제 이곳에서 자보겠냐며 내심 해먹에서 자는 걸 기대했기 때문에 오히려 즐거웠다.

습하고 더운 날씨 속에서 멋도 모르고 트레킹까지 했으니, 그 순간 무엇보다 필요했던 것은 해수욕이다. 사물함에 대충 짐을 던져놓고 바닷가로 향했다. 숙소를 벗어나자마자 상상했던 모습의 캐리비안이 나타났다. 눈앞에 펼쳐진 푸른 빛깔의 바다, 뒤에 펼쳐진 싱그러운 안데스. 게다가 파도도 잔잔해서 해수욕

하기에 안성맞춤이었다. 지칠 때까지 물놀이를 하고, 지치면 모래사장에 누워 충전하기를 여러 차례. 타이로나 국립공원에 간다고 했을 때 콜롬비아 사람들이 왜 그렇게 부러워했는지, 왜 이곳이 꿈의 휴양지인지 이곳에 온 후 비로소 알 수 있었다.

시간이 지나자 바다는 환상의 일몰을 준비하기 시작했다. 은빛 모래사장 위에 누워 태양을 삼키는 바다의 '쇼'를 오랫동안 즐겼다. 트레킹의 피로는 이미 풀린 지 오래. 이런 풍경이 일상일 캡틴 잭 스패로우가 부럽다. 아, 당황한 표정으로 홱 돌아설 거라 확신했던 건 취소해야겠다.

미래를 한정 짓지 않겠다

타이로나 국립공원은 해수욕장만 여러 개가 있을 정도로 큰 곳이다. 또한, 일단 입장하면 제한 없이 며칠이고 머무를 수 있기 때문에 일정을 넉넉하게 잡고 오는 것이 좋다. 미리 알았더라면 산타 마르타에서 시간을 낭비하지 않고 바로 이곳으로 왔을 텐데 더위에 날려버린 이틀이 아까울 따름이다.

아쉽게도 나는 카르타헤나Cartagena에서 함께 스페인어 수업을 들었던 친구딘과 만나기로 했기 때문에 이곳에 더 머무를 수 없었다. 타이로나에 있는 모든 해수욕장을 보며 캐리비안에서의 여유를 한껏 만끽했다면 좋았겠지만 시간적 여유가 없었다. 하지만 미래를 한정 짓지 않겠다. 다시 올 수 있다고 믿는다면 분명 다시 올 수 있을 것이다. 처음 여행을 계획했을 때만 해도 이 여행이 가능할 것이라고 확신하지 못했다. 하지만 일단 비행기 표를 사고 나니 올 수 있었고, 계획을 세우지 않아도 내 여행은 잘만 굴러갔다. 미래를 한정 짓지 않는다면 나는 또 이곳에 올 수 있다고 믿는다. 그때를 위해 '일부러' 여지를 남긴 거라고 생각할 것이다.

도시를 보는 방법

보고타의 학교생활이 끝난 후 '동기'들은 전부 각자의 길을 찾아 떠났다. 고국으로 돌아간 친구도 있고, 보고타에서 일을 시작한 친구도 있고, 나는 여행을 시작했다. 딘은 결혼식을 한 달 앞두고 막바지 준비가 한창이었다. 한 달 뒤 '총각 신분'이 끝나는 딘과 '콜롬비아 생활'을 2주일 남겨둔 해인, 그리고 '여행 노동자'인 나. 종강한 후, 꼭 보자고 약속했던 우리 세 명이 시간과 공간을 맞출 수 있었던 곳이 바로 카르타헤나다.

딘은 표현력이 참 뛰어난 친구다. 나 못지 않게 여행을 좋아하는 친구라 가본 곳도 많은데, 딘의 입을 통해 듣는 곳은 항상 매력적으로 느껴진다. 내가 가보지 못한 도시는 가고 싶게 만들고, 가본 도시마저도 다시 가고 싶게 만드는 친구다. 그런 딘이 항상 이야기하던 도시 중 하나가 바로 카르타헤나였다. 딘과 함께라면 모르고 지나칠 수 있는 카르타헤나의 다양한 모습을 보고, 또 도시를 보는 방법도 배울 수 있을 것이라고 생각했다.

역시 딘은 가이드를 자청했다. 카르타헤나의 해변, 과거가 그대로 보존된 올드 타운, 유네스코 세계유산으로 지정된 요새까지 세심하게 설명하는 모습이 낯설었다. 내가 아는 딘이 맞아? 보고타에서 맥주를 마시면서 시시껄렁한 이야

카르타헤나 요새

기만 할 때는 알 수 없던 지적인 모습이다.

카르타헤나의 날씨는 산타 마르타와 다르지 않았다. 덥고 습한 날씨에 그늘조차 없는 요새와 해변을 돌아다니며 소모한 에너지를 우린 아니나 다를까 맥주로 보충했다. 특히 보고타에서부터 딘이 침이 마르게 칭찬했던 카페 델 마르 Café del Mar! 캐리비안과 올드 타운이 한눈에 보이는 로맨틱한 곳이란다. 그러니 무조건 멋진 콜롬비아 남자를 만나서 가라던 그곳에 나는 '시한부 총각'인 딘과 한국 친구 해인이와 함께 왔다. 하지만 이들과 함께한 카페 델 마르도 충분히 낭만적이었다. 알고 지낸 지 얼마 안 되는, 생김새도 다른 친구들이었지만 올드 타운의 야경과 석양이 들어찬 캐리비안이 이들을 오랜 벗처럼 느끼게 해주었다.

다른 사람은 도시를 볼 때 무엇을 보는지 모르겠지만, 나는 딘을 만나기 전까지 도시 전체의 분위기와 사람만을 봐왔다. 그래서 여행을 하고 난 후 항상 도시의 느낌은 기억할 수 있었지만, 세세한 것까지 기억할 수는 없었다. 담벼락의 색깔이 만들어낸 운치에도, 올드 타운의 벽돌 한 장에도 눈길을 주며 감탄을 아끼지 않던 딘 덕분에 지금까지도 카르타헤나만큼은 돌담길과 골목의 세세함까지 전부 기억한다. 만약 혼자 왔다면 카르타헤나는 그저 성벽이 있는 더운 도시였을 것이다. 딘 덕분에 도시를 보는 새로운 방법을 알게 됐다. 앞으로의 여행길이 더욱 풍성해질 것 같아 벌써 가슴이 설렌다.

카페 델 마르

콜롬비아 바리차라

COLOMBIA BARICHARA

영화 같은 마을, 바리차라

영화 세트 속으로

여행하면서 가장 좋은 정보원은 나와 같은 여행자다. 감성이 풍부한, 달리 말해 과장해 말하기 좋아하는 콜롬비아 사람들은 어느 도시를 물어봐도 무조건 "예~뻐!Boni~to!"라고 말하니 말이다. 이 사람들 말만 믿고 다 둘러보다가는 1년도 모자랄 거다. 하지만 언젠가 기회가 된다면 1년이 넘더라도 콜롬비아 여행만 진하게 하고 싶은데, 그 이유는 역시 사람들 때문이기도 하다. 친절하고 흥이 넘치는 사람들, 많은 여행자가 가장 좋았던 나라 중 하나로 콜롬비아를 꼽는 이유는 바로 사람들 때문이다.

베네수엘라의 앙헬 폭포Salto Angel에서 만난 한 여행자와도 역시 '콜롬비아, 아주 좋다'는 주제로 이야기하다가 산힐이 화두에 올랐다. 그러더니 바리차라Barichara는 가봤느냐고 묻는다. 산힐은 분명 다녀왔는데 바리차라는 생소했다. 바로 『론리 플래닛Lonely Planet』•을 뒤적였다. 『론리 플래닛』은 바리

• 『론리 플래닛』: 여행 정보뿐 아니라 나라의 역사 및 환경까지 망라한 여행 정보 도서.

차라에 대해 "영화 세트 속에 있다고 느끼게 될 것이다."라고 소개하고 있었다. 마침 친구 딘의 결혼식이 며칠 남아 있어 여유가 있었다. '가서 영화 한 번 찍어 볼까?' 하는 마음을 가지고 바리차라로 향했다.

국경 해프닝

베네수엘라의 메리다Mérida에서 콜롬비아의 쿠쿠타Cúcuta로 국경을 넘은 후 바리차라로 가려 했는데 작은 마을인 바라차라로 바로 가는 버스가 없었다. 결국 보고타행 버스를 타고 산힐에서 내려 또 다른 버스로 갈아타야 했다.

국경 넘는다고 무척이나 피곤했나 보다. 버스에 타자마자 바로 곯아떨어졌다. 첫 여행지였던 산힐로 가는 버스 안에서 한숨도 못 자던 게 불과 얼마 전 일인데 이제는 너무 적응돼서 버스가 침대만큼 편해져 버렸다. 결국 산힐에서 내리지 못하고 2시간이나 지나쳐버렸다. 『론리 플래닛』은 진작 국경 택시에 두고 내려서 도시 정보는 고사하고 바리차라의 숙소 정보도 찾지 못했는데 말이다. 보고타에 있는 친구에게 숙소를 찾아서 문자로 보내달라고 하고 잠이 들었는데, 설상가상으로 일어나보니 휴대전화도 없어졌다. 손에 쥐고 자다가 떨어뜨린 것이다. 2시간이나 지나쳐 급하게 내려야 했기 때문에 찾을 시간조차 없었다. 위험하다고 악명이 높은 콜롬비아와 베네수엘라에서 소매치기 한 번 당하지 않고 여행했지만 '셀프 소매치기'를 2번씩이나, 그것도 하루 만에 해냈다.

잠에서 깨 허둥대며 산힐로 가는 버스가 있다고 해서 내린 곳은 이름도 모르는 어떤 마을이었다. 결국, 갔던 길을 그대로 돌아오는 버스를 2시간이나 더 타고 나서야 산힐에 도착할 수 있었다. 이쯤에서 '국경 후유증'이 끝났으면 좋았겠지만 한 가지가 더 있다. 산힐 터미널에 도착해 인터넷 카페에서 숙소 정보부터 찾은 후 바리차라로 갔다. 그런데 바리차라에서 주소를 보여주며 길을 물

바리차라 골목길

으니 모든 사람이 고개를 갸우뚱했다. 알고 보니 산힐의 숙소를 찾았던 것이다. 이렇게 콜롬비아로 돌아온 첫날부터 '쇼'를 해대니, 어떻게 생각하면 온전하게 돌아다니는 것만 해도 신기한 일이 아닐 수 없다.

다행히 바리차라는 작은 마을이라 숙소는 쉽게 찾을 수 있었다. 1시간이면 다 돌아볼 수 있을 정도였고 인상적인 관광 명소가 있는 마을도 아니어서 대부분 관광객들은 산힐에 숙소를 잡고 잠깐 들르거나 하루 정도 머물다 간다. 하지만 이 고즈넉한 마을이 무척 마음에 들어 나는 바리차라에만 4일을 머물렀다.

총알과 미용실

첫날 나갔던 산책길에서 바리차라의 산을 보며 혼자 감상에 빠져 있을 때 미겔이라는 군인 친구를 만났다. 사전을 동원해 가며 오랜 시간 이야기를 나누었다. 치안 문제도 있지만, 여전히 국경 지대에서 불안정한 상황이 많이 발생해 콜롬비아에서도 군대의 중요성이 크다고 한다. 한국과 콜롬비아의 군대 문제, 진로 문제 등에 대해 많은 이야기를 하고 시간이 늦어 자리에서 일어나려고 하니 내게 줄 선물이 있단다. 그러더니 갑자기 가지고 있던 총에서 실탄을 꺼낸다. 선물이란다. 친구들에게 자랑하니 영창감이라는 반응. 후에 국경을 넘을 때 문제가 될까 싶어서 오래 지니지는 못했지만, 생전 처음 받아보는 실탄 선물은 오래 기억에 남을 것이다.

여유가 넘치는 마을에 있다 보니 딱히 할 일도 없고 볼 것도 없어서 미용실에 가기로 했다. 마침 한국에서 염색했던 머리 색이 많이 빠지기도 했고, 결혼식도 앞두고 있었기 때문이다. 미용실에 자리를 잡고 앉자마자 미용사 아주머니는 이마에 염색물이 묻지 않게 엄청난 양의 젤을 바르셨다. 그러더니 딸에게 염색약을 사오라고 하셨다. 염색약도 없는 미용실, 불안감만 커지는 가운데 동양인 머리는 처음 만져본다는 아주머니의 말씀에 경험을 선물한다는 마음으로 그냥 맡기기로 했다. 다행히 염색은 잘 끝났고, 머리를 감아야 한다며 이번에는 나를 뒷마당으로 끌고 가셨다. 그러더니 큰 바위를 가리키며 무작정 엎드리란다. 염색약도 없어서 사오시더니, 머리를 감는 세면대도 없다! 바위에 엎드렸더니 잔디에 물을 주던 호스를 빼 와서는 머리를 감겨주셨다. 한국의 미용실처럼 '섬세한 서비스'를 받을 수는 없었지만 이런 투박한 서비스도 즐거운 경험이었다.

완벽한 영화를 찍다

영화 세트 같은 이 마을에서 영화처럼 드라마틱한 일은 일어나지 않았다. 하지만 꼭 기승전결이 극적이어야 영화겠는가. 남들이 보기엔 심심해도, 내게 재미있으면 그것으로 좋은 영화다. 군인 친구를 만나 실탄을 받은 것은 액션 영화고, 불안감에 떨었지만 결국 마음에 드는 머리 색을 얻은 것은 어드벤처 영화다. 그러므로 바리차라는 내게 완벽한 영화 속 마을이다.

콜롬비아 비야 데 레이바
COLOMBIA VILLA DE LEYVA

내 친구의 결혼식

나그네의 의리

비행기 오픈 티켓 한 장 달랑 들고 여행하는 내게 정해진 일정 따위는 없다. 베네수엘라에서 여행책을 잃어버린 후로는 여행 정보도 대부분 현지인을 통해서 얻으며 마음 내키는 대로 돌아다녔다. 도착한 도시가 마음에 들면 오래 머

물렀고, 마음에 들지 않으면 바로 다른 도시로 이동하는 식이었다. 그러니 당연히 정해진 날짜에 어딘가를 가야 할 의무도 없었다. 다음 목적지 정도만 정하고 다녔지만 그것조차도 항상 가변적이었다. 그러나 세월 낚는 나그네처럼 여행하는 내게도 '의무'적으로 지켜야 할 날이 있었으니 그날은 바로 딘의 결혼식이다.

2013년 7월 27일, 비야 데 레이바Villa de Leyva. 사실 자유롭게 여행하는 나지만, 날짜를 맞추기 위해서는 학교생활과 여행으로 소진한 콜롬비아 비자를 갱신하거나 아예 다른 나라에 다녀와야 했다. 일정이 좀 꼬이더라도 의리를 지키기 위해 베네수엘라에 다녀오기로 했다. 하루에 2시간 수업받고 무료할 수 있었던 내 생활을 함께 채워준 딘에 대한 의리다. 태평양을 사이에 두고 3년이란 짧지 않은 시간을 만나온 딘과 클라우디아의 사랑이 결실을 맺는 감동의 순간을 보고 싶기도 했다.

맥주 퀸의 바비큐 파티

보고타에서부터 "맥주를 엄청나게 준비해둘 테니 작정하고 와야 해!"라며 '맥주'를 유독 강조하던 딘. 그들의 결혼을 축하해주러 호주에서 날아온 친구들을 위해 딘과 그의 부인 클라우디아는 결혼식 전날, 클라우디아의 별장에서 호주식 바비큐 파티를 열었다. 준비한 맥주는 자그마치 600병이었다. 딘의 선포대로 어마어마한 양이었다. 대학 시절 4년간 '맥주 빨리 마시기 대회'에서 1등을 놓쳐본 적이 없는 '맥주 퀸'으로서 빠질 수 없는 자리였다. 게다가 먹음직스러운 양고기까지. 다음 날 입어야 하는 드레스 사이로 술배가 뚫고 나오지는 않을까 걱정했지만 먹음직스러운 양고기와 맥주 앞에서 이성의 끈을 놓고야 말았다.

콜롬비아 전통 놀이 떼호

호주식 바비큐 파티에 콜롬비아의 전통 놀이인 떼호Tejo가 등장했다. 우리나라 전통 놀이인 비사치기와 비슷한 것인데, 보고타에서도 말로만 들었지 가까이서 보는 것은 이번이 처음이었다. 콜롬비아팀과 호주팀으로 나뉘어 치러진 경기, 속할 곳이 없던 나는 콜롬비아를 열렬하게 응원했지만 호주팀이 승리했다. 어렸을 적, 비사치기라면 빠지지 않던 골목대장 출신인 나도 한 번 던져봤다. 성공은커녕 내가 던진 돌은 목표물 근처에도 가지 못했다.

도무지 줄 것 같지 않아 보이던 맥주도 분위기가 무르익어가며 바닥을 보이기 시작했다. 모두 내일을 기약하며 집으로, 호스텔로 각자의 발걸음을 옮겼다.

드디어 밝은 결혼식 날 아침. 배낭여행을 하면서는 가지고 다닐 수 없는 드레스와 하이힐. 며칠 전부터 온 동네를 뒤져서 겨우 구했다. 태어나서 처음 입어보는, 불편하기 짝이 없는 드레스를 입고 구두를 신었다. 스페인 침략 시절의 모습을 고스란히 간직한 식민지 도시Ciudad Colonial 비야 데 레이바. 자동차도 달리기 힘든 유럽식 돌길에서 익숙하지도 않은 하이힐을 신고 걷는 내 모습은 마치 펭귄 같았다.

외국에서의 결혼식도 처음이고, 외국인의 결혼식도 처음이었다. 식 자체는

간소했다. 주례 없이 클라우디아의 오빠와 딘의 친구가 각자 스페인어와 영어로 그들의 러브스토리, 축하의 말, 가족과 친구로서 그들에게 해주고 싶은 말을 해주는 것 외에는 없었다. 사랑 하나만 믿고 호주에서 콜롬비아까지 온 딘에게, 그리고 딘이 용기 있는 선택을 할 수 있었던 원동력 클라우디아에게 모두 진심으로 축하의 말을 건넸다.

결혼식의 모습은 한국과 조금 달랐지만, 식사 시간을 기다리고 피로연을 기대하는 모습은 한국이나 이곳이나 똑같았다. 다만 이곳은 콜롬비아, 피로연이 절정으로 치닫자 역시 흥이 넘치기 시작한다. 신랑과 신부가 먼저 포문을 열고, 하객들 모두 앞으로 나가 춤을 추기 시작했다. 그리고 어느새 음악마저 살사로 바뀌었다. 국경을 초월해 모두가 살사 음악으로 하나가 됐다. 4시에 시작했던 결혼식은 자정이 되어서야 끝났다.

여행에서 중요한 것

결혼식 날짜에 맞추려고 일정을 짜느라 골치가 아팠을 때, 드레스 때문에 백방으로 뛰어다닐 때, 잠깐이지만 이런 생각을 했다. '결혼식 날짜를 맞추기 위해서 베네수엘라에 갔다가 다시 콜롬비아까지 와야 하는 여행자의 수고를 딘이 좀 알아줘야 해.' 못나고 부끄러운 생각이었다. 오히려 바비큐 파티와 결혼식 등 즐거운 추억을 쌓고 친구의 소중함을 알게 된 자리였으니 말이다.

선물이라곤 한국에서 준비해 온 기념품뿐이었지만, 진심으로 기뻐해주며 와준 것만으로도 행복하다던 클라우디아.

드레스를 어디서 빌려야 하나 고민하던 때, 함께 찾으러 다니고 결혼식 파트너까지 해준 콜롬비아 '절친' 펠리페.

행여나 문화 차이 때문에 실수하지 않을까 소심해졌던 나에게 "난 널 알아. 넌 그럴 리가 없는 사람이니 평소대로 행동하면 돼."라고 용기를 북돋워 준 대학 동기 홈즈.

그리고 무엇보다 잊지 못할 추억을 선물해준, 내 친구 딘.

오히려 나는 딘에게 감사해야 했던 것이다. 일정이 조금 늦어지고, 가려던 곳이 바뀌는 것은 여행에서 그다지 중요한 일이 아니었다. 사실 늦어졌다고 생각했던 일정이란 것, 원래부터 내게 없던 것이다. 계획에도 없던 베네수엘라에 다녀와야 했지만, 죽기 전에 꼭 가봐야 한다는 앙헬 폭포도 봤으니 그야말로

'서프라이즈'한 일 아니겠는가! 오히려 일정에 없던 곳이 선물처럼 덜컥 내게 안긴 것이다. 보고 싶었던 친구들을 다시 만나고 함께 행복한 시간을 보내는 것이야말로 참된 여행이다.

페이스북으로 신혼여행 사진을 보니, 역시나 깨를 볶는 신혼부부 딘과 클라우디아. 부디 오래도록 행복하고, 다음에는 부부 동반으로 다시 만날 수 있기를 바란다.

비야 데 레이바 전경

비야 데 레이바 성당

콜롬비아 칼리
COLOMBIA CALI

살사의 도시, 칼리

콜롬비아에서 살사는 운명이다

가장 좋아하는 음악 장르를 꼽으라면 단연 탱고다. 휴대전화에도 카를로스 가르델, 고탄 프로젝트, 피아졸라의 전집까지 넣어서 듣고, 탱고에 대한 책까지 찾아서 읽을 정도로 나는 탱고 마니아를 자청한다. 탱고를 듣기 위해 하루빨리 부에노스아이레스로 가고 싶은 마음을 간직한 채 남미 여행을 시작한 곳은 바로 살사의 나라, 콜롬비아다. 그런데 본격적으로 탱고를 듣기도 전에, 콜롬비아에서 살사의 매력에 먼저 빠져버렸다. '흥'이라면 우리 민족도 빠지지 않는다고 생각했건만 장소, 시간, 남녀노소를 불문하고 조금만 흥겨워도 살사를 춰대는 나라. 콜롬비아 사람들의 흥은 이길 재간이 없어 보인다. 콜롬비아에 있는 한 살사의 매력에 빠지는 것은 예견된 운명과도 같은 일이다. 하루가 멀다 하고 찾아오는 살사를 출 기회. 그때마다 리듬에 몸을 맡겨 보지만 실력은 도통 늘지 않았다. 이왕 콜롬비아에 온 김에 살사의 매력을 더 알고 싶어서 살사의 본고장, 칼리Cali로 향했다.

칼리에 도착한 날은 마침 월드게임비올림픽 종목으로 구성된 국제 친선대회의 폐막식

이 열리는 날이었다. 덕분에 칼리는 온통 축제 분위기였다. 길을 가다 우연히 들른 공원에서도 축제가 한창이었다. 과연 살사의 본고장답게 살사 리듬으로 공원이 들썩이고 있었다. 한 꼬마 아가씨가 현란한 솜씨로 흥을 돋우니 분위기는 점점 달아올랐다. 결국 공원에 있는 모든 사람이 참여한 '거대 춤판'이 벌어졌다.

아무리 춰도 늘지 않는 춤 실력이라고 했지만, 나는 사실 싸이의 「강남스타일」 말춤도 제대로 추지 못하는 몸치다. 공원에서 추는 화려한 춤 솜씨를 보며 흥에 겨워 '물개 박수'를 치는 동양인에게 많은 사람이 춤을 권했다. 도전해 봤지만, 살사의 본고장이라고 해서 없던 실력이 갑자기 나올 수는 없는 법. 다시 '물개 박수'를 치며 그들을 바라볼 수밖에 없었지만 그 시간, 그 장소에서 그들과 함께 있는 것만으로도 즐거웠다. 돌아오는 길, 클럽에서 흘러나오는 음악 마저도 전부 살사다. 내가 정말 살사의 도시에 왔구나.

경찰의 살사

하루는 카우치 서핑을 통해 한국어를 공부하는 안드레아란 친구를 만났다. 칼리의 야경이 한눈에 보이는 산 안토니오 성당 언덕에서 이야기를 나누다 우연히 주말에 살사 엑스포가 열린다는 광고를 봤다. 원래 계획은 살사 공연이나 보고 도시 관광도 하며 3, 4일 정도 머무르다 이동하는 것이었다. 주말에 열리는 엑스포, 내가 그 광고를 본 날은 월요일이었다. 엑스포를 보려면 일주일이나 기다려야 했다. 보고타처럼 친구가 많은 도시도 아니고, 일주일을 지내기에는 할 일이 많은 도시도 아닌데 말이다. 그러나 결국 난 자그마치 일주일을 버텨냈다.

기다리고 기다리던 살사 엑스포가 열리는 날, 오랜만에 아침부터 부지런을 떨며 준비하고 개최 장소로 향했다. 살사 엑스포는 예상했던 것과 달리 박람회가 아닌 실력자를 가르는 대회였다. 콜롬비아의 갑남을녀가 추는 춤만 봐도 매우 멋져서 눈을 떼지 못했는데, 대회는 수준부터 달랐다. 한국에서 방송을 통해

살사 엑스포 입구

연주, 노래 모두 라이브로 진행된 단체 살사

몇 번 봤을 뿐인 전문 댄서들의 춤은 마치 서커스 같았다. 악기 연주부터 노래까지 전부 라이브로 진행돼, 눈과 귀가 즐거웠다.

특히 인상 깊었던 팀은 경찰 팀. 댄서들 모두 경찰 유니폼을 입고 나와서, 그저 무대 의상인 줄로만 알았는데 옆자리에 계셨던 아저씨 왈, 정말 경찰이란다. 길 위에서는 무료해 보이던 경찰들이 무대에서는 완전 다른 사람으로 돌변했다. 현란한 스텝, 여자 댄서들을 들었다 놨다 하는 박력! 3일이나 이어진 대회를 끝까지 보지는 못했기 때문에 경칠 팀이 몇 등을 했는지는 모르겠지만, 적어도 내 마음속에서는 1등이었다.

이 대회에서도 역시 웃긴 것은, 콜롬비아의 지역감정이었다. 칼리 출신이라는 사회자의 소개에 다들 일어나 환호성을 내뱉던 관중들이 다른 지역 선수들에게는 야박했다. 조용한 반응이 무안해서 혼자 환호성을 지르며 응원하니 분위기는 더 무안해졌다. 만약 내가 심사위원이었다면 모든 팀에게 상을 주고 싶었을 정도로 모든 무대가 완벽했다. 일주일을 기다린 보상을 제대로 받았다.

칼리 시내 투어 버스

칼리를 보우하사

엑스포를 기다리던 일주일, 역시 콜롬비아에서는 무료할 시간이 없었다. 카우치 서핑을 통해 만난 카롤리나, 케빈과 함께 갓 도입된 '신상 2층 관광버스'를 타고 칼리의 구석구석을 볼 수 있었고, 성당, 아르떼사날Artesanal: 공예품 시장도 다녀왔다. 그중 가장 기억에 남는 것은 칼리를 보우하는 언덕 위의 예수님, 크리스토 레이Cristo Rey였다.

카르타헤나에 있을 때 길거리 화가를 만난 적이 있다. 물을 사러 가던 길에 마주친 그는 싸게 해줄 테니 그림 한 장만 사달라고 했다. 그림은 가지고 다니기도 힘들어서 거절하니, 그럼 자신은 심심하니 이야기나 잠깐 하자길래 공원에 앉아 이런저런 이야기를 나누었다. 그 길거리 화가의 고향이 바로 칼리였다. 스

아르떼사날

칼리 성당

페인어는 잘하지 못해도, 스페인어로 말하기를 좋아하는 내가 화가의 이야기만 계속 들었을 정도로 화가의 억양은 인상적이었다. 어쩌면 그때부터 칼리에 가려고 마음먹었는지도 모른다. 아름다운 억양을 원 없이 듣고 싶어서. 내 여행 계획에 대해서 말을 하다 브라질에서 예수상을 보고 싶다고 하니 화가는 칼리에도 예수상이 있다고, 예의 그 아름다운 억양으로 알려줬다.

칼리의 예수상, 크리스토 레이는 도시의 가장 높은 곳에서 도시와 시민을 굽어보고 있었다. 걸어가려면 칼리에서 가장 위험하다는 지역을 통과해야 했기 때문에 교통수단을 알아봐야 했다. 그런데 버스가 있다는 시내에서 아무리 버스를 찾아 헤매도 노선이 없다는 답변만 들을 수 있었다. 걸어갈 수도, 버스를 탈 수도 없어서 포기했을 때쯤 호스텔 직원이 나처럼 방법을 못 찾고 있는 사람들과 팀을 만들어 주었다.

택시를 타고 올라가며 알 수 있었다. 걸어 올라가는 것이 왜 위험하다고 했는지. 이 나라에서 대부분 위험한 곳은 도시에서 가장 가난한 곳이다. 쓰러져가는 집, 더 이상 해질 곳조차 없는 옷을 겨우 걸치고 있던 사람들, 쓰레기 천지인 길거리, 그리고 그 쓰레기를 뒤적이는 사람들. 그들을 가로질러 가는 길이 편치만은 않았다.

드디어 크리스토 레이가 있는 언덕에 도착, 칼리가 한눈에 들어왔다. 도시를 한 팔에 안으려는 듯, 두 팔을 벌리고 있는 백색의 크리스토 레이. 너무나 보고 싶었던 것을 봤지만 어쩐지 마음이 불편했다. 길거리 화가의 아름다운 억양에 홀려 나는 이곳까지 올 수 있었지만, 정작 화가는 고향에서 멀리 떨어진 곳에서 그림을 그리며 근근이 살아가고 있었다. 모든 사람이 그러하듯 그 역시 고향을 너무도 그리워했다. 맥주 두 병 값 정도였던 그의 그림. 가지고 다니기 힘들다는 이유만으로 나는 단칼에 그의 부탁을 거절했다. 나는 가난한 배낭여행자다. 하지만 맥주 두 병 가격의 그림 값 정도는 충분히 지불할 수 있는 여행자이기도 하다. 빈민촌을 보며 화가가 생각났던 것은 그가 콜롬비아를 떠돌며 가난한 그림을 파는 화가였기 때문은 아니다. 해진 옷을 입고 쓰레기를 줍다가도 경건한 눈빛으로 크리스토 레이를 바라보며 고개를 숙이던 사람의 모습이 화가와 닮았기 때문이다. 귀찮은 마음에 그의 그림을 거부했던 나는, 지갑이 아닌 마음이 가난한 배낭여행자였다. 나를 성장시키기 위해 온 여행에서 생각은 성장하지 않고 '생활력'만 성장하고 있었다. 그런 내게 화가는 경종을 울렸다. 칼리의 가장 높은 곳에서, 칼리를 보우하는 크리스토 레이에게, 비록 조금 멀지만 카르타헤나의 길거리 화가도 보우해달라며 눈을 감고 빌었다.

여기저기서 울려 퍼졌던 살사 음악 덕분에 더욱 깊어진 나의 살사 사랑. 언젠가는 춤을 권하는 그들의 손을 당당하게 잡고 싶다. 또한 라틴아메리카를 여행할 때도, 삶을 살아갈 때도 마음이 가난한 사람이 되지 않기를 다짐한다.

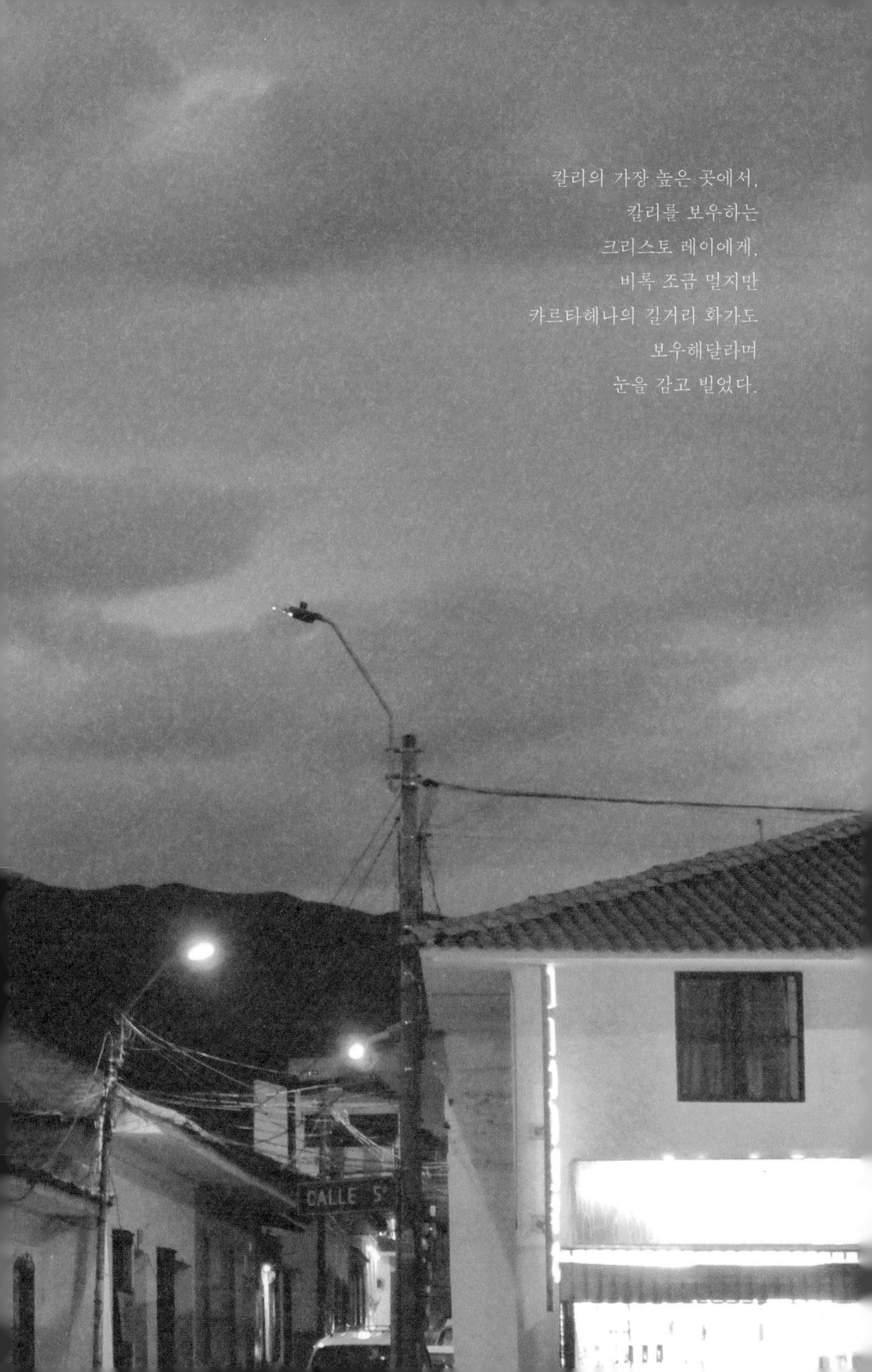

칼리의 가장 높은 곳에서,
칼리를 보우하는
크리스토 레이에게,
비록 조금 멀지만
카르타헤나의 길거리 화가도
보우해달라며
눈을 감고 빌었다.

콜롬비아 포파얀
COLOMBIA POPAYÁN

미운 오리 새끼는 결국 백조였다

백색의 도시에서 나는 검정

칼리에서 포파얀Popayán으로 가는 길, 창밖에 너르게 펼쳐진 초원이 너무도 아름답다. 콜롬비아 카우카Cauca 주州의 수도인 포파얀. '성격 급한 한국인'의 전형인 나는 이곳을 보기 전, 산힐과 바리차라에서 산탄데르Santander 주보다 아름다운 곳은 세상에 없을 거라고 단언했는데, 불과 몇 주 만에 틀렸음을 인

언덕에서 바라본 포파얀 전경

정해야 했다. 어느 곳이 더욱 아름답다고 할 수 없을 정도로 각자의 매력은 달랐다. 거친 파도처럼 산맥이 도시를 휘감는 산탄데르의 산은 남성적이다. 반면 완만하게 펼쳐진 능선에 도시를 살포시 품은 카우카의 산은 마치 어머니의 품 같다.

칼리의 호스텔 직원으로부터 포파얀에 대한 이야기를 들었다. '백색의 도시Ciudad Blanca'라는 별칭으로도 불린다는 콜로니얼 도시란다. 카르타헤나, 바리차라, 비야 데 레이바 등의 콜로니얼 도시와는 다른 느낌을 받을 것이라며, 꼭 가볼 것을 추천했다. 마침 콜롬비아 여행이 끝나감을 아쉬워하던 중, 하루라도 더 콜롬비아에 머물고 싶은 마음에 고민하지 않고 포파얀으로 향했다. 주도主都라기에는 작은 마을, '백색의 도시'라는 이름이 딱 들어맞게 모든 건물이 하얗다. 높은 빌딩 하나 없이, 과거를 그대로 간직한 모습에 마치 과거를 여행하고 있는 듯한 기분이 들었다.

> 가만히 생각해보니
> 나는 늘 검정이었다.

백색의 도시를 걷다, 우연히 쇼윈도에 비친 내 모습을 봤다. 모든 것이 하얀 이 도시에서 나만 검정이다. 머리도, 옷도, 신발도. 갑자기 느껴지는 위화감. 가만히 생각해보니 나는 늘 검정이었다.

상실의 순간에 여행을 결심한 것은 나를 알아야 한다는 절박함 때문이었다. 이전까지 난 한 번도 진지하게 내가 무엇을 좋아하는지, 무엇을 잘할 수 있는지, 나는 어떤 사람인지 모르고 살아왔다. 인문계 고등학교를 졸업하고, 다른 길은 생각해보지도 못하고 당연히 그래야 하는 것처럼 대학교에 들어갔다. 남들이 다 하니까, 토익 시험을 보고 취업을 준비했다. 생존을 위해, 돈을 벌기 위해 일했다. 빈 껍데기로 살아가는 삶이 점점 지겨워졌다. 내가 누구인지도 모른 채 더 이상 그저 하루하루를 때우며 살 수는 없었다.

나를 알아야겠다는 절박함은 행동을 변화시켰다. 적지 않은 나이에 영혼 없이 하던 일을 그만두고 내가 좋아하는 일을 찾아 시작했고, 그토록 원하던 여행도 시작했다. 남들보다 조금 늦은 성장통. 대부분 사람들이 안정적인 미래를 준비할 때, 나는 불안정한 미래로 몸을 던졌다. 모든 것이 하얀 곳에서 나는 검정이었다. 보통의 사람들이 하얀 현재에 안착했을 때 나는 불안정한 검정으로 몸을 던졌다.

미운 오리 새끼

어떤 삶이 올바른 것인지, 정답은 없을 것이다. 하지만 적어도 내가 살던 세상에는 정답에 가까운 삶이 존재했다. 암묵적으로 정해진 '적정 나이'가 있었다. 취직해야 하는 나이, 결혼해야 하는 나이, 아기를 낳아야 하는 나이 등. 어렵게 내린 결정이었기에, 나 역시도 겁이 났다. 하지만 여행자로서의 삶이 하루하루 더해질 때마다 그만큼 용기가 자라났다. 비록 '적정 나이'에 적절한 일을 하지는 못하게 됐지만 이제는 걱정하지 않는다. 조금 늦어졌지만 늦은 만큼 열심히 달릴 것이다.

미운 오리 새끼는 다른 오리와 다르다는 이유로 갖은 고생을 했다. 미움도 받고, 오해도 받고, 따돌림도 당하며 떠도는 삶을 살았다. '다름'이 무서워 둥지에서 뛰쳐나오지 않았다면 미운 오리 새끼는 평생 '못생긴 오리'로 살아야 했을 것이다. 하지만 미운 오리 새끼는 틀을 깨고 나온 후 알게 됐다. 자신이 아름다운 백조였다는 것을. 한 번뿐인 내 인생을 '오리 둥지'에 가두고 싶지 않다. 백조를 꿈꾸며 나도 용기를 내리라. 어느덧 쇼윈도에 비친 내 모습에서 위화감은 사라지고 검정의 내 모습이 빛나는 듯 보인다.

콜롬비아 이피알레스
COLOMBIA IPIALES

절벽에 살포시 내려앉은 구름 성당

마지막까지 아름다운 콜롬비아

도착하고, 떠나는 것이 여행자의 숙명이라지만 그 숙명만큼 어려운 것이 또 있을까. 떠나는 발걸음이 아무리 무거울지라도 매몰차게 다음 목적지를 향해 나아가야 하는 것이 바로 여행자의 의무이자 운명이다. 콜롬비아, 현재도 그리고 앞으로도 영원히 짝사랑할 나라. 어느덧 마지막 도시만 남겨두고 있었다.

이피알레스Ipiales 자체는 볼 것 없는 작은 국경 마을이다. 라틴아메리카 대륙을 여행할 때 숱하게 넘는 육로 국경이지만, 매번 긴장되는 것은 어쩔 수 없다. 에콰도르로 가기 위해 찾은 이피알레스에서도 긴장이 몸을 지배했다. 하지

육로 국경

만 다른 국경 도시보다 이피알레스에서의 여정이 즐거운 이유가 있었으니 바로 절벽 위의 성당, 라스 라하스Las Lajas 때문이다. 가톨릭 국가답게 도시마다 있는 게 성당이라 이미 많은 성당을 봤지만 라스 라하스는 조금 특별하다. 험준한 안데스의 계곡 위에서 내려보는 것만으로도 오금이 저려오는 가파른 절벽 위에 세워진 독특한 성당이기 때문이다.

아침 일찍 일어나 라스 라하스로 향하는 길. 보통 국경을 넘을 때는 몸을 편하게 하기 위해 행색은 보통 '거지꼴'이 된다. 하지만 특별한 성당 앞에서 최대한 예쁜 모습으로 사진을 찍으려고 청바지를 입고 구두를 신었다. 터미널에 짐을 맡기고 택시를 타고 성당으로 향했다. 가는 중간 기사님이 전망대에 잠시 세워 주셨다. 끝이 안 보일 정도로 넓게 펼쳐진 초록의 안데스, 그 사이에서 존재감을 뚜렷이 나타내고 있는 라스 라하스. 밝은 회색의 건물이 마치 안데스 산맥에 걸친 구름 같았다. 다시 택시를 타고 입구로 갔다. 국경 마을답게 에콰도르의 모습이 많이 보이기 시작했다. 에콰도르 원주민 복장을 한 사람도 많고, 에콰도르에서 많이 먹는 음식인 꾸이Cuy: 식용 커니피그도 보였다.

가까이서 본 라스 라하스 성당은 전망대에서 바라본 것보다, 사진으로 보던 것보다, 기대했던 것보다 훨씬 멋있었다. 푸른 나무로 뒤덮인 초록 배경과 조화가 안 될 것만 같은 회색 벽돌은 가까이서도 구름을 연상시켰다. 가파른 절벽에 어떻게 이런 성당을 건설했는지 인간은 역시 대단한 존재라는 생각이 들면서도, 한편으로는 측은했다. 13년1916년~1928년 동안 자신의 집이 아닌, 신의 집을 만들며 고생했을 사람들이 말이다.

언덕 위에 포개진 성당

성당 언저리에서 경건하게 손을 씻고 머리를 정돈한 뒤, 두 손 모아 기도하시던 한 할머니를 봤다. 종교가 없는 나에게, 라스 라하스는 그저 멋진 여행지겠지만, 종교가 있는 누군가에겐 특별한 성지일 것이다. 정이 많이 든 콜롬비아를 떠나, 남쪽으로의 여정을 막 시작한 나도 가슴 벅찬 여행을 할 수 있게 해달라고 기도했다. 더불어 손에 삶의 고단함이 묻어나던 할머니의 기도도 이루어지길 빌었다.

여행자의 특권

두려움은 무지의 다른 이름이었다. 몰랐기 때문에 막연했고, 두려웠다. 아는 바가 없는, 오기 전의 콜롬비아는 내게 무서운 나라였다. 작은 용기의 보상은 컸다. 한 발자국 안으로 들어가 직접 경험한 후 알게 된 콜롬비아는 아름다운 곳이었다. 평생 잊지 못할 행복한 시간과 유쾌한 친구들을 얻었다. 그간의 시간만으로도 너무 행복한데, 콜롬비아는 마지막까지 아름다운 도시를 선물했다.

어딘가에 도착하고, 떠나야 하는 여행자의 숙명. 도착하기 전, 실체 없는 두려움의 나라 콜롬비아는 나의 두 번째 고향이 됐다. 에콰도르로의 여정. 도착하기 전, 아쉬움 때문인지 설렘과 기대가 없다. 하지만 에콰도르를 떠나기 전, 나는 어쩌면 세 번째 고향으로 에콰도르를 꼽을지도 모른다. 떠돌아다니는 것은 분명 어려운 일이지만, 방랑의 시간 동안 도시와 사람을 가슴속에 품을 수 있는 것은 여행자만의 특권이다. 여행자로서 그 어려움을 기꺼이 받아들일 수 있는 이유이기도 하다. 잠시만 안녕, 나의 두 번째 고향아!

ACCION DE GRACIAS
A LA VIRGEN DE LAS LAJAS
POR FAVORES RECIBIDOS
FLIA. MOLINA MORENO
Gracias
por regalarnos nuestro
mayor tesoro... Luciana
Familia Castaño Castillo
Medellín, Abril - 2013
A LA S.V. DE LAS LAJAS
POR MILAGROS
RECIBIDOS SUS DEVOTOS
CARLOS TIERRA
LA S.V. DE LAS LAJAS
POR VARIOS
MILAGROS RECIBIDOS
SUS DEVOTOS
ELIAS GUAMAN
Y ELSA PAGUAY
RIOBAMBA ABRIL
21 1986
A LA S.V. DE LAS LAJAS
POR MILAGROS RECIBIDOS
SU DEVOTO
MANUEL PAGUAY
RECOMENDACIONES

성당 내부

스페인어, 그리고 한글

스페인어의 추억

스페인어에 대한 개인적인 추억이 있다.

1. 2010년 스페인 마드리드

2010년 유럽 여행, 마드리드에서 맥주를 마시려고 한 식당에 들어갔다. 당시만 해도 세르베사Cerveza: 맥주라는 단어를 몰라서 영어로 "Beer!"를 외치니 못 알아듣던 종업원. 유럽인데! 한 나라의 수도인데! 관광지인데! 맥주란 영어 단어가 안 통하다니!

2. 2013년 보고타 국제공항

콜롬비아에 발을 디딘 첫날. 학생 비자가 없던 나는 관광 비자로 90일을 받아야 했다. 아는 스페인어라고는 인사 정도였던 상황, 비행기 안에서부터 회화책으로 공부했지만, 언어에 벼락치기가 웬 말! 운도 없지, 영어를 한마디도 못하는 담당자를 만났다. 무언가 물어는 보는데 도통 한마디도 알아들을 수 없었다. 아무것도 이해하지 못한 채 그저 아는 도시 이름만 주르륵 나열했더랬다.

본격적으로 여행을 시작하기 전, 보고타에서 스페인어를 배우던 시절. 식당에서 케첩을 주문하니 못 알아들으신다. 마드리드에서의 맥주 사건은 다행히 눈에 띈 맥주 때문에 손짓으로 모면했지만, 도대체 케첩을 어떻게 설명하란 말인지! 결국, 종이를 꺼내 토마토를 그리고 나서야 겨우 케첩을 얻을 수 있었다.

영어가 잘 안 통한다고 정평이 나 있는 남미지만 유독 콜롬비아와 베네수엘라는 그 정도가 심했다. 실제로 케첩은 '살사 데 토마테Salsa de Tomate: 토마토 소스', 핫도그는 '뻬로 깔리엔떼Perro Caliente: 뜨거운 개'라는 단어를 사용한다. 투어도 스페인어로만 진행되는 것이 많아 하고 난 후, 꼭 인터넷으로 복습해야 했다. 아, 내가 정말 영어 한마디 통하지 않는 '남미'란 대륙에 있는 것 같아 신선했고, 즐거웠다. 에콰도르부터는 다시 '살사 데 토마테'가 아닌 케첩을, '뻬로 깔리엔떼'가 아닌 핫도그를 써야 했지만.

'오 솔레미오'와 케이팝

조금은 얼굴이 발개지던 기억. 보고타에서 학교 수업 이외에 일주일에 한 번, 1시간씩 다국적 학생들이 모여 스페인어를 공부하는 특별활동 시간이 있었다. 언어뿐만 아니라 세계 각국의 문화도 엿볼 수 있어 열심히 출석했다. 학기가 끝날 때쯤, 각자의 나라를 잘 표현하는 노래를 불러보는 시간을 가졌다. 예컨대 이탈리아에서 온 친구는 '오 솔레미오'를 부르는 것이다. 나를 비롯한 다른 한국 친구들은 '아리랑'을 생각하고 있었는데 갑자기 케이팝K-Pop을 좋아하는 콜롬비아 친구가 잽싸게 최신 가요를 신청해버렸다. 정작 우리는 아무도 그 노래를 몰라 입도 뻥끗하지 못한 채 꾸어다 놓은 보릿자루처럼 서 있어야 했다. 멋들어지게 최신 가요를 부른 콜롬비아 친구와 조용히 박수만 치던 한국인들,

그림은 이상했고 다른 나라 친구들의 '한국 노래에 왜 온통 영어뿐이냐'는 반응은 우리를 부끄럽게 했다. 노래도 못 부르고, 적절한 대답도 하지 못한 채 씁쓸히 무대에서 내려왔다.

아, 아름다운 한글

처음에, 오해했던 질문. 베네수엘라에서 만난 친구가 "한국은 어떤 언어를 쓰니? 고유의 언어가 있어?"라고 물었다. 처음 이 질문을 듣고 나서는 기분이 살짝 나빴더랬다. 이 친구는 그저 자신들도 '스페인어'를 쓰니까 궁금해서 물어본 것인데 괜히 '내 나라'를 다른 나라에 종속된 나라로 생각하는 줄 알고 오해한 것이다. 남미의 많은 나라가 스페인어를 쓰니, 그 친구에게는 너무 먼 지구 반대편 사람들에게 각자의 언어가 있는지 그저 궁금했던 것뿐인데 말이다.

콜롬비아 친구와 전자 박람회에 간 적이 있다. 컴퓨터가 한국어로 무엇이냐고 묻길래, 우리는 그냥 컴퓨터라고 한다고 대답했더니 "왜?"라고 묻는다. 우문에 현답을 할 수 없었다. 스페인 침략 이후 아직도 침략 당시의 언어를 쓰고 있지만, 이곳 사람들은 그들이 현재 사용하는 언어를 소중하게 아끼며 사용하고 있다. 비록 조상 대대로 사용해온 언어는 아니지만, 지금 그들이 쓰고 있는 말을 사랑하며 올바르게 사용하고 무턱대고 영어를 써대지 않는다. 그에 반해 우리는 아름다운 우리말을 가지고 있음에도 불구하고 마구잡이 식으로 영어를 써댄다.

고유의 언어를 가진 것은 축복이다. 특히 다양한 소리를 가지고 있어 여러 언어를 발음하는 데 어려움을 느끼지 않아도 되는 언어, 알파벳이 아닌 아름다운 고유 문자를 가지고 있는 언어! 한글은 축복의 언어다. 자부심을 가져도 된다. 그런데도 우리는 우리의 자랑스러운 말보다 다른 나라 말을 더 '쳐주고' 존중한다. 'Smile'을 'Smail'로 잘못 쓴 건 '부끄러운 일', '금세'를 '금새'로 쓰는 건 '그럴 수도 있는 일'이 되어서는 안 된다. 스페인어를 배우면서 더 배우는 건 우리말의 소중함이었다.

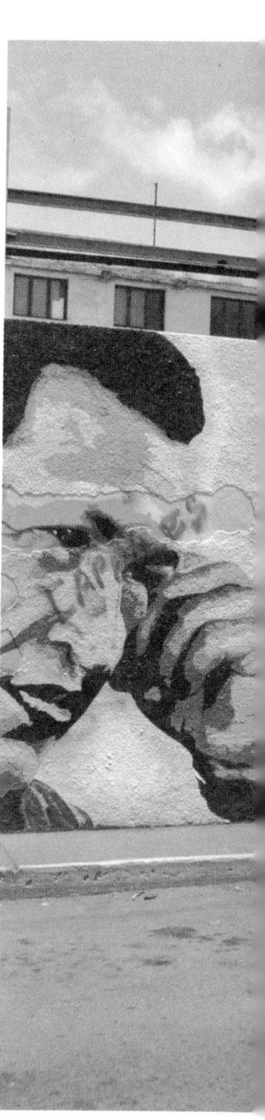

베네수엘라
VENEZUELA

CORO
CIUDAD BOLIVAR

베네수엘라 코로
VENEZUELA CORO

사막의 일몰을 본 적 있는지

한때는 같은 나라, 너무나도 다른 지금

비자 연장을 하지 않고 콜롬비아에 있을 수 있는 기간은 90일. 보고타에서 학교생활에 2개월, 종강 후 콜롬비아 북부를 여행하느라 1개월을 썼다. 불법체류자가 되지 않으려면 서둘러 콜롬비아를 떠나야 했고, 딘의 결혼식에 참석하기 위해 다른 나라에 가서 비자를 갱신한 뒤 콜롬비아로 돌아오기로 했다. 지도를 보니 베네수엘라가 괜찮겠다 싶었다. 캐리비안 쪽 도시인 산타 마르타에서 가기도 쉬울 것 같았다. 베네수엘라에 무엇이 있는지, 어디를 가야 할지도 몰랐지만, 어느 나라든지 일단 가면 볼 것은 있으리라는 생각에 난 그렇게 대책 없이 베네수엘라로 향했다.

베네수엘라, 계획에도 없던 이 나라에 대해 내가 아는 것이라고는 우고 차베스Hugo Chavez 대통령뿐이었다. 언론을 통해 내 눈에 비친 베네수엘라는 치안이 불안정한 나라였다. 콜롬비아 친구들도 베네수엘라에 간다니 위험하다며 극

콜롬비아-베네수엘라 국경

구 만류했다. 콜롬비아에 오기 전 상황과 많은 것이 비슷했다. 인터넷 검색을 통해 알아본 콜롬비아는 위험했고, 콜롬비아에 가는 것을 말리던 한국 친구들의 모습이 반복되는 듯했다. 걱정이 무색할 정도로 실제 콜롬비아는 너무나 사랑스러운 나라였다. 언론을 통해서가 아닌 내 눈과 귀를 통해 알게 될 베네수엘라 또한 콜롬비아와 같을 거란 기대에 용기를 냈다. 또한, 원래 같은 나라였던 콜롬비아, 베네수엘라, 에콰도르가 지금은 각자 어떤 매력을 가지고 있을지도 궁금했다. 남미의 독립 영웅 시몬 볼리바르Simon Bolivar 장군이 200년 전, 세 개의 나라를 하나의 연방으로 묶는 '대 콜롬비아Gran Colombia'를 구상했지만 결국 실패로 돌아갔다. 한때 몇 년이나마 같은 나라였던 곳들의 공통점도, 차이점도 궁금했다.

콜롬비아의 국경 도시인 마이카오Maicao, 베네수엘라의 마라카이보Maracaibo를 거쳐 사막 도시인 코로Coro로 가는 일정. 국경을 넘기 위해 출입국 사무소에 들렀다. 그런데 분위기가 심상치 않아 보였다. 내 여권을 두고 사무소 직원들끼리 돌려 보며 심각한 표정으로 의논하더니 남한에서 왔는지 북한에서 왔는지를 고압적으로 물었다. 여권에도 빤히 적혀 있고, 당당하게 남한에서 왔다고 대답했는데도 그들의 '심각한 의논'은 쉬이 없어지지 않았다. 10분이 넘는 실랑이 끝에 겨우 입국 도장을 받을 수 있었다.

설상가상으로 타고 있던 차도 고장이 났다.

국경을 넘으니 그제야 긴장이 풀려 차창 밖의 풍경이 눈에 들어오기 시작했다. 콜롬비아가 지척이었지만, 분위기는 확연하게 달라졌다. 국경 지대라도 콜롬비아 쪽에서는 당하지 않던 검문에도 걸려, 배낭을 열고 모든 짐을 꺼내 확인을 시켜주길 여러 번. 잘못한 것도 없는데 괜히 작아지는 나. 설상가상으로 타고 있던 차도 고장이 났다. 결국 1시간을 기다려 새로운 차로 갈아타고 밤 10시가 되어서야 코로에 도착했다.

오래전이지만 한때는 같은 나라였던 콜롬비아와 베네수엘라에는 공통점이 더 많을 것이라고 기대했는데, 많은 것이 달랐다. 잘 통하던 말도 이곳에서는 알아듣기조차 힘들었다. 검문 중 괜한 오해를 사지 않기 위해 귀를 쫑긋거려도 억양이 달라 알아듣기가 힘들었다. 결국 3개월 만에 내 스페인어는 다시 보디랭

코로 시내의 풍경

귀지로 돌아갔다. 코로 호스텔에 도착해 짐을 풀고 나니, 긴장이 풀려 몸에 힘이 하나도 없었다. 과연 나는 베네수엘라 여행을 잘 해낼 수 있을까?

우리의 일몰은 일출보다 아름답다

다음 날 아침이 되어서야 베네수엘라 여행 일정을 짜기 시작했다. 내 여행이 이렇게 좀 대책 없다. 그 나라에 도착하고 나서야 경로를 그려보는데, 그것조차 변경되기 일쑤다. 머리를 싸매고 여행 정보와 경로에 대해 생각하고 있을 때, 한 사람이 말을 걸었다. 호주에서 온 앤. 30대 후반의 나이에 일을 그만두고 여행을 시작한 친구, 내 모습과 많이 닮았다. 괜찮다면 코로에서의 일정을 함께 하자는 말에 반색한 것은 오히려 나였다. 첫 도시부터 동행할 친구를 만들다니, 예감이 좋았다.

코로에 온 이유는 '사막' 때문이었다. 사막이라니! 전체 육지의 10%가 사막이라고는 하지만, 내겐 그저 먼 곳이었던 사막! 그런데 코로에서는 시내에서 버스를 타고 20분을 달리면 메다노스 국립공원Parque Nacional Los Médanos de Coro에서 사막을 볼 수 있단다. 오아시스와 낙타는 없고 동네 주민들이 도시락을 먹는 '동네 공원'같은 곳이지만 정말, 사막이었다. 강렬한 모래바람이 만든 '모래 물결'이 가득한 진짜 사막이었다. 사막 도시답게 코로 시내는 머리에 내리꽂히는 햇살 때문에 숨 막히게 더웠는데 그늘이라고는 없는 사막에서는 강렬한 모래바람 덕분에 오히려 시원했다.

도착한 시간은 일몰을 겨냥한 오후 5시. 바로 옆은 도심이지만, 눈앞에 보이는 것은 온통 모래뿐이다. 하늘 아래 있는 것은 온통 모래, 기분이 괜스레 침착해졌다. 베네수엘라 여행을 앞두고 걱정과 설렘으로 요동치던 마음도 어느덧 가라앉기 시작했다. 6시 30분, 해가 서서히 지기 시작했다. 눈앞은 오직 모래 언덕이 만든 지평선뿐이다. 지평선 뒤로 할 일을 다 마치고 반원이 되었다가, 마침내 사라진 태양. 잠시나마 아무런 소리도 들리지 않고 아무런 생각도 들지 않았다. 찰나의 그 시간 동안 지구 위엔 나뿐이다. 대책 없고 계획 없는 '자유로운' 여행자지만, 매일 밤 어디서 자야 할지 다음은 어디로 가야 할지 매 순간 결정해야 했던 머릿속에는 자유가 없었나 보다. 사막에서, 태양은 사라져가며 복잡할 것 없다고 속삭였다. 태양과 이별을 고하고 정신을 차려보니 옆에 있던 앤의 표정도 황홀하다. 우리는 같은 생각을 했을까. 그렇다. 지구 위에 나 혼자일 리 없다.

베네수엘라 시우다드 볼리바르
VENEZUELA CIUDAD BOLIVAR

천사의 폭포

최상급의 나라

거미, 호수, 다리, 케이블카. 연관성이 전혀 없어 보이는 것들이지만, 최상급을 붙여 가장 큰 거미, 가장 큰 호수, 가장 긴 다리, 가장 긴 케이블카가 되면 공통점이 하나 생긴다. 바로 베네수엘라. 세계에서 가장 크고 무거운 거미, 남미에서 가장 큰 마라카이보Maracaibo 호수, 세계에서 가장 긴 마라카이보 다리, 세계에서 가장 긴 메리다Mérida 케이블카. 모두 베네수엘라에 있다. 그리고 절대 빠질 수 없는 최상급 중의 최상급. 바로 세계에서 가장 높은 폭포, 앙헬 폭포가 있는 곳도 바로 베네수엘라다. 남미의 많은 국가 중에서도 치안이 좋지 않기로 유명한 베네수엘라. 위험을 무릅쓰고 지금도 많은 여행자가 베네수엘라로 향하는 이유의 중심에는 바로 앙헬 폭포가 있다.

큰마음 먹고 쾌척한 220달러

1년짜리 오픈 티켓 한 장 달랑 들고 여행하는 것은 이곳에서 쓰는 1,000원에 의해 여행 기간이 달라질 수도 있다는 것을 의미한다. 그래서 20만 원 이상을 호가하는 비용을 두고 앙헬 폭포를 가야 할지 말아야 할지 오래 고민했다. 고민을 불식시킨 것은 우연히 본 앙헬 폭포의 사진 때문이었다. 환상적이었다. 이 폭포를 보기 위해 비용을 투자하고, 그 비용 때문에 며칠 먼저 한국에 가야 한다고 하더라도 후회는 없을 것 같았다. 다행히 당시 암달러● 환율이 높았다. 4개월 전과 비교해 2배 이상 오른 환율 덕분에 싸게 다녀올 수 있는 기회, 놓칠 수 없다.

앤과 함께 앙헬 폭포로 향했다. 콜로니아 토바르Colonia Tovar에서 마라카이Maracay로, 마라카이에서 야간 버스를 타고 시우다드 볼리바르Ciudad Bolivar로 향했다. 처음 장거리 버스를 타고 여행했던 산힐이 생각났다. 그때만 해도 버스 안에서 잠도 못 자고 어두운 창밖만 멀뚱멀뚱 쳐다보며 힘들어했는데 이제는 10시간도 거뜬한 걸 보니 대륙의 여행자가 된 것 같아서 뿌듯했다.

시우다드 볼리바르를 방문하는 여행자는 모두 앙헬 폭포를 보기 위해 온 사람들이다. 터미널에 내리자마자 여행사 직원들에게 둘러싸였다. 유일한 상품인 앙헬 폭포만을 위해 존재하는 여행사일 거란 생각에 대동소이한 일정을 운영할 것 같아서 가장 저렴한 곳에서 예약했다. 220달러라는 거금. 숙박비, 식비, 경비행기 요금까지 포함돼 있다는 것을 생각하면 그리 비싼 것은 아니었지만 그래도 배낭여행자에게는 적은 돈이 아니다. 하지만 앙헬 폭포의 환상적인 모습은 분명 220달러 이상의 가치가 있을 거라고 믿었다.

● 경제가 불안정한 베네수엘라에서는 정부가 환율을 통제한다. 터무니없이 낮은 공식 환율에 비해 거리에서 환전상을 통해 거래되는 '달러' 환율이 훨씬 높다. 때문에 대부분의 여행자는 거리에서 환전상을 찾아 환전한다.

슬리퍼 트레킹

여행사와 연계된 호스텔에서 1박을 하고, 다음 날 아침 경비행기로 앙헬 폭포가 있는 카나이마 국립공원Parque Nacional Canaima으로 가는 일정. 베네수엘라에서는 항상 교통수단에 놀란다. 박물관에 있을 법한 승용차가 택시로 이용되고, 사진에서만 볼 수 있던 버스가 통학버스로 이용되고 있으니 말이다. 경비행기도 허술해 보이긴 마찬가지였다. 저 조그만 비행기에 몸을 싣고 2시간을 넘게 날아가야 한다니, 겉으로는 웃고 있었지만 내심 어찌나 불안하던지! 나는 친구 앤, 어떤 브라질 커플과 한 팀이 됐다. 그런데 경비행기 정원이 조종사를 포함한 4명이라 나는 같이 못 탄단다. 혼자 불안에 덜덜 떨고 있는데 "카나이마에서 보자!"라며 가버리는 일행들. 결국 아는 사람 하나 없이 혼자 경비행기에 올랐다.

불안감은 잠시였다. 경비행기가 뜨자마자 대자연의 세계로 들어섰다. '아름답다'는 말로 표현할 수 없는 경이로운 풍경이지만 딱히 아름답다는 말 말고는 표현할 단어도 없다. 내 옆을 지나가는 구름, 개미처럼 작게 보이는 집과 자동차, 산과 강이 만들어낸 멋진 풍경.

경비행기에서 바라본 풍경

창밖을 하도 쳐다보느라 뒷목이 뻣뻣해졌다. 아직 하이라이트인 앙헬 폭포는 보지도 않았고 예고편만 봤을 뿐인데, 벌써 흥분의 도가니였다. 카나이마 국립공원에 도착한 나는 호스텔에 짐을 풀고, 바로 앙헬 폭포로 향했다.

배를 타고 장장 4시간을 달렸다. 이쯤 되면 교통수단을 타고 이동하는 데에는 전문가가 된다. 우기라고는 하지만 강의 수심이 얕아 사람이 탄 배가 못 지나가는 구간이 있었고, 그곳에서는 배에서 내려 걸어야 했다. 딱딱한 나무 의자 위에서 그늘 없이 머리 위로 바로 꽂히는 강한 햇살을 그대로 견뎌야 했던 4시간은 지옥 같았다. 하지만 힘든 시간도 즐겁게 이겨낼 수 있었던 것은 바로 풍경 때문이었다. 탄성을 자아내던 절경도 계속 보다 보면 감흥이 떨어지기 마련일 것이다. 하지만 피로를 느끼긴커녕 계속되는 절경을 선사해주는 자연에 감사한 마음뿐이었다. 점심 식사도 빵과 우유로 배 위에서 간단히 해결했지만, 대자연 속에서 우리도 자연의 일부가 되어 먹는 점심 식사는 그 어떤 진수성찬과 견주어도 뒤지지 않을 만큼 훌륭했다.

폭포라는 게 당연히 위에서 아래로 떨어지는 물줄기라, 폭포를 보기 위해서는 산에 올라가야 한다. 딱히 공부를 잘하지는 못했지만, 그래도 대한민국의 험난한 정규 교육 과정을 무사히 마친 내가 그 사실을 모를 리가 없다. 그것도 세계에서 가장 높다는 폭포다. 그런데 글쎄 시우다드 볼리바르에서 운동화를 안

슬리퍼 트레킹

가져왔다. 발에 신겨진 건 슬리퍼였다. 어쩔 수 없이 슬리퍼를 신고 험난한 등산로에 발을 디뎠다. 일행은 모두 20명 정도였는데 슬리퍼를 신은 사람은 나뿐이었다. 전부 측은한 눈빛으로 쳐다보길래 "역시 난 특별해!"라고 일행에게 말해보지만, 당연히 통할 리 없다. 맨발로 올라가는 사람이 한 명 있기는 했다. 가이드인 헤수! 이틀에 한 번 앙헬 폭포에 올라간다는 헤수, 하도 올라가서 눈 감고도 올라갈 수 있다는 가이드와 난 비할 바가 아니었다. 산이라면 못 올라가고 안 올라가던 내게 산은 존재만으로 힘든 곳이다. 슬리퍼 덕분에 몇십 배는 더 힘들었다.

자연 원형이 대부분 잘 보존된 산길, 등산로도 따로 없었다. 헤수의 뒤만 졸졸 따라가다가 돌부리에 걸려, 나무뿌리에 걸려 여러 번 넘어졌다. 1시간이 넘는 산길을 오르고 나서야 전망대에 도착했다. 상투적인 표현이지만, 힘들게 올라온 것을 모두 잊게 하는 풍경이었다. 떨어지면서 물거품이 전부 흩어져 웅덩이조차 생기지 않는다는 말을 들었을 때는 감히 상상조차 하지 못했다. 눈으로 보고 나서야 겨우 이해할 수 있었다.

고개를 끝까지 젖히고 나서야 꼭대기가 겨우 보였다. 너무 높아 육안으로도 확인하기 어려운 산꼭대기에서 어떻게 물이 모여 폭포를 만들며 내려올 수 있는지 신기할 따름이다. 건기 때는 물의 양이 워낙 적어서 폭포의 물줄기를 보기 힘들다고 하니, 앙헬 폭포를 보기 위해서는 우기를 선택할 수 있는 시간적인 조건도 필요하다. 보고 싶다고 볼 수 있는 것이 아닌 이 천혜의 절경을, 단지 돈이 아까워서 포기했다면 두고두고 후회했을 것이 분명하다. 역시 오길 잘했다. 사진도 찍고 감상하다 보니 어느덧 해가 지기 시작했다. 자연 그대로를 보존하고 있는 곳, 내려오는 길에 빛이 있을 리 없다. 운동화도 안 챙겨온 내가, 손전등을 챙겼을 리가 없다. 내려올 때조차 가이드 헤수에게 톡톡히 짐스러운 존재가 됐다.

숙소 또한 자연을 닮았다. 타이로나에 이어 두 번째로 해먹에서 자게 됐다. 비만 겨우 피할 수 있는 오두막에 해먹만 여러 개 걸려 있고, 전기조차 들어오지 않아 초를 켜서 빛을 만들었다.

호스텔 앞 풍경

산에 오르내리는 동안 땀에 흠뻑 젖어 샤워가 간절했다. 그런데 양치조차 빗물을 받아 놓은 물을 써야 하는 상황에서 샤워는 그림의 떡이었다. 내 몸도 찝찝하고, 내 몸에서 날 냄새도 찝찝하고, 다른 사람의 체취도 반갑지 않았지만 피곤해서인지 모두 개의치 않고 바로 곯아떨어졌다.

사실 여행할 때는 여러 제약 때문에 보고 싶어도 못 보는 것이 생길 수밖에 없다. 난 그런 것에 대해서 딱히 아쉬워하는 성격이 아니다. 못 본 것은 어차피 알 수 있거나 기억할 수 있는 것이 아니기 때문이다. 아쉬움을 마음속에 지니며 감정 소모는 되도록 하지 않으려고 노력한다. 오기 전까지만 해도 일정과 금전적인 압박 때문에 많이 망설였던 앙헬 폭포. 만약 포기했다면 나는 이곳을 보지 못했을 것이고, 알거나 기억할 수 없었을 테니 딱히 아쉬워하지도 않았을 것이다. 하지만 본 이상 분명하게 알 수 있다. 오길 잘했다는 것. 장엄한 산세를 가로지르는 가녀린, 하지만 강렬함도 함께 가지고 있던 폭포수를 보지 못했다면 세상의 절경을 한 가지 놓쳤을 것이다. 앙헬 폭포뿐만 아니라 가는 도중 보았던 모든 풍경은 투자한 시간과 돈을 충분히 보상해주었다.

즐기는 폭포

카나이마 국립공원에는 앙헬 폭포에 가려져 있어서 그렇지 그에 못지 않게, 아니 그만큼 아름다운 폭포가 하나 더 있다. 바로 사포 폭포Salto Sapo다. 자연에서 하룻밤을 보낸 후 다시 호스텔로 돌아온 오후에 우리는 사포 폭포로 향했다. 호스텔에서 배를 타고 30분 정도밖에 걸리지 않는다는 말에 가벼운 마음으로 출발했는데 갑자기 비가 쏟아졌다. 배 위에서 '직방으로' 맞는 굵은 빗줄기는 피부가 따가울 정도였다. 가이드 헤수가 상태를 보니 오늘은 안 될 것 같다며, 내일 아침 일찍 카나이마 국립공원을 떠나기 전에 다시 오자고 했다.

갑자기 취소된 일정 때문에 할 일이 없어진 우리는 맥주를 마시러 갔다. 국립공원 안에 있는 작은 마을, 슈퍼마켓도 찾기 힘든 곳이었지만 사람이 모이는 곳 어디에나 '술집'이 있는 것은 한국이나 베네수엘라나 똑같나 보다. 너무 비싸서 한 잔밖에 마시지 못했지만, 음악과 술이 있는 곳이라면 어디든지 춤을 추는 남미 사람들을 구경하느라 즐거웠다. 과거에 같은 나라였다지만, 200년이란 시간 동안 그들은 일개 여행자도 차이점을 알 수 있을 정도로 확연하게 달라졌다. 콜롬비아의 리듬과 확연하게 다른 음악이 바로 징표였다. 춤 또한 살사와 달랐다. 조금 느리지만, 그만큼 더 관능적인 베네수엘라 음악과 춤의 궤적 또한 콜

사포 폭포

휘장 지나가기

롬비아의 살사만큼 충분히 매력적이었다. 두 나라가 지금은 많이 다르다고 하더라고 닮았던 과거가 전부 사라지진 않았다. 흥겹게 춤을 추는 모습은 두 나라가 한때 같은 역사를 가지고 있었다는 것을 다시 인지시켜 주었다.

다음 날, 사포 폭포에 가기로 한 시간은 아침 7시였다. 어김없이 일어나는 게 힘든 게으른 나와 시간관념이 철저한 부지런한 앤. 힘들게 일어나 아침 7시에 약속 장소로 나갔지만 역시 헤수는 보이지 않았다. 결국, 8시가 다 되어서야 겨우 배를 띄웠다.

다행히 사포 폭포에 올라가는 길은 슬리퍼로도 거뜬했다. 압도적인 높이에 보는 것만으로 만족해야 했던 앙헬 폭포와는 다른 매력의 사포 폭포. 특히나 재미있던 건 폭포 휘장을 지나가는 것이었다. 카메라가 젖을까 노심초사했지만,

사포 폭포 꼭대기에서

사진 찍기를 불사하며 눈을 뜨기도 어려운 곳을 헤쳐나갔다. 폭포 뒤편은 미끄러운 이끼 때문에 양말이 필요했다. 운동화도, 손전등도 준비하지 않았던 내게 양말이 있을 리가! 이번에도 안 챙겨 왔느냐며 헤수가 혀를 끌끌 차며 걱정했지만 다행히 미끄러지지 않고 잘 건넜다. 휘장을 지나가는 것 말고도, 즐길 거리가 많았다. 물놀이도 할 수 있어 몸이 즐거웠고, 저 멀리 하늘이 그린 무지개를 볼 수 있어 눈도 즐거웠다.

천사를 상상하다

작별 인사를 해야 할 시간이 왔다. 헤수는 또다시 앙헬 폭포를 가야 한다며 (정말 이틀에 한 번꼴이다!) 배에 올랐다. 시우다드 볼리바르로 돌아가면, 베네수엘라에서의 모든 일정을 함께했던 앤과도 안녕이다. 새로운 사람과 친구가 되고, 추억을 함께 공유하는 것은 언제나 즐거운 일이지만 즐거운 만큼 헤어지는 것이 어렵다. 여행 중 매번 겪어야만 하는 이 헤어짐에 도무지 적응이 안 된다. 하지만 만남과 헤어짐 모두 여행의 조각이다. 혼자였다면, 벅찬 감동을 공유할 수 없어 외로웠을 여정. 함께함으로써 우리는 같은 시간과 감정을 공유했고, 덕분에 앙헬 폭포의 조각은 더욱 아름다워졌을 것이다.

자연과 가까운 곳에서 보낸 2박 3일의 시간. 매우 짧게 느껴진 시간이었다. 앙헬 폭포라는 이름이 붙여진 데 대해서는 의견이 분분하단다. 그중에는 폭포가 떨어지며 생긴 물거품과 물안개의 모습이 아름다워 '천사의 폭포'가 됐다는 '설'도 있다. 천사를 본 적은 없지만 긴 낙차의 여정을 미처 마치지 못하고 떨어지는 도중 안개가 되어 날아가는 앙헬 폭포의 모습이 천사를 닮았을 거라고 감히 상상해본다.

버리고 얻은 것

어깨가 감당할 수 있는 무게,
그것이 바로 생존의 무게

나는 원래 무엇이든 잘 버리지 못한다. 초등학생 때 샀던 책과 가방, 20년이 지난 편지들, 쓰지도 않고 모셔만 둔 화장품들. 한국에서는 참 많은 것들을 가지고 살았다. 여행을 시작할 때, 무거워서 가지고 다니지 못하는 것들이라면 그건 내 삶에서 그다지 필요한 것이 아닐 테니 버릴 것은 버리고 필요한 것은 모두 어깨에 메고 다녀보리라 결심했다.

그런 내가 뉴욕 공항에 도착하자마자 먼저 한 일은 '옷 처리'였다. 배낭이 장기간 여행을 하기에는 조금 작은 크기였는데 '이것도 필요하지, 저것도 필요하지.'라며 욕심을 부리고 짐을 쌌더니 도무지 그 무게를 견딜 수가 없었다. 언젠가는 쓸 것만 같고, 아깝기도 했지만, 배낭을 들고 걸어야 했기에 눈물을 머금고 옷 3벌을 버렸다. 손톱에 바른다고 가져온 각종 매니큐어도 결국 숙소에서 만난 분께 드렸다.

버렸다. 그리고 얻었다

보고타에서 학교생활을 하며 늘어난 짐도 결국 베네수엘라에서 많이 비워냈다. 최소한의 것만 남겼다. 많은 것을 샀지만, 더 많은 것을 버렸다. 짐을 줄이니 어깨도 홀가분하고 마음도 가볍다. 살아가는 데 많은 것들이 필요하지 않았다. 그런데 지금까지 나는 많은 욕심을 부리며 내 손에 들어온 건 다시 나갈 수 없다며 쓸데없는 것까지 손에 쥐고 살았고, 쥘 곳이 부족해도 어떻게든 더 많은 것을 잡으려고 아등바등 살았다.

버리고 나니 생활도 한결 간결해졌다. 세탁이 여의치 않으면 샴푸로 거품을 내어 간단하게 손빨래로 해버려도 옷은 깨끗했다. 폼클렌징 없이 화장도 비누로 지우지만 얼굴에 트러블도 생기지 않았다. 보디 샴푸 없이 호스텔에서 나눠주는 작은 비누를 모아 몸을 닦아도 좋은 향기가 났다.

큰 대륙을 오랫동안 여행하면 무엇이 변할까 궁금했다. 욕심을 버리게 됐다는 것, 이것이었다. 어차피 인생은 빈손으로 와서 빈손으로 간다고 한다. 없으면 없는 대로, 과하면 나눠 쓰는 미학. 버리고 나서야 얻을 수 있던 여행에서 배운 인생의 진리다.

에콰도르
ECUADOR

OTAVALO
QUITO
LATACUNGA
QUILOTOA
VILCABAMBA

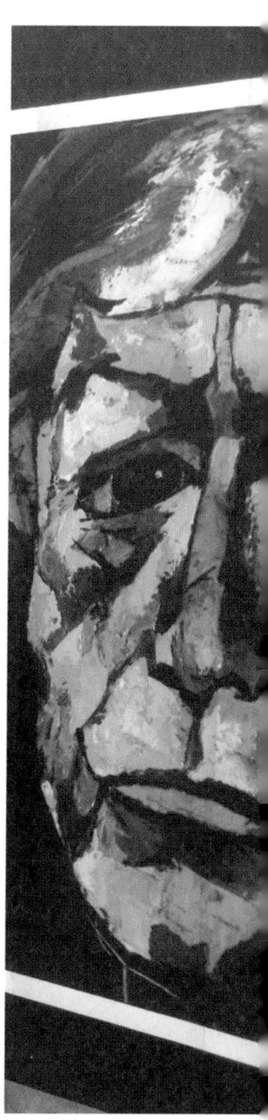

에콰도르 오타발로
ECUADOR OTAVALO

사람 냄새 그윽하던 토요 시장

시장에서는 사람 냄새가 난다

어렸을 적, 5일장이라는 게 있었다. 5일에 한 번 읍내에 크게 서는 장은 그야말로 큰 만물상이었다. 안 파는 물건이 없었다. 어린 내 눈에 비친 5일장에는 세상 모든 것이 있었다. 그리고 그곳에서는 사람 냄새가 났다. 한 푼이라도 싸게 사려는 사람들과, 한 푼이라도 비싸게 팔려는 사람들이 만들어내는 활기찬 소음이 있었고 분위기를 돋우는 악사의 음악이 있었다. 인파에 떠밀려 걷기도 힘들었고 먼저 산 물건을 계속 들고 다녀야 하는 불편함도 있었지만, 지금까지도 그 시절의 5일장이 그리운 건 바로 사람 냄새 때문일 것이다.

갈라파고스와 적도만큼이나 여행자들에게 유명한 에콰도르의 오타발로Otavalo 토요 시장. 물가만 비싸고, 막상 가면 살 만한 것이 없다는 혹평도 있지만, 현지의 생활을 엿볼 수 있는 곳이라는 점에서 오타발로 토요 시장은 여행자에게 여전히 매력적인 곳이다.

그간 많은 정이 든 콜롬비아를 떠나, 처음으로 마주한 에콰도르. 해 질 녘 도착한 오타발로는 예쁘고 활기찼다. 이피알레스에서부터 보이기 시작한 전통 원주민 복장을 한 사람이 더 많이 보였다. 콜롬비아에서 불과 몇 시간을 달려 도착한 곳인데, 분위기가 확연하게 달라진 것을 보니 확실히 다른 나라에 왔구나 싶었다.

'지름신', 강림하다

오타발로의 중앙 광장에서는 민예품 시장이 매일 열리기 때문에 무리해서 날짜를 토요일로 맞출 필요는 없다. 하지만 동물 시장은 오직 토요일에만 들어선다. 동물 시장을 보기 위해 금요일 저녁에 도착하게끔 일정을 맞췄다. 새벽에 가장 활기를 띤다는 말에 전례 없이 새벽에 눈을 떴다. 졸린 눈을 비비며 호스텔 옥상에서 중앙 광장을 바라보니, 시장은 이미 준비를 마쳤다. 서둘러 동물 시장으로 향했다.

구경하는 여행자들도 많았지만, 더 많았던 건 역시 현지인들. 또한 소, 돼지, 개, 염소, 양, 닭 등 시장에는 사람만큼 동물도 많았다. 상품 가치가 없어 보이는 더러운 양, 힘을 제대로 쓸 수 없을 것만 같은 소. 달랑 강아지 두 마리, 닭

오타발로 공원

호스텔 옥상에서 바라본 시장의 모습

한 마리만 데리고 와서 팔려고 하는 청년과 소년. 동물만 있으면 모두가 상인이었다. 각종 동물이 만드는 소음 덕분에 정신을 차릴 수 없을 정도였다. 사람 냄새를 맡으려고 왔던 시장에서 동물 냄새를 더 많이 맡은 셈이지만 처음 보는 거대한 동물 시장은 보는 것만으로도 흥겨웠다. 당연히 동물은 살 수 없어 동물 시장은 구경으로 만족해야 했다.

다음으로는 민예품 시장을 둘러볼 차례. 콜롬비아를 여행할 때, 살렌토Salento라는 도시에서 한 영국인 친구를 만났다. 한국식으로 말하자면 '몸빼', 그것도 아주 예쁜 몸빼를 색깔 별로 가지고 있는 게 부러워서 어디서 샀느냐고 물어봤었다. 그 친구가 이야기했던 곳이 바로 오타발로였다. 먼저 에콰도르로 향했던 친구도 오타발로에 가게 된다면 그 바지가 있는지 알아봐주겠다고 했을 정도로, 보고타 친구도 오타발로에 도착했다는 내 말에 제일 먼저 그 바지를 샀냐고 물어봤을 정도로 '몸빼'야 말로 내가 오타발로로 향했던 가장 중요한 이유였을지도 모른다. 그리고 정말 그곳에는 그렇게 원하던 '몸빼'가 있었다.

바지 한 벌만 사려고 들렀던 민예품 시장에서 결국 가방, 스웨터, 몸빼 2벌, 신발, 청바지까지 사버렸다. 아직 여행할 나라가 많이 남아 친구들에게 선물할 기념품도 사지 않고 짐도 계속 줄여가고 있던 마당에 머리부터 발끝까지 꾸밀 수 있는 '신상'들을 질러버린 것이다. 이것들을 어떻게 다 들고 다녀야 할지 걱정됐지만, '지름신' 앞에서 걱정은 무용지물. 간단함을 우선시해야 하는 여행자와 꾸미고 싶은 욕구를 가진 사람 사이, 두 개의 자아 사이에서 고민할 필요는 없다. 행복해지자고 하는 여행에서, 행복할 수 있다면 그걸로 됐다. 늘어난 '행복의 무게'는 어차피 내가 감당해야 할 몫이다.

소담한 안데스

토요 시장만 보고 가기에는 아쉬움이 남던 차, 호스텔 직원에게 가볼 만한 곳이 있는지 물어보니 폭포와 호수가 있다고 해서 '몸뻬'도 개시할 겸 둘러보기로 했다. 먼저 향한 곳은 페구차 폭포Cascada de Pegucha다. 천천히 걸어가니 40분 정도 걸린 페구차 폭포는 가는 길도 청량했다. 키가 큰 나무들이 빼곡하게 들어차 마치 삼림욕장 같았다. 푸른 나무와 그 사이로 보이는 맑은 하늘 덕분에 가는 길 내내 기분이 너무 상쾌했다. 일요일을 맞아 간식, 돗자리 등 단단히 준비해가는 오타발로 주민들 뒤만 졸졸 쫓아갔다. 폭포는 그다지 크지 않았다. 하지만 오히려 소담한 모습이 '시골 장터' 오타발로에 더 어울린다.

페구차 폭포

산 파블로 호수

다음으로 향한 곳은 산 파블로 호수Lago de San Pablo. 거친 안데스 산맥과 대비되는 모습의 호수는 잔잔했다. 분기탱천하는 안데스를 어루만져주는 듯한 산 파블로 호수의 잔잔한 일렁거림이 내게도 전해져 오는 듯했다. 헤엄치는 거위들, 한가롭게 풀을 뜯는 양들. 호수를 한 바퀴 둘러보고 싶었지만, 너무 커서 포기했다. 대신 나도 양처럼 한곳에 자리를 잡고 평화롭게 맥주 한 캔을 마셨다. 잔디에 누워 낮잠도 한숨 잤다.

휴식을 만끽하고 다시 오타발로 시내로 향하는 길. 내려가는 중에 한 소년에게 길을 물어봤더니 자신과 가는 방향이 같다며 동행을 권했다. 이름은 프레디, 나이는 14살. 에콰도르 여행을 시작하는 도시였기 때문에 궁금한 것이 많았다. 극히 현대적이던 콜롬비아 남자들과는 다르게 머리를 허리까지 길러 땋고

다니는 남자들이 에콰도르에 유난히 많이 보이는 게 특히 궁금했다. 마침 프레디의 머리도 길어서, 그렇게 하는 이유가 전통 때문이냐고 물으니 자신은 긴 머리가 좋아서 하는 것이라고 대답했다. 아마도 다른 사람들도 '스타일' 때문에 머리를 기르는 것일 거라는 대답. 역시 미적 기준은 다 다른가 보다. 부족한 스페인어 때문에 에콰도르에 대한 모든 궁금증을 풀 수는 없었지만 프레디 덕분에 에콰도르에 대해 조금 더 알게 됐다. 즐겁게 이야기하며 내려왔더니 오타발로 시내에도 금세 도착했다.

토요 시장만 보고 떠나기에는 아쉬운 마음에 들렀던 폭포와 호수는 아쉬움을 채워주고도 남았다. 작은 시골 마을, 오타발로를 닮은 소박함이 인상적이었고 에콰도르 첫 도시에서의 여행도 무사히 마무리해서 좋았다. 에콰도르의 여정에 기대감이 서렸다.

사람 냄새 나는 시장을 꿈꾼다

한국에서는 말 한마디 하지 않고 물건을 살 수 있다. 인터넷을 통해 클릭 몇 번 만으로 장을 볼 수도 있고, 마음만 먹으면 마트에 가서도 말 한마디 하지 않는 것이 가능하다. 물건 가격을 흥정할 필요도 없고, 말 없이 진열대에 있는 물건을 집어 오기만 하면 된다. 편리하지만 말소리가 들리지 않는 시장은 냉랭하다. 불편했지만 사람 냄새가 물씬 풍기는 5일장이 그리운 것은, 편리하지만 소통이 단절되어 가는 현실이 외로웠기 때문이다. 대형 마트가 점령한 한국의 시장에는 분명 있어야 할 사람 냄새가 없다. 적어도 시장에서만큼은 물건값을 흥정하며 큰 소리도 내보고, 인파를 헤치고 각설이 타령도 구경하는 즐거움이 있었으면 좋겠다. 물건을 사든, 사지 않든 그곳에 있는 것만으로도 내가 사람과 함께 살아가는 곳이라는 것을 알 수 있었으면 하는 바람이다. 시장에서만이라도 같이 살아가고 있음을 느낄 수 있을 때, 우리는 조금 더 행복해지지 않을까?

에콰도르 키토
ECUADOR QUITO

여행의 중심을 다시 세우다

적도에서 펼쳐진 유럽인과 원주민의 대결

적도가 지난다고, 나라의 이름마저 '적도'인 곳이 있다. 바로 에콰도르다. 이 '적도국'의 수도인 키토Quito의 의미 또한 '세상의 중심'이라고 하니, 지구 중심에 살고 있는 그들의 자부심이 어느 정도인지 가늠할 수 있다. 오타발로를 떠나 '적도의 나라'에서 '세상의 중심'을 보기 위해 키토로 향했다. 적도를 생각하면 자연스럽게 떠올랐던 이미지, 뜨거운 태양, 덥고 습한 날씨를 상상하며 도착한 키토는 예상과 달리 선선했다. 해발 2,800m에 위치한 덕분이다.

해발 2,800미터에 위치한 도시 키토

키토에는 두 개의 적도 기념관이 있다. 하나는 식민지 시절, 에콰도르를 침략했던 유럽인들이 그 당시 최첨단 기술을 동원해 측정한 미타드 델 문도Mitad del Mundo, 다른 하나는 원주민들이 생활에서 얻은 지혜로 추측한 인티냔Intiñan이다. 실제 적도는 하나의 선인데 불과 300m의 거리를 두고 하나는 유럽의 기술이, 다른 하나는 원주민의 지혜가 양립해 자존심 대결을 하고 있었다. 과연 무엇이 진짜일까. 놀랍게도 실제 적도에 위치한 기념관은 인티냔이다. 징후만으로 적도의 위치를 정확하게 알아낸 원주민들이 적도를 측정한답시고 이상한 도구를 들고 다니던 이방인을 보는 기분은 어땠을까.

침략자의 미타드 델 문도와 원주민의 인티냔을 두고, 엉뚱한 상상을 해본다. 침략자는 징후만으로 이곳을 적도라고 말하는 원주민을 미개하다며 손가락질했을 것이다. 원주민은 적도에서만 일어나는 사소한 현상도 파악하지 못하고 무언가를 측정하고 토론하는 그들을 비웃었을 것 같다. 상상 속에서 펼쳐지는 그들의 신경전이 재미있다. 물론 난 이 땅의 주인인 원주민 편이다.

키토 시내 모습

인티냔 전경

'미션'을 가지고 인티냔에 들어섰다. 바로 못 위에 달걀 세우기. 콜럼버스처럼 삶은 달걀 밑동을 깨서 세우는 것이 아니라, 날달걀을 그것도 못 위에 세울 수 있는 곳이 바로 적도다. 원심력이 지면과 수직이 되는 곳이기 때문에 가능한 일이라고 한다. 달걀을 세운 사람들에게는 '에그 마스터'라는 증명서도 발급된다고 하니 가기 전부터 승부욕에 불타올랐다.

입장료를 내고 들어가면 추가 비용 없이 가이드와 함께 인티냔 이곳저곳을 견학한다. 가장 충격적인 것을 제일 처음 봤다. 바로 원주민들의 액세서리였는데 액세서리는 다름 아닌 다른 부족의 실제 '머리통'이었다. 과거 원주민은 전투 후, 이긴 부족이 상대 족장의 머리통을 축소시켜 목에 걸고 다니는 전통이 있었다고 한다. 머리통을 목에 걸면, 상대가 가지고 있던 힘이 자신에게 전해진다고 믿었단다. 목을 잘라 뇌와 피, 두개골을 모두 제거하고 아직까지도 밝혀지지 않은 '신비의 약물'을 넣은 후 말리면 수분이 빠져서 그 크기가 사람 주먹만 한 정도가 된다고 한다. 과정을 상세하게 그린 그림과 실제 축소된 '머리통'도 전시되어 있다. 흠칫하면서도 나도 모르게 주먹을 한번 쥐어본다. 주먹 네 개로도 모자랄 것 같은 내 머리 크기가 주먹만 한 크기로 줄어든다고 생각하니, 상상만으로도 오싹했다.

과정을 상세하게 그린 그림(위)과 실제 축소된 '머리통'(아래)

오싹한 과거를 본 후 본격적인 인티냔 견학이 시작됐다. 다양한 '현장 학습' 거리가 우리를 기다리고 있었다. 화장실에서 물을 내릴 때 물이 흘러가는 방향을 관찰하는 사람이 있을까? 물은 남반구, 북반구, 그리고 적도에서 각기 다른 궤적을 그리며 떨어진다는 사실을 나도 이곳에서 처음 알게 됐다. 구멍이 뚫린 개수대에 나뭇잎을 넣고 물이 빠지는 방향을 살펴보면 남반구에서는 시계 방향, 북반구에서는 반시계 방향으로 떨어진다. 하지만 힘이 균형을 이루는 적도에서는 원을 그리지 않고 곧바로 떨어진다. 적도에서는 누구나 술 취한 듯 걷는다? 눈을 감고 두 팔을 벌려 균형을 잡으며 똑바로 걷는 이 쉬운 일이 적도에서는 어려운 일이 된다. 많은 사람이 도전했지만 성공한 사람은 단 한 사람도 없었다. 다들 눈을 감고 팔을 벌리고 걷느라, 적도 선은 사람들로 시끌벅적했다.

적도에서는 물이 곧바로 떨어진다

눈을 감고 두 팔을 벌려 균형을 잡으며 똑바로 걷는
이 쉬운 일이 적도에서는 어려운 일이 된다

적도에서 계란 세우기

적도에서 조금만 벗어나면 쉽게 할 수 있던 일이 유난히 적도에서만 불가능했다. 이 모든 '학습'은 지척에서 실행됐다. 적도니, 남반구니, 북반구니 했지만 적도 선에서 한 발자국만 위로 가면 북반구, 아래로 가면 남반구니까 말이다. 개수대를 들고 몇 걸음 걸어 올라가면 반시계 방향으로 떨어지는 물. 교과서로만, 머리로만 알던 것을 직접 경험하는 일은 무척이나 유익했다. 직접 체험하며 공부했다면 과학 과목을 좀 더 잘할 수 있었을 텐데 지금까지 지식을 너무 책으로만 배웠다.

흥미로운 '현장 학습'은 '미션'을 위한 준비 과정에 불과했다. 드디어 하이라이트인 달걀을 세워볼 차례다. 보고타에서 스페인어 수업을 들을 때도, 이만큼 집중한 적이 없었다. 생각만큼 쉽게 세워지지 않아 당황스러웠지만 결국은 성공! 우리 팀은 5명이었는데 그중 3명만 성공했을 정도로 쉬운 일은 아니었다. 그리고 정말로, 증명서가 나왔다. 가이드가 "에그 마스터가 된 것을 축하해."라며 직접 사인까지 해서 줬는데, 인생에서 처음 되어 본 '마스터'에 어깨가 으쓱했다. 마치 박사 학위라도 딴 것처럼 뿌듯했다.

나 혼자, 잘 돌아다니며 여행하고 있었지만 혼자만의 힘으로 할 수 있는 여행은 아니다. 여행을 준비하던 한국에서도, 이곳에서 여행할 때도 물심양면으로 도와준 가족과 친구들이 있기 때문에 걱정 없이 즐겁게 다닐 수 있었던 것이다. 감사함을 표현할 방법이 없을까 고민할 때쯤 있던 곳이 마침 적도였다. 지구의 중심, 적도에서 작은 이벤트를 준비했다. 가족과 친구들의 사진을 전부 인화해서 적도에 세워두고 사진을 찍어서 보내기로 했다. 직접 그들의 발로 밟고 선 적도는 아니겠지만, 사진으로나마 그 기분을 느끼게 해주고 싶었다. 전날 미리 인화해둔 사진을 지구의 중심에 두고 하나하나 사진을 찍었다. 지금은 혼자 이곳에 있지만 언젠가는 함께 중심에 서길 기대하며. 찍은 사진을 SNS로 보냈더니 다행히 다들 기뻐했다. 감사함, 그리고 그리움을 전할 수 있어서 더 기억에 남는 적도였다.

적도를 밟고 올라서다

과야사민, 그리고 라틴아메리카

콜럼버스가 아메리카 대륙을 발견한 이래, 이곳은 '신대륙'이 되었다. 하지만 신대륙이란 말은 당시 패권을 쥐고 있던 사람들 시각에서나 신대륙이지 사실이 땅은 징후만으로 적도를 알아냈을 만큼 이곳에서 오래 살아온, 다른 족장의 머리를 목에 걸고 상대의 힘이 자신에게 전해지길 기원했던 사람들의 땅이다. 주인은 따로 있는데, 갑자기 들이닥친 사람들이 자신들의 땅이라고 우기며 '신식 무기'로 사람들을 죽이고 노예 삼아 '신대륙'을 만들었다. 그리고 비슷한 아픔을 지닌 우리조차, 그곳을 신대륙이라 부른다.

남미를 여행할 때, 자주 봤던 그림이 있다. 어두운 배경 속에서 슬픔을 간

과야사민 자화상

직한 눈을 가진 사람들을 그린 그림이다. 절규와 고통이 느껴지는 그림에서 행복과 희망의 메시지를 찾기란 어려웠다. 에콰도르의 키토에서 그 그림을 그린 주인공을 만날 수 있었다.

오스왈도 과야사민Oswaldo Guayasamín. 인디오인 아버지와 메스티소인인디오와 백인 혼혈 어머니 사이에서 태어난 과야사민은 어린 시절부터 원주민인디오의 자손이라는 이유로 따돌림을 당했다고 한다. 갖은 차별 속에서 좌절하지 않고 과야사민은 자신의 처지를 거울삼아 인디오, 즉 라틴아메리카의 원래 주인인 그들을 바라봤다. 아픔의 역사는 현재형이란 사실을 과야사민은 그림으로 표현했다. 과거 유럽 패권 경쟁의 희생양이 되었던 라틴아메리카 대륙. 그 결과, 천혜의 자연과 석유 등의 자원을 가지고도 그들의 삶은 지금까지 가난으로 점철되고 있다.

미국식, 유럽식 사고방식을 따라 우리 또한 라틴아메리카는 그저 위험하고 가난한 나라라고 생각했을 뿐, 그들의 역사나 문화에 관심을 가진 적이 없다. 과야사민의 그림 속에서 만난 라틴아메리카인들을 마주하고 느낀 감정은 부끄러움이었다. 이 대륙을 여행하면서도, 난 그들에 대해 아무것도 몰랐다. 사람을 만나러 이곳에 왔다고 말하면서도 정작 나는 이 땅에 사는 사람의 뿌리에 관심조차 없었던 것이다. 나 역시도 검은 눈이 아닌 파란 눈으로 그들을 바라보고 있었다. 내게도 라틴아메리카는 '신대륙'이었던 것이다.

여행의 시작, 그 언저리에서라도 부끄러움을 느낀 것은 다행이었을까. 달걀을 세우고 '에그 마스터'가 되어 마냥 좋았던 기분이 과야사민의 그림을 만나고 나서 침착해졌다. 친구를 만드는 것만이 여행의 목적은 아니다. 친구를 아는 것도 여행의 목적이었다. 세상의 중심, 키토에서 그들의 역사에도 시선을 돌리자고 결심했다. 여행의 중심을 재설정한 키토, 세상의 중심은 그렇게 다가왔다.

에콰도르 라타쿵가
ECUADOR LATACUNGA

뒷동산도 못 오르던 나, 코토팍시를 오르다

단지, 아쉬움 때문이었다

무엇을 해야겠다는, 며칠간 머무르겠다는 기본적인 계획도 세우지 않고 다니는 '후리Free한 여행자'인 내게도 큰 틀은 있다. 아쉬움은 만들지 말자! 에콰도르에 도착해서 갈만한 곳을 알아보던 중 세계에서 가장 높은 활화산이라는 코토팍시Cotopaxi에 대해 알게 됐다. 원래는 키토에서 하려고 했던 투어였는데, 조건이 여의치 않았다. 일행 없이 혼자였기 때문에 10만 원이 넘는 투어 비용을 전부 감당해야 했고, 일정이 맞는 팀을 찾으려면 기약 없이 기다려야 했다. '어차피 산은 좋아하지도 않으니까 괜찮아.'라고 애써 위로하며 다른 도시로 향했다. 그런데 계속 아쉬움이 남았고 산을 볼 때마다 코토팍시 생각이 났다. 바뇨스Baños라는 마을에서 키토를 거쳐 해변으로 가려던 여정, 다시 키토에서 투어를 알아보려던 차에 키토에서 2시간 정도 떨어진 라타쿵가Latacunga라는 도시에서도 코토팍시 투어를 할 수 있다는 사실을 알게 됐다. 지체할 것 없이 바로 라타쿵가로 출발했다. 아쉬움은 남기고 싶지 않으니까!

라타쿵가 시내

라타쿵가 호스텔에 도착하자마자 코토팍시 투어를 예약했다. 키토에서는 운이 좋아 일행을 만날 경우 최소 45달러였는데, 라타쿵가에서는 40달러에 예약할 수 있었다.

몇 년 전, "내가 청계산 다람쥐야!"라며 큰소리치고 올라갔던 청계산에서도 나는 중간쯤에 주저앉아 친구에게 정상까지 혼자 다녀오라고, 나는 이곳에서 기다리겠다고 했을 정도로 등산을 못 한다. 한국에서도 산에 오르는 이유는 단지 등산 후 마시는 막걸리 한 잔이 좋아서 가는 건데 막걸리도 없는 이 지구 반대편에서 왜 '이 짓'을 결심했는지는 지금도 그 이유를 모르겠다. 예약을 하고 난 후에도 계속 취소를 할까, 말까 고민했지만 아쉬움은 만들기 싫고 후회하기도 싫어 애써 마음을 다잡았다. 험난한 일정을 시작한 이유는 단지, 그뿐이었다.

'힘내'라는 말에 대답할 수 없었다

8시 30분에 출발하기로 한 투어가 갑자기 8시로 시간이 바뀌었다. 미리 준

비를 하지 않아 허겁지겁 카메라, 생수, 지갑 등을 가방에 구겨 넣었다. 드디어 출발! 가이드 디에고, 네덜란드에서 온 쿤과 산드라, 멕시코에서 온 파블로, 그리고 나. 이미 머리로는 뒤처질 생각을 하고 있던 터라 소규모인 팀이 반가웠다. '정상까지 오르지 못하고 중간에 포기하면 어쩌나' 걱정하고 있으니 디에고가 코토팍시 입구까지는 대부분 차로 이동하고 실제 걸어 올라가는 거리는 얼마 되지 않으니 걱정하지 말라고 위로해주었다.

라타쿵가 시내를 빠져나와 40분을 달렸다. 아직 코토팍시에는 도착하지도 않았지만 이미 눈앞에 멋진 산이 그림처럼 펼쳐졌다. 과연 코토팍시 입구를 지나자 고도는 급격하게 높아지기 시작했다. 고도에 적응하기 위해, 중간에 잠시 차를 멈춰 카페에 들러 고산 증세에 좋다는 코카차茶도 마셨다. 보고타에서도, 키토에서도 고산 증세는 단 한 번도 느껴보지 못했지만 한 잔 마셔봤다. 몸이 따뜻해지면서 걱정으로 요동치던 마음도 가라앉기 시작했다.

다시 차를 타고 출발. 이때까지만 해도 계속 자동차로 이동했기 때문에 오르막길도 걷지 않았으면서 속으로 '별거 아니네. 쉽다!'라고 생각했다. 날씨가

춥고 바람도 심하게 불었지만 참을 만했다.

드디어 해발 4,500m의 입구에 도착했다. 주차장에 차를 세우고, 내리자마자 코토팍시의 진면목이 드러났다. 바람이 장난이 아니었다. 모래가 얼굴을 때리는 통에 눈을 뜰 수조차 없어, 흐린 날씨 속에서도 선글라스를 써야 했다. "난 정말 산을 못 오르니 내가 너무 뒤처지면 먼저 올라가 주세요. 정상에서 만나요."라고 간절하게 말하니, 디에고는 고도 때문에 몸 상태에 맞춰 올라가는 것이 무엇보다 중요하다며 힘들면 언제든 포기하라고 말했다.

실제 걸어 올라가는 거리는 정말 얼마 되지 않았다. 4,500m에서 4,800m 지점까지만 올라가면 됐다. 하지만 오르는 길은 화산재가 섞인 무른 흙이라 땅이 제대로 된 지지대의 역할을 하지 못했다. 발이 계속 땅속으로 꺼졌다. 게다가 입안까지 들어와 씹히는 모래와 안개 때문에 시야도 확보하기도 어려운 상황. 불과 300m의 높이가 3km로 느껴졌다. 좋아하지도 않는 등산을 굳이 왜 하겠다

호수에 비친 코토팍시

고 나서서, 고생을 사서 했는지 후회만 수만 번 했다. 고도 때문에 숨쉬기도 어려웠다.

네다섯 걸음을 걷고서 한참을 쉬고, 다시 서너 걸음 걷고 나서 한참을 쉬고 다시 오르기를 반복했다. 파블로는 이미 시야에서 사라졌고, 다행히 쿤과 산드라는 속도가 비슷했다. 1시간 정도 올랐을 때, 드디어 목표 지점인 호세 리바스 산장Refugio José Rivas이 보였다. 내려오는 사람들이 "힘내!"라고 힘을 북돋아줬지만 "고마워!"라고 대답해주기도, 차오르는 숨 때문에 쉽지 않았다. 겨우 도착했다. 먼저 도착한 파블로가 나를 보더니 안색이 창백하다며 괜찮으냐고 물었다. "캐리비안에서 시꺼메졌는데 다시 원래 피부로 돌아왔으면 다행이지!"라고 농담이 나오는 것을 보니 나, 살아서 도착하긴 했나 보다.

그렇게 힘들게 올라왔는데 8, 9월에는 날씨가 좋지 않아 잠깐 휴식을 취한 후 바로 내려가야 한단다. 산장에 들어가 잠시 몸을 녹이고, 기념사진만 찍고

바로 하산을 준비했다. 내려가는 길 역시 거센 바람과 날리는 모래 때문에 쉽지 않았다. 올라올 때보다 시간은 덜 걸렸지만, 빠지는 발 때문에 걸음이 절로 빨라진 덕분이다. 내려가면서 올라오는 사람들을 향해 "힘내!"라고 말해주니, 그들도 불과 30분 전의 나처럼 "고마워!"라고 대답할 여유는 없어 보였다.

가까스로 도착한 주차장, 정상보다 더욱 거셌던 바람 때문에 올랐다는 성취감은 느낄 새도 없이 바로 차에 올라탔다. 다음은 마지막 코스인 호수로 향했다. 원래는 호수에 비친 코토팍시를 볼 수 있지만, 이것 역시 날씨가 안 좋은 8, 9월에는 불가능하단다. 모두 "아이고, 우리 참 좋은 시기에 왔다!"며 웃어넘겼다.

남미를 여행하려면

대부분 차로 이동했고, 실제 내 발로 올라간 거리는 얼마 안 되는 코토팍시 당일 투어를 하고 나서 "코토팍시에 다녀왔어."라고 말하는 것은 어쩌면 장님 코끼리 만지는 격일 수도 있다. 하지만 뒷동산에도 오르지 못하던 내가 중간에 포기하지 않고, 목표한 곳까지 다녀온 것만으로도 나 자신이 대견하다. 처음에는 그저 아쉬움을 남기지 않으려고 시작했던 코토팍시 투어. 끝내고 난 후 성취감은 덤이었다. 트레킹의 매력을 조금은 알 것도 같았다. 남미를 제대로 여행하려면 안데스의 품 안에서 벗어날 수 없다. 피할 수 없으면 즐겨야 하듯이, 기꺼이 안데스의 품에 안기리라.

코토팍시 투어팀

에 콰 도 르 킬 로 토 아

ECUADOR QUILOTOA

하늘의 청사진

하늘을 담아내다

코토팍시에 다녀와, 입안과 귓속까지 들어온 모래를 씻어내고 방으로 들어가니 새로 온 동양인 룸메이트가 있었다. 원래는 쑥스러움에 동양인이라고 섣불리 먼저 말을 걸지 않는 편인데, 트레킹을 완수했다는 자신감에 도취해 용기가 났는지 어디서 왔냐고 물었다. 그 친구는 일본계 캐나다인으로 이름은 모니카였다.

여행자들이 모이면 항상 어디를 다녀왔는지, 어느 곳을 갈 것인지, 갔던 곳은 어땠는지에 대한 이야기로 포문을 연다. 모니카와도 서로의 여행에 대해 이야기하다 마침 둘 다 다음 날 킬로토아Quilotoa 호수로 간다는 사실을 알게 됐다. 킬로토아는 코토팍시 투어를 함께 한 파블로가 적극 추천한 장소이기도 하지만, 우연히 사진을 본 후 계속 마음에 품고 있던 곳이기도 하다. 모니카와 나, 둘 다 일행이 없어 심심하던 차에 잘 됐다며 다음 날 함께 킬로토아로 향하기로 했다.

라타쿵가와 킬로토아를 한 번에 연결하는 교통편은 하루에 몇 대 없다고 한다. 호스텔에 물어, 직행버스가 있다는 시간에 맞춰 터미널에 도착했다. 버스

앞쪽 유리창에 '킬로토아'라고 쓰여 있는 걸 확인하고 버스에 올랐다. 하지만 직행이라던 버스는 결국 직행이 아니었고 우리는 숨바우아Zumbahua라는 마을에서 내려야 했다. 하긴, 직행이 정말 직행이면 그곳은 남미가 아니다. 결국, 숨바우아에서 킬로토아까지 가는 합승 트럭Camioneta으로 갈아타고 킬로토아로 향했다. 아직은 콜롬비아, 베네수엘라, 에콰도르만 본 초보 여행자지만, 합승 트럭에서 바라본 풍경은 남미만 '진하게' 여행해도 자연의 모든 형태를 볼 수 있을 거란 확신이 들게 했다. 이미 본 사막, 호수, 바다 등의 자연도 경이로웠지만, 숨바우아에서 킬로토아로 향하는 20여 분의 짧은 시간 동안 눈앞에 펼쳐진 협곡과 산, 강이 만들어 낸 절경에 또다시 감탄할 수밖에 없었다. 이 땅에는 모든 형태의 아름다움이 전부 담겨 있었다.

킬로토아에 도착하자마자 호스텔부터 잡고, 바로 전망대Mirador로 나가 호수를 바라봤다. 멋지다! 하늘을 비추는 우유니 소금 사막Salar de Uyuni을 흔히 지구의 거울이라고 한다. 나는 프레스 기계가 금형을 찍어내듯 하늘을 그대로 찍어내는 킬로토아 호수를 하늘을 찍은 청사진이라고 표현하고 싶다. 흘러가는 구름 하나하나 놓치지 않고 그대로 담아내는 호수는 너무도 아름다웠다. 하지만 문제는 춥다는 것. '티셔츠 한 장만 입고 다녀왔는데 전혀 안 추웠다'고 말하던 파블로만 믿고 옷도 얇게 입고 왔는데 말이다. 해발 4,500m가 넘는 코토팍시도 겅중겅중 뛰어 올라가던 '활력왕' 파블로의 말을 곧이곧대로 믿은 내 잘못이다. 호스텔에서 털모자와 장갑을 사고, 가지고 있는 옷들을 전부 동원해 중무장하고 난 후 모니카와 함께 호수까지 내려가기로 했다.

인간이 미련한 것은 아직 닥치지 않은 뒷일을 걱정해서 그렇다는데, 나는 미련한 인간의 모습을 그대로 답습하며 내려가면서도 계속 올라갈 때를 걱정했다. 그만큼 길이 쉽지 않았다. 모래에 발이 빠지는 것이 코토팍시보다 심했다. 게다가 킬로토아 역시 고산지대다. 하지만 도착한 후 걱정은 흔적도 없이 사라졌다. 에메랄드 빛깔의 호수에 넋이 나갔다. 투명한 호수의 빛깔 앞에서 하늘도 작은 것이 됐고 당연히 나도 한낱 작은 존재가 됐다.

전망대에서는 바람이 너무 심하게 불어 날리는 머리카락 때문에 눈도 뜨지

못했는데 내려오니 물과 바람, 모든 것이 잔잔했다. 마음도 잔잔해져 마냥 호수만 바라보고 있었는데, 갑자기 어떤 청년들이 옷을 훌렁훌렁 벗기 시작했다. 설마 하는 순간 정말 호수로 뛰어들었다. 일말의 고민도 하지 않고 얼음장 같은 호수로 풍덩 뛰어들던 청년들. 주위에 있던 사람 모두가 청년들을 향해 박수를 보냈다.

호수에서는 자고로 오리배를 타야 제맛이지만, 오리배가 없어서 우리는 카누를 타기로 했다. 20분에 3달러. 호수에 배를 띄우고 아래를 보니, 맑은 물이지만 끝이 보이지 않았다. 잔잔해서 흔들리지도 않는 카누에서 끝이 보이지 않는 '투명한 공포' 때문에 뒷덜미가 서늘해졌다. 힘차게 노를 젓다가, 모니카와 여행이야기를 하고 풍경에 감탄하기를 여러 번, 20분은 금세 지나갔다. 투어로 온 것도 아니고, 당일 일정으로 온 것도 아니라 우리는 한껏 여유를 누렸다. 원하는 만큼 호수를 바라봤고, 원하는 만큼 시간을 즐겼다. 남은 것은 올라가는 일이었다. 고난의 오르막길을 앞두고 모니카와 나는 서로의 살길만 생각하자며, 정상에서 다시 만나자고 장렬하게 안녕을 고했다. 다른 사람들이 1시간이면 올라가는 길, 나는 2시간이나 걸렸고 호스텔에 도착하니 모니카는 이미 점심식사까지

끝낸 후였다. 하지만 시간이 얼마나 걸렸든 중간에 말을 타고 싶은 유혹도 수차례 넘기고 온전히 내 두 발로 올라온 것만으로 내겐 '큰 사건'이다.

역설의 하루

원래는 호수까지 내려가는 것 말고도, 호수를 크게 한 바퀴 도는 '킬로토아 트레킹'을 하기로 했는데 우리 모두 피곤해서 아무도 먼저 이야기를 꺼내지 않았다. 대신 남은 하루, 와이파이도 되지 않는 호스텔에서 난로를 앞에 두고 모니카와 이야기꽃을 피웠다. 호스텔 주인과 다른 여행자들도 하나둘씩 우리 곁으로 왔다. 밤늦게까지 이어진 서로의 이야기가 참 따뜻했다.

인생과 여행이 닮았다면, 인간과 여행자도 닮았으리라. 인생 그리고 여행. 인간 그리고 여행자. 모두 외로운 존재다. 외롭기 때문에 때로는 낯선 사람에게 의지하고, 낯선 사람에게서 따뜻함을 느끼곤 한다. 인터넷에 있는 최신 정보보다, 때로는 낯선 곳에서 마주친 여행자에게 얻은 정보가 더 큰 도움이 되듯이. 유선으로 듣는 오랜 친구의 목소리보다, 일면식조차 없던 길 위의 여행자에게 더 깊은 향수를 느끼듯이.

인터넷이 되지 않던 킬로토아의 호스텔에서 다음 목적지로 가는 정보를 찾을 수 없었지만, 아마도 버스가 있을 것이라는 호스텔 주인의 무책임한 '추측'에 나는 안도했다. 한국에 있는 친구들과도 연락할 수 없었지만 외롭지 않았다. 킬로토아에서의 하룻밤은 이렇듯 모든 것이 역설적이었다.

오타발로에서 시작된 에콰도르에서의 여정은 혼자 있는 시간이 많아 때로는 많이 외롭기도 했다. 다음 날이면 헤어져야 했던 모니카와 난로 앞의 사람들. 우리는 헤어져도 우리가 함께했던 시간이 장작이 되어 마음속 난로에는 불이 꺼지지 않을 것이다. 그러므로 우리는 계속 함께일 것이다. 역설적인 하룻밤 덕분에 외로움은 그렇게 또다시 잊혔다. 어떤 좋은, 혹은 따뜻한 기억은 때때로 엄습하는 외로움을 이겨내게 하는 힘이 된다. 인생과 여행이 닮았다면, 킬로토아의 따스한 기억으로 여행의 외로움을 이겨낸 것처럼 인생의 외로움도 이겨낼 수 있을 것이다.

에콰도르 빌카밤바

ECUADOR VILCABAMBA

안데스도 쉬어가는 마을

오래, 살고 싶다

여행 후 그 나라를 추억할 때, 언제나 첫 도시는 설렘 그리고 마지막 도시는 애틋함으로 그려진다. 에콰도르의 마지막 도시 빌카밤바Vilcabamba는 그래서 내게 애틋한 색깔의 도시다. 하지만 보통 사람들에게 빌카밤바는 장수의 도시로 그려질 것이다. 세계 3대 장수 마을, 한국의 유명 백화점에서도 '빌카 물'을 판매하고 있다고 하니 막상 가보면 '휴식' 외에는 별달리 할 것 없는 이 작은 마을

장수 마을로 유명한 빌카 시냇물

의 '브랜드 파워'는 실로 대단하다. 100세를 훌쩍 넘긴 노인은 명함도 못 내민다는 장수 마을의 초입에서 나는 '장수의 비결'을 찾아내리라 결심했다.

오래 살고 싶다고 막연하게 생각해왔다. 특별한 이유 없이, 어쩌면 그냥 죽음에 대한 두려움 때문일지도 모른다. 여행을 시작하고 나서야 막연했던 바람이 간절하고 명확해졌다. 내가 사는 곳이 대한민국이라는 작은 나라가 아닌 지구라는 것을, 여행을 통해 알게 됐다. 대한민국 밖에서도 사람들은 살고 있었다. 아름다운 곳도 셀 수 없이 많았다. 더 많은 사람들을 알고, 아름다운 곳을 하나라도 더 보기 위해서 오래 살아야 한다. 오래, 살고 싶다.

'철의 물'을 찾아 나선 길치

세계적인 장수 마을이라고는 하지만 실제 빌카밤바는 '세계적인'이라는 호칭이 어울리지 않을 정도로 작은 마을이었다. 에콰도르 제3의 도시인 쿠엥카 Cuenca에서 빌카밤바로 가는 직행버스도 없어 로하Loja에서 버스를 갈아타야 했다. 여정은 모두 안데스의 품 안에서 이루어졌다.

불편한 에콰도르 버스에 몸을 싣고 고저가 반복되는 안데스 능선을 달리는 일은 고역이었지만, 기꺼이 감내할 수 있는 이유 역시 안데스 때문이었다. 눈높이와 딱 맞는 구름을 보니 '하늘을 달린다.'라는 표현은 안데스에서 시작된 것이 아닐까 하는 생각이 들었다.

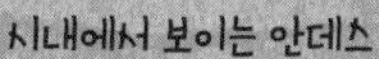
시내에서 보이는 안데스

안데스의 거친 능선이 휘몰아치듯 달리다가 잠시 멈춘 곳은 바로 빌카밤바였다. 보통 도시에 있는 광장의 반 토막도 안 될 듯한 작은 공원이 빌카밤바 시내의 전부다. 하지만 눈을 조금만 돌려도 마을 턱밑까지 치고 내려온 안데스의 능선은 그 어떤 도시에서도 보기 힘든 명물이다.

안데스가 지척이다. 가기 전까지만 해도 '장수촌'이란 명칭에 걸맞게 마을에는 노인들만 계실 거라고 상상했다. 하지만 아이부터 어른까지 다양한 연령의 사람들이 보였다. 조그만 광장에서 조잘조잘 떠드는 학생들의 목소리가 정겨웠다.

딱히 할 것 없는 조용한 마을. '철의 물Agua de Hierro'을 찾아 나섰다. 가는 길은 후미진 산자락을 거슬러 올라가야 했다. 표지판이 있었지만, 언제 어디서

'철의 물'로 가는 표지판

든 이런 것은 내게 소용이 없다. 은행에서도 출구를 못 찾아 VIP룸으로, 호스텔에서도 방을 잘못 찾아 다른 객실로 들어가는 일이 다반사인 내가 단 한 번에 '철의 물'을 찾길 바라는 것은 욕심이다.

아니나 다를까, 가는 도중 길이 좀 이상하다 싶었는데 말馬이 다니는 길로 잘못 들어섰다. 그래도 여행 중일 때만큼은 난 내가 '길치'인 것을 다행스럽게 생각한다. 그 이유는 바로 길을 잘못 들어 여행 경로가 아닌 곳에서 보통의 여행자라면 볼 수 없는 모습도 볼 수 있고 길을 물어보다가 좋은 사람들을 만날 수 있기 때문이다. 이번에도 역시 '마도'로 길을 잘못 들어서, 좋은 사람을 만날 수 있었다. 빌카밤바에서 여행 가이드 일을 하시는 윌리엄 아저씨는 열 필이 넘는 말을 데리고 꼴을 먹이러 가는 길이었다. 아저씨 덕분에 길도 찾고 빌카밤바와 에콰도르에 대한 이런저런 정보도 들을 수 있었다. 역시 난, 행복한 길치다.

그런데 분명히 아저씨가 알려준 대로 갔는데, 길이 막혀 있다. 혹시 개인적으로는 들어갈 수 없는 곳인가 해서 윌리엄 아저씨께 다시 물어보니 대충 치우고 들어가란다. 철창을 겨우 치우고 들어갔는데, 이번에는 성난 소들이 앞길을 가로막았다. 뿔만 없었어도, 얌전하게 풀만 뜯고 있었어도 지나갈 수 있었을 텐데 그 큰 뿔로 힘자랑하고, 길을 막고 자고 있고, 큰 소리로 울어대는 소들 사이를 뚫고 갈 자신이 없었다. 결국 '철의 물'은 포기해야 했다.

말들을 풀어놓고 마을로 돌아가는 윌리엄 아저씨를 다시 만났다. 소들에게 겁먹고 '철의 물'을 못 마시게 됐다는 푸념에 아저씨는 빌카밤바에서는 어떤 물을 마셔도 좋단다. 마침 시냇가에 멱을 감으러 가는 중이니, 그냥 그곳의 물을 마시란다. 시냇가에 도착해서도 못 미더워하며 계속 "정말요?"라며 묻는 내게 시범까지 보여주셨다. 결국, 나도 흐르는 시냇물을 퍼마셨다. '철의 물'은 못 마셨지만 '빌카 물'은 마신 셈이다. 이제 오래 살 일만 남았다.

조화라는 불로초

영원을 꿈꾸며 불로초를 찾아 헤맨 것이 어디 진시황뿐이겠는가. 지구 반대편에서 비싼 돈에 팔리는 '빌카 물'도 진시황의 불로초와 다르지 않을 것이다. '장수의 비결'을 알아내고 싶었던 빌카밤바에서 확실한 정답을 찾을 수는 없었지만 나름대로 해답을 찾았다. 100세를 넘긴 '청년'들과 어린아이들이 어울려 살아가는 조화로운 삶이 그들의 '불로초'였다. '요즘 사람들은 자기 때와 다르다'며 혀를 끌끌 차는 노인들과 '고지식하고 말이 안 통한다'며 노인들을 배척하는 젊은이들 사이에 존재하는 벽을 깨려는 노력 없이 우리는 따로따로 살고 있다. 몸에 좋다는 빌카 물만 마신다 한들 서로를 인정하지 않고 조화로운 삶을 배척하는 마음에 장수가 깃들 리 없다. 결국, 장수를 위해 노인들이 마셔야 하는 것은 젊은이들의 '생기'이고 젊은이들이 사야 하는 것은 먼저 세상을 경험한 노인의 '혜안'이다.

페루
PERÚ

PIURA
PUERTO CHICAMA
HUARAZ
AREQUIPA
MACHU PICCHU
CERRO DE PASCO
PUNO

페루 피우라
PERÚ PIURA

보름달, 국경 그리고 로맹 가리

하늘에는 보름달이 떠 있던 날

마추픽추가 있는 나라, 잉카의 후예들이 사는 곳, 페루. 마추픽추만 생각해도 물론 가슴 벅차지만, 사실 페루에 가고 싶은 이유는 따로 있었다. 바로 로맹 가리Romain Gary의 『새들은 페루에 가서 죽다』라는 소설 때문이었다. 세상에서 가장 시적인 제목을 가진 소설. 내게는 어려웠던 소설이라 몇 번을 읽어도 다 이해할 수는 없었지만, 도대체 페루가 어떤 곳이길래 이다지도 시적인 제목을 생각할 수 있었을까 항상 궁금했다.

에콰도르에서 페루로 넘어가기 위해 밤 11시에 출발하는 버스를 예약했다. 여행 초반에만 해도 국경을 넘을 때는 긴장감을 가지고 항상 낮에 이동했는데,

에콰도르-페루 국경 버스

여행 5개월 차에 접어들면서 용기만 커졌나 보다. 밤 11시에 에콰도르 로하를 출발한 버스는 새벽 3시에 국경에 도착했다.

웅성거리는 소리에 잠이 깨, 비몽사몽인 상태로 여권을 들고 에콰도르 국경 사무소 앞에 줄을 섰다. 출국 도장을 받고, 다리만 건너면 바로 페루다. "추석 잘 지내."라는 친구들의 메시지를 보고 나서야 국경을 넘는 날이 추석인 걸 알았다. 페루로 향하는 다리 위에서 하늘을 올려다보니 꽉 찬 보름달이 밝다. 한국에 있는 가족들은 전을 부치며 도란도란 이야기꽃을 피우고 있을 때, 나는 야밤에 보름달을 친구 삼아 국경을 넘었다.

페루 국경 사무소에 도착해 입국 신고서를 작성하고 도장을 받기 위해 다시 줄을 섰다. 내 차례, 입국 신고서와 여권을 내밀기도 전에 직원이 한국말로 "안녕하세요."라고 인사한다. 페루에 한류 바람이 불고 있다는 이야기는 들었지만, 입국 첫날부터 우리말을 들으니 기분이 좋았다. 한국 드라마를 좋아한다는 직원 아저씨는 페이스북 아이디까지 적어주며 꼭 친구 추가를 하란다. 며칠이 필요하냐고 묻길래 두 달 정도 여행할 예정이지만 90일을 찍어 달라고 말하니 "6달!"이라고 말씀하셨다. 설마! 그런데 정말 여권에는 183일이란 숫자가 쓰여 있었다. 비록 183일이란 시간을 다 쓰진 못하겠지만 어쩐지 느낌이 좋았다.

답을 찾지 못해도 괜찮다

무사히 국경을 넘었다. 다시 버스를 타고 피우라Piura로 향했다. 중간에 한 번 검문 때문에 잠이 깨긴 했지만 여권 검사도, 짐 검사도 하지 않고 넘어갔다.

피우라에 도착한 시간은 아침 6시 30분. 최종 목적지인 트루히요Trujillo로 가는 버스는 오후 1시 30분 출발이었다. 환전도 하고 구경도 할 겸 피우라 시내로 향했다. 야간 버스를 타고 국경을 넘고 출입국 심사를 하느라 잠을 충분하게

피우라 시내에서도
페루만의 색깔은 찾을 수 없없다

잉카콜라와 코카콜라

못 잔 상황에서도 구경할 생각을 하다니 체력 하나는 타고났다. 같은 스페인어를 쓰는 에콰도르와 페루. 시내에서도 확연하게 다른 페루만의 색깔은 찾을 수 없었다. 잠도 덜 깨 아직 에콰도르인지, 페루인지 구분하지 못하고 있을 때 노란색의 '잉카 콜라'가 눈에 들어왔다. 콜라를 보고 나서야 페루에 온 것을 실감했다. 잉카의 나라에 드디어 온 것이다.

로맹 가리가 왜 새들은 페루에서 죽는다고 했는지, 페루 여행이 끝날 때쯤이면 나는 그 답을 찾을 수 있을까. 하지만 답을 찾지 못해도 상관없다. 내겐 너무 어려워서 이해할 수 없었던 그 책을 페루 여행을 끝내고 다시 읽는다면, 이곳을 모른 채 읽었을 때보다는 더 깊이 이해할 수 있을 것임을 알기 때문이다.

페루 푸에르토 치카마

PERÚ PUERTO CHICAMA

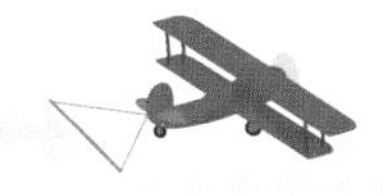

바다 스케치

시작, 그리고 소멸

여름이 되면 '해변의 여인'과 사랑을 시작하고, '허리까지 내려오는 까만 생머리'의 여자를 만나는 유행가 가사가 흘러나온다. 이처럼 한국의 바다는 시작의 이미지다. 젊은 남녀가 만나 이별의 상처를 잊고 설레는 사랑을 다시 시작하는 곳. 새해가 되면 먼 길을 마다치 않고 달려가 일출과 함께 1년의 각오를 다지기도 하는 장소. 무언가 새로운 시작을 할 때 바다만큼 좋은 장소가 또 있을까.

반면 페루의 바다는 소멸의 이미지다. 이 바다를 끝까지 걸어가면, 하늘과 맞닿은 어떤 곳에서 모든 것이 사라져버릴 것 같은 느낌. 시간마저 소멸된 듯한, 시작하기에는 너무 먼 곳으로 와버린 듯한 기분. 한국의 바다에서 시작된 어떤 생각은 태평양의 중심을 지나 페루의 바다에서 소멸된다.

새들은 페루에 가서 죽다

한때는 생물이었던, 하지만 지금은 껍질만 남은 채 죽은 것들을 보며 보석을 주렁주렁 매달고 해변으로 걸어 들어가는 여인을 상상한다. 죽으려 권총을 들었을 때, 로맹 가리의 머릿속에는 페루의 바닷가가 펼쳐져 있었을 것만 같다. 극복할 수 없는 단 한가지 유혹마저 극복하고 죽음을 선택했던 작가. 왜 하필 페루의 바다를 선택했을까. 페루의 바다는 온몸으로 그 정답을 말하고 있었다.

그 누구도 극복할 수 없는 단 한 가지 유혹이 있다면 그것은 희망의 유혹일 것이다.
— 『새들은 페루에 가서 죽다』, 로맹 가리

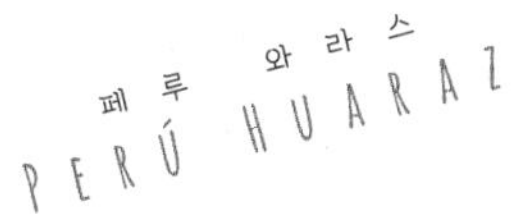

안데스에서 마주친 못난이

압도적인 안데스를 품은 나라

같은 안데스라도, 산맥이 워낙 길다 보니 나라마다 다른 모습을 보여주는 게 바로 안데스다. 콜롬비아의 안데스는 온갖 나무들을 품은 듯 풍요롭고, 에콰도르의 안데스는 포근하며, 페루의 안데스는 감히 오를 생각을 못 할 정도로 압도적이다.

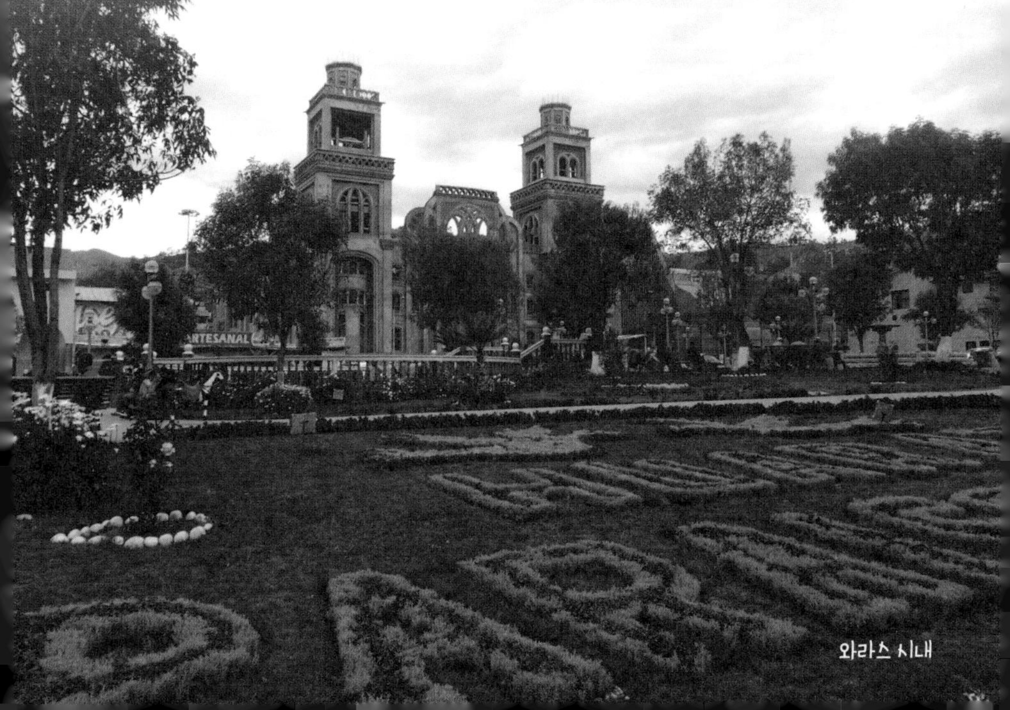

와라스 시내

잉카의 후예가 살고 있는 페루는 위아래로 길쭉한 땅에 서쪽으로는 태평양을, 동쪽으로는 압도적인 안데스 산맥을 품은 멋진 나라다. 그중에서도 산이 아주 예쁜 마을인 와라스Huaraz는 하이럼 빙엄Hiram Bingham이 마추픽추를 발견하기 전까지만 해도 페루 최고의 관광 도시였다고 한다. 비록 현재 최고의 관광 상품이 마추픽추라고 하더라도, 와라스의 매력이 반감되지는 않는다. 산을 좋아하는 트레커들에게는 이름만 들어도 설렐 69 호수, 산타 크루스 트레킹의 베이스캠프가 되는 곳이 바로 와라스이기 때문이다.

구름 조각을 닮은 빙하

딱히 산을 좋아하지 않는 나는 트루히요에서 가기 편하고, 인터넷을 통해 알게 된 69 호수가 궁금하다는 이유만으로 와라스로 향했다. 내 생일인 6월 9일과 같은 이름을 가진 호수는 어떻게 생겼는지 궁금했다.

고도가 높은 69 호수에 가기 위해서는 고산 대비를 해야 한단다. 2,600m 높이의 보고타에서도 3,000m 높이의 와라스에서도 고산 증세는 느껴보지 못했지만, 고산에 대비한 예행 연습차 파스토루리Pasto Ruri 빙하 투어를 덜컥 예약해버렸다. 파스토루리는 고도가 해발 5,000m 이상이지만 대부분 차를 타고 올라가고, 정상까지는 말을 타고 쉽게 올라갈 수 있기 때문에 고도 적응에 좋다고 한다.

버스를 타고 빙하가 있는 와스카란 국립공원Parque Nacional Huascarán을 향해 가는 길, 산세가 너무 아름답다. 가는 도중, 잠시 멈춰 탄산수 샘에 들렀다. 자연 그대로의 탄산수. 개인적으로도 탄산수를 좋아해서 종종 사 마시곤 했는데 색깔부터 붉은 탄산수는 산도가 짙어서 파는 것과는 맛이 많이 달랐다. 마시자

마자 뻗을 뻔했다.

다시 버스를 타고 30분 정도를 달려 파스토루리 입구에 도착했다. 차는 더 이상 들어갈 수 없다. 이제 믿을 건 내 두 다리뿐이다. 버스에서 내리자마자 높은 고도를 체감할 수 있을 정도로 바람도 거셌고 숨도 가빠왔다. 그런데 그 와중에도 멋진 산세에 넋이 나갔다. 그리고 이때부터였다. 산이라는 존재가 숨 막히게 아름답다는 것을 알게 된 때가 말이다.

고산 증세가 오지는 않았지만 등산을 못 하던 내가 4,000m 이상의 고도에서 산을 오르기란 거의 불가능에 가까운 일이었다. 높은 고도에서 무거운 나를 싣고 올라가야 하는 말에게 미안했지만, 나부터 살고 보자는 마음에 도착하자마자 타고 갈 말을 찾았다. 말을 타고 올라가니, 금방 도착했다. 그런데 이 '금방의 시간'보다 더 빠르게 걸어 올라가는 사람이 있었으니 가이드도 아닌 산 정상에서 장사를 하는 현지인 아주머니셨다. 말조차도 따라잡을 수 없던 아주머니의 발걸음을 보고 인간의 적응력에 새삼 또 놀랐다.

파스토루리 풍경

말에서 내렸다고 끝난 것이 아니었다. 빙하를 보려면 조금 더 걸어 올라가야 했다. 이미 턱까지 차오른 숨이 머리 꼭대기까지 차오를 때쯤 앞질러간 사람들의 탄성 소리가 들렸다. 그리고 드디어 내 눈앞에도 빙하가 나타났다. 하늘에 떠 있는 구름 조각을 그대로 옮겨놓은 듯한 빙하. 한눈에 담을 수 있을 정도로 아담한 크기였지만 오히려 전부를 눈에 담을 수 있어서 좋았다. 빙하라고 하면 북극에서나 볼 수 있는 것으로 생각했는데, 북극에서 한참 떨어진 남반구 그것도 산 정상에서 마주한 빙하가 내겐 마치 거짓 풍경 같았다.

서막과의 마주침

누구나 그러하듯 내게도 분명 장점은 많을 것이다. 하지만 장점을 다 덮어버리고도 남을 단점이 하나 있는데, 그것은 바로 끈기가 없다는 것이다. 시작은 누구보다 잘하지만 내겐 끝이 없는 경우가 많았다. 이미 여러 번 이야기했지만 나는 정말 등산을 싫어하고, 못 한다. 하지만 안데스의 땅, 남미를 여행하려면 등산은 '필요충분조건'이다. 싫다고 못 한다고 안 할 수도 없는 노릇이다. 살면서 크게 생각하지 않았던 단점을 나는 '필요충분조건'을 하나씩 채워가면서 알게 됐다. 내게 69 호수 트레킹이란, 단점을 절절하게 느끼게 해 준 서막이었다.

교통편만 제공되는 투어를 통해 69 호수로 향했다. 차를 타고 입구에서부터 69 호수까지 다녀오는 동안 기사님은 차에서 대기하신다. 주어진 5시간 안에 호수를 보고 와야 한다는 압박감을 가지고 트레킹에 임했다. 입구까지 가는 길은 비포장 산길. 오른쪽은 낭떠러지, 왼쪽은 절벽인 좁은 길을 빠르게 달리는 차 안에서 비포장도로의 충격이 온몸으로 전해졌다. 본격적으로 트레킹을 시작하기도 전에 이미 힘이 빠졌다.

와라스에서 1시간을 달려 드디어 도착한 입구. 69 호수는 아직 보지도 못했는데 초입부터 쪽빛의 호수가 우릴 반겼다. 이름 모를 호수도 이렇게나 아름다운데 69 호수는 도대체 얼마나 아름다울지, 기대감은 더 커졌다.

시작 전 다들 트레킹화를 고쳐 신고 장비를 점검할 때, 난 트레킹화도 없고 딱히 준비할 장비도 없어서 먼저 출발했다. 처음은 자신 있는 평지였다. 풍경도 보고 사진도 찍다가 앞을 보고 깜짝 놀랐다. 산 뒤에 산, 그리고 또 산 뒤에 산. 끝이 안 보이는 산들이 겹겹이 펼쳐져 있었다. 게다가 곳곳에서 방목되고 있는 소들 때문인지 온통 소똥 천지, 똥파리 천국이었다. 양팔로는 똥파리 떼를 헤쳐가며, 눈으로는 소똥을 밟지 않기 위해 뒤뚱뒤뚱 걷는 모양이 상상만으로도 우습다.

얼마 지나지 않아 본격적인 오르막길이 시작됐다. 아니나 다를까, 숨은 차오르고 걸음은 계속 느려졌다. 먼저 출발했지만, 우리 팀 사람들은 이미 나를 앞질러 간 지 오래였다. 등산을 워낙 못하니, 계속 뒤처졌다. 희미하게나마 보이던 우리 팀 사람들이 보이지 않을 때쯤, 슬슬 내 안의 악마가 달콤한 유

69 호수로 가는 초입에 만난 이름 모를 호수

결국 69 호수는 못 보고 풍경만 봤다.

혹을 하기 시작했다. "포기해!" 유혹과 타협하지 않기 위해 음악을 듣다가, 도리어 시끄러워서 다시 이어폰을 빼길 여러 차례. 악마의 유혹에 굴복하고 싶지는 않았다. 속으로 '내가 왜 왔지?'라는 회의부터 시작해 갖은 욕을 하며 젖 먹던 힘까지 짜내 걸음을 더 옮겼는데, 마지막 장애물 앞에서 무릎을 꿇을 수밖에 없었다. 앞을 가로막은 거대한 산을 하나 더 넘어야 69 호수를 볼 수 있었다. 결국, 마지막 산 하나를 앞에 두고 포기했다.

20분을 누워서 쉬고 있으니 69 호수를 보고 벌써 하산하는 같은 팀 친구를 만났다. "난 못 가겠어! 호수는 어때? 예뻐?"

라고 물어보니 "별로 안 예뻐. 힘들면 가지마." 하면서 사진을 보여주는데, 예뻤다. 하지만 이미 하나둘씩 하산하고 있던 일행을 따라 와라스로 돌아가야 했기 때문에 다시 힘을 낸다 한들 69 호수로 갈 수는 없었다. 가는 길도 충분히 예쁘니 이걸로 만족하자며 나 자신을 위로했다.

보지 못해 더 소중한 아이러니!

69 호수 트레킹을 '서막'이라고 표현한 것은 이때까지만 해도 단점에 대해 크게 생각하지 않았기 때문이다. 하지만 아쉬움은 분명 없는데 기분이 영 찜찜했다. 쉽게 포기한 것 같아서, 역시 나는 여기까지인가 해서. 그리고 찜찜함은 여행을 하면서 점점 형체를 드러냈다. 장점을 모두 덮는 최악의 '단점'과 마주치기 시작한 것이다. 69 호수는 지난 시간을 돌아보게 했다. 영어 공부를 하다가도 흐지부지, 다이어트를 하다가도 흐지부지. 참 못나게 살아왔다. 69 호수를 봤다면 더 좋았겠지만 못 봤기 때문에 더욱 소중한 아이러니. 이제부터라도 끈덕지게 인생을 대해야겠다는 다짐을 했다. 눈으로 직접 본 69 호수는 내게 없지만, 인생을 살아가며 포기할 때쯤 찾아올 악마의 속삭임에 방패가 되어줄 69 호수는 언제나 마음속에서 함께할 것이다.

페루 아레키파
PERÚ AREQUIPA

콜카캐니언? 꼴깍캐니언!

혹시 나는 산악인?

좋다는 곳은 가능하다면 다 가는 것, 돈은 넉넉지 않지만 시간만큼은 넉넉하기 때문에 가능하다. 생활비가 천 원 단위로 쪼개지지만 한 끼를 굶더라도 가능한 한 많은 것을 보고 싶기도 하다. 이것이 등산을 싫어하는 내가 와라스 69 호수 트레킹에 이어 아레키파Arequipa의 콜카캐니언Cañón del Colca 트레킹을 한 이유가 될 수 있을까. 아니다. 어쩌면 내게는 산악인의 피가 흐르고 있을지

콜카캐니언

도 모른다. 당일 투어만으로도 콜카캐니언의 위용을 충분히 감상할 수 있는데도 불구하고 미국의 그랜드캐니언Grand Canyon보다 깊은 골짜기를 내려갔다가 올라와야 하는 1박 2일 투어를 예약한 걸 보면 말이다.

사실 1박 2일 투어에 참가하게 된 것은 잘못 들은 정보 때문이었다. 당일 투어는 새벽 3시에 출발하고, 1박 2일 투어는 오전 10시에 출발한다는 정보 말이다. 잘못된 정보만 철석같이 믿고 돈까지 지불한 후 일정을 다시 살펴보니 웬걸, 1박 2일 투어도 새벽 3시에 출발해야 했다. 어떻게 할지 순간 고민했지만, 계곡의 참모습을 보기 위해서는 1박 2일 정도는 있다 와야 하지 않겠느냐며 덜컥 예약해버렸다. 어쩌면 정말 나는 산을 좋아하고 있었는지도 모른다.

콘도르는 날아가고(El condor pasa)

여행하면서 투어라면 남 부럽지 않게 많이 했지만, 새벽 3시에 출발하는 투어는 처음이었다. 1박 2일의 여정을 위해 짐을 싸고, 샤워도 하고 이런저런 준비를 하다 보니 벌써 시간이 새벽 1시였다. 결국, 2시간도 채 못 자고 새벽 3시에 치바이Chivay로 향하는 버스에 몸을 실었다. 새벽 3시에 시작할 수밖에 없던 이유는 아침 일찍 하늘을 가르는 콘도르Condor를 보기 위해서다. 페루에는 여전히 잉카 언어인 케추아Quechua를 사용하고 잉카의 옷을 입고 다니는 사람들이 많다. 페루에서 잉카는 과거가 아닌 현재였다. 잉카인에게는 하늘과 땅의 중계자이자, 영웅이 죽어 환생한 존재라는 콘도르가 현재까지도 국조로서 추앙받는 것도 어쩌면 당연한 일이다. 페루의 전통 음악 「콘도르는 날아가고El condor pasa」는 노래한다. '안데스의 하늘을 마음대로 날아다니는 콘도르야. 나를 안데스로 데려다 주렴. 콘도르야 콘도르야. 내가 가장 사랑하는 고향으로 돌아가

치바이(콜카캐니언 입구)

내 잉카 형제들과 그곳에서 살고 싶단다. 그게 지금 내가 가장 간절히 원하는 거란다.'라고 말이다. 고향으로 돌아가고 싶어 했던 잉카인들은 콜카캐니언에서 간절하게 콘도르를 기다렸고, 지금은 많은 여행자가 같은 장소에서 그들의 바람을 응원하고 있다.

치바이에 도착하자마자, 전망대로 갔더니 이미 많은 사람이 콘도르를 기다리고 있었다. 모든 여행자가 숨을 죽이고 숙연하게 콘도르를 기다렸다. 시간이 얼마나 흘렀을까, 갑자기 사람들의 탄성이 들렸다. 하늘을 올려다보니 엄청나게 큰 콘도르가 머리 위를 날고 있었다. 카메라에 충분히 담을 수 있을 정도로 크고, 눈으로 좇을 수 있을 정도로 느리게 날아가는 모습에 저절로 탄성이 새어 나왔다. 하늘을 가르는 위엄에 찬 모습에, 고향으로 돌아가 형제들과 살고 싶어 하는 잉카인의 바람을 들어줄 수 있을 것만 같은 영검함이 서려 있는 것 같았다.

'노트렉'의 트레킹

콘도르를 보고 나면, 드디어 대장정이 시작된다. 콘도르를 보며 한마음으로 잉카인의 바람을 응원했던 여행자들이 이번에는 각자의 팀으로 뿔뿔이 흩어진다. 우리 팀은 나를 포함해 한국인 3명, 아일랜드인 2명, 네덜란드인 3명, 미국인 1명 그리고 가이드 JC까지 총 10명. 콜카캐니언에 대한 이야기와 일정에 대해 간략한 설명을 듣고 나서 우리가 한 일은 바로 자기소개였다. 자기소개를 마지막으로 한 것이 언제였는지 기억조차 나지 않는 꽉 찬 나이. 여러 나라에서 온 사람들 앞에서 하는 자기소개는 더 부끄러웠다. 등산을 잘하지 못하고 이미 와라스에서 69 호수도 포기했지만, 이번에는 최선을 다해서 완주하고 싶다고 포부를 밝혔다. 서로 도와가며 다 함께 완주하자고 내 어깨를 다독여 준 우리 팀. 투어에서 가장 중요한 것은 같이 가는 사람과 밥이다. 중요한 조건을 이미 반이나 채운 것 같아 안심이 됐다.

콜카캐니언 트레킹에서 가장 힘든 건 풍경을 목표로 두고 올라갔다가 내려오는 것이 아니라, 풍경을 먼저 보고 난 후 깊은 협곡을 내려갔다가 올라와야 한다는 점이다. 오르는 게 제아무리 힘들다고 해도, 풍경을 보기 위함이라는 목표를 가지고 올라가는 것이 이미 모든 절경을 보고 난 후, 즉 목표의 부재 속에

트레킹 코스 중간에 있는 매점

서 힘든 걸음을 이어가는 것보다 힘들 리 없다. '하산'만큼은 누구에게도 뒤지지 않는다고 생각했는데 내려가는 길조차 쉽지 않았다.

트레킹, 말 그대로 트렉을 따라 걷는 것인데 급격한 경사를 옆에 두고 트렉이 사라진 구간이 숱했다. 잠시라도 한눈을 팔면 천 길 낭떠러지 밑으로 떨어지기 십상이다. '노트렉'을 4시간이나 견디고 나서야 오아시스 마을에 도착했다. 전기도 안 들어오고 온수도 안 나오는 마을. 초를 켜 어둠을 밝히고 냉수로 샤워하며 힘들었던 첫날을 마무리했다.

두 번째 포기

다음 날, 새벽 5시. 밥도 먹지 못한 채 오르막의 대장정을 시작했다. 아무리 '저질 체력'이라지만, 등산을 못 한다지만 그래도 안데스의 이곳저곳을 누비며 페루까지 왔는데 결론부터 말하자면 나는 또 포기했다. 중간에 말馬의 힘을 빌릴 수밖에 없었다. 내 두 다리로 완주하리라고 큰소리로 외쳤던 포부는 허언이 됐다. 69 호수에 이어 여행 중 두 번째, 인생에서는 수십 번째의 포기와 마주했다.

포기한 것에 대해서, 처음에는 크게 개의치 않았다. 그런데 정상에서 일행을 기다릴수록 울컥했고 후회가 밀려들었다. 먼저 도착한 사람들이 팀원을 기다리고, 나중에 도착한 사람들을 박수로 환영하고 격려하고 껴안으며 함께 기쁨을 나누는 모습을 보다 보니 어느덧 감정은 요동쳤다. 나는 왜 기다림과 격려의 순간에 함께할 수 없을까. 팀원뿐 아니라 올라오는 모든 사람에게 환호와 격려를 해주는 사람들의 무리에서 말의 힘을 빌려 쉽게 올라온 나는 열외일 수밖에 없었다.

우리 팀원 중 트레킹 첫날부터 엄청난 속도로 1등을 도맡은 네덜란드에서 온 친구들 3명. 올라올 때도 분명 그 친구들이 제일 먼저 올라올 것이라고 생각했지만, 시간이 지나도 그들의 모습은 보이지 않았다. 알고 보니 그중 1명이 배탈이 나서 올라오는 내내 힘들어했단다. 아픈 배를 부여잡고 그 친구는 끝까지 포기하지 않았고, 나머지 2명도 자신의 페이스를 무너뜨린 채 아픈 친구를 도우며 끝까지 걸어 올라왔다. 그리고 그들은 정상에서 부둥켜안고 함께 울었다. 그 모습을 보며 든 감정은 자괴감이었다. 69 호수는 5시간 안에 주파해야 하니까, 콜카캐니언은 함께 움직이는 팀에 피해를 주면 안 되니까, 하는 이유는 전부 핑계였다. 나는 그저, 내 몸으로 할 수 있는 일을 포기한 것이었다. 우리 팀 친구들은 그 어떤 트레킹보다 콜카캐니언 트레킹이 힘들었다고, 다음에는 잘 할 수 있을 거라고 위로했지만 이미 마음이 쉽게 치유되지 않았다. 다시 아레키파로 돌아오는 버스 안에서도, 아레키파를 떠난 후로도 오랫동안 콜카캐니언은 머릿속에서 그렇게 상처로 남았다.

내 마음속의 옹이

자라는 나무에 상처가 나면, 상처는 아물어 가면서 단단한 살점이 옹이로 흔적을 남긴다고 한다. 콜카캐니언의 아픈 기억과 대면하고 오랫동안 마음이 쓰리고 아팠다. 그리고 그 아픔이 이제는 '옹이'가 되기를 희망한다. 마음속 상처로 남았던 트레킹. 단지 두 번의 간단한 포기가 아니다. 두 번의 트레킹은 살아온 인생의 축소판이었다. 영어 공부, 스페인어 공부, 다이어트 등등 시작은 모두 요란했지만, 끝은 미미했다.

꼴깍, 하고 숨이 넘어갈 뻔했던 콜카캐니언 트레킹. 정상에서 나는 버킷리스트를 다시 썼다. 한 번 더, 69 호수와 콜카캐니언에 도전하겠다고. 그리고 꼭 성공하겠다고. 상처로 생겨난 옹이는 결국 상처를 이겨냈다는 훈장이 될 것이다. 자괴감으로 시작된 인생의 성찰이, 끈덕짐으로 인생을 대하는 전환점이 되기를 기대한다.

아레키파 시내

페루 마추픽추
PERÚ MACHU PICCHU

구름을 벗어난 공중도시

실재하지 않을 것 같은 도시

2013년 10월 20일. 여행을 시작한 지 반년이 넘어서야 드디어 마추픽추Machu Picchu를 '영접'했다. 사라진 공중도시, 잉카인들의 자존심. 수많은 수식어를 가져다 놓아도, 실제 마추픽추를 '영접'한다면 그 어떤 말로도 마추픽추를 온전하게 설명할 수 없다는 것을 알게 된다. 한때 안데스를 호령하던 잉카인의 기백을 가늠해 볼 수 있는 마추픽추를 가는 길은 그 기백만큼이나 호락호락하지 않았다. 하지만 여전히 많은 여행자가 그 기백을 가늠하려 수고를 마다치 않고 기꺼이 마추픽추로 향한다.

돈이 넉넉했다면 기차를 타고 빠르게 갈 수 있는 길을, 돈이 없으니 버스를 타고 느리게 돌아갔다. 교통편만 제공되는 투어를 예약해 잉카의 수도 쿠스코Cusco에서 산타 테레사Santa Teresa로, 다시 이드로 엘렉트리카Hidro Eléctrica로 버스를 타고, 이드로 엘렉트리카에서 마추픽추의 베이스캠프인 아구아스 칼리엔테스Aguas Calientes까지는 걸어갔다. 한 끼 밥값 정도인 수수료를 아끼기 위해서 발품을 팔아 입장권도 직접 산 마당에, 며칠 여행 경비에 맞먹는 기찻삯은 말 그대로 언감생심이다. 볼리비아의 '데스로드Death Road'는 아직 가 보지 못했지만 비단 볼리비아에만 존재하는 것은 아니라고 생각한다. 이미 콜롬비아에서부터 곳곳에 널린 '데스로드'를 숱하게 달렸다. 마추픽추로 향하는 길도 하나의 '데스로드'였다. 조금만 부주의해도 바로 천국을 보겠구나 싶은 길을 자동차는 빠른 속도로 질주했다. 쿠스코에서 마추픽추로 가는 버스 운전만 수년째 하고 있다는 기사님께는 익숙한 그곳이 여행자들에게는 생사의 고비처럼 느껴졌다. 덕분에 7시간 동안 쪽잠조차 청할 수 없었다.

7시간 만에 이드로 엘렉트리카에 도착해 '마추픽추 마을'로 더 익숙한 아구아스 칼리엔테스로의 도보 여행이 시작됐다. 어두워지기 전에 아구아스 칼리엔테스에 도착하려면 한시가 급했지만, 하늘 높은 줄 모르고 솟은 산이 너무도 아름다워 자꾸 카메라를 꺼내 사진을 찍느라 걸음은 더디기만 했다. 결국, 마을 어귀에 도착했을 때는 이미 해가 진 후였다. 손전등도 없어 휴대전화로 겨우 길을 밝히며 가다가 잠시 하늘로 시선을 돌리니 반딧불이 만드는 풍경이 장관이다. 이미 어두워져 아무것도 보이지 않던 길, 아예 자리를 잡고 한동안 반딧불만 쳐다봤다. 아직까지는 사진으로만 보고 이야기로만 듣던 마추픽추가 실재하

마추픽추 마을

쿠스코

쿠스코
쿠스코

는 도시처럼 느껴지지 않은 것처럼 눈앞을 유영하는 반딧불도 꿈 속 풍경처럼 느껴졌다. 가상으로만 생각되는 마추픽추를 실제로 본다면 어떤 느낌일지 궁금하다.

마추픽추를 오르다

아구아스 칼리엔테스에 도착해서 호스텔을 잡고 바로 잠에 곯아떨어졌다. 콜카캐니언 트레킹 후 바로 쿠스코에 와서 표를 예매하고 버스를 알아보는 등 바쁜 일정을 소화하고 쉴 틈 없이 이곳까지 왔기 때문이다. 꿈도 안 꾸고 잘 잤는데도, 아침에 일어나는 건 언제나 힘들다. 이른 아침, 여전히 비몽사몽 잠 길을 걷고 있는데 정신이 번쩍 들었던 이유는 알람 소리가 아닌 빗소리 때문이었다. 10월부터 우기라고 해서 마음의 준비는 했다지만 막상 들리는 빗소리에, 선명한 마추픽추를 보지 못하면 어쩌나 싶어 걱정이 앞섰다. 비가 내리는 마추픽추도 운치가 있을 것이라며 애써 스스로를 위로하고, 재빠르게 버스 정류장으로 향했다. 다행히 빗방울은 점점 약해졌고 마추픽추 입구에 도착했을 무렵에는 비가 그쳤다.

6시, 개장과 동시에 입장했다. 들어가서 처음 만난 것은 마추픽추의 터줏대감인 야마 Llama 들이었다. 안개가 자욱해 신비하게 느껴지는 마추픽추를 뒤로

하고 풀을 뜯고 있던 야마들마저도 신비로웠다.

마추픽추는 워낙 변화무쌍한 날씨로 유명하다. 특히 구름과 안개가 기승을 부리는 아침에는 선명한 마추픽추를 볼 확률이 극히 낮다고 한다. 드라이아이스가 깔린듯한 풍경을 한동안 감상하다가 마추픽추 몬타냐Machu Picchu Montaña에 오르기 위해 발걸음을 재촉했다.

콜카캐니언 트레킹 후 며칠 지나지도 않았는데 또다시 트레킹이다. 알이 밴 다리 덕분에 평지를 걷기도 쉽지 않던 몸 상태. 하지만 69 호수와 콜카캐니언 트레킹을 포기하고 나서 얻은 자괴감을 지워보려고 좀 무리를 했다. 구름이 지나가며 시시각각 다른 모습을 보이는 마추픽추를 바라보며 천천히, 하지만 절박하게 올랐다. 한 발만 잘못 디뎌도 굴러떨어질 듯한 가파른 길을 신중하게 오르고 또 올랐다. 그리고 드디어 3,082m 높이의 정상에 도착! 해냈다는 뿌듯함에 그간 마음의 짐이 됐던 자괴감이 조금은 사라졌다.

멋진 사진 하나 남겨보려 깨끗하게 샤워하고, 단정하게 머리를 빗고 시작했던 나의 마추픽추 여정은 고된 산행으로 인해 흉한 몰골로 변했다. 하지만 정상에 올랐단 뿌듯함과 한눈에 보이는 장관 앞에서 흉한 몰골은 오히려 전유물로 느껴졌다. 기를 쓰고 오르는 동안 구름은 다 지나갔다. 몬타냐 정상에서 구름 한 점 없는 선명한 마추픽추를 볼 수 있었다.

여행책 없이 여행하는 내게 길잡이가 되는 것은 인터넷이다. 정보를 찾을 때 되도록 사진을 안 보는 이유는, 미리 잘 찍힌 사진을 보면 감흥이 떨어지기 때문이다. 하지만 마추픽추는 워낙 유명해서 이미 방송을 통해서도, 쿠스코의 여행사 및 기념품 가게에 널린 엽서를 통해서도 사진은 원 없이 봤던 차였다. 그런데 오히려 사진이 표현하지 못하는 '기술력'이 안타까울 뿐이었다. 종이나 영상 속의 '가짜' 마추픽추는 감흥에 전혀 영향을 끼치지 못했다. 한참을 넋 놓고 바라보다가, 가까이서 둘러보기 위해 마추픽추로 내려갔다. 불과 몇 시간 전만 해도 헉헉거리며 오르던 길을, 다른 여행자들도 힘들게 오르고 있었다. '힘내!'라고 응원하며 내려갔지만 가파른 경사 탓에 내려가는 길도 쉽지 않았다.

잉카인들이 세운 건물은 종이 한 장 들어가지 않을 정도로 정교하다고 한다. 가까이서 살펴본 마추픽추는 듣던 바대로 빈틈이 없었다. 하지만 더욱 놀라운 것은 이 많은 돌을 어디서 어떻게 산꼭대기까지 가져와 마을을 만들었느냐는 점이었다. 여행을 하며 눈에 담는다는 말조차 미안할 정도로 멋진 자연을 마주할 때마다 지구를 빚은 조물주의 솜씨에 감탄하곤 한다. 감탄조차 사치인 거대한 자연에 불가능할 것만 같은 멋진 '유적'을 만들어낸 인간이란 존재. 자연과 유적 사이에서 어느 것을 더 좋아하느냐는 더 이상 중요하지

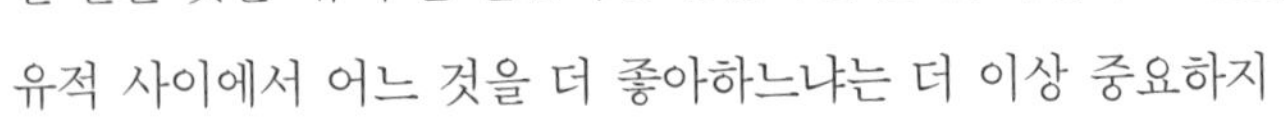

않았다. 자연이 있기에 유적이 더 빛나듯이 페루의 장엄한 안데스가 있기에 마추픽추가 존재할 수 있었고 빛날 수 있는 것이다.

가설로 영면하길

아직도 '가설'만 존재할 뿐 정확하게 밝혀진 것이 없다는 미스터리, 마추픽추. 하이럼 빙엄이 마추픽추를 발견한 이래 수많은 설이 분분하지만 여전히 '가설'일 뿐이다. 잉카인들이 마추픽추를 세운 이유 등 모든 것은 아직도 베일에 싸여 있다. 마추픽추에 대한 잉카인의 기록이라도 발견되는 날에는 그동안 마추픽추를 설명하던 '가설'들이 하루아침에 잘못된 것으로 변할 수도 있다. 만약 '비밀의 도시'를 건설하려 했던 것이 잉카인들의 의도였다면, 지금까지는 성공한 셈이다. 하지만 어쨌든 마추픽추는 발견됐다. 몬타냐에서 마추픽추를 바라보며 그려본 잉카인들의 생활, 건물을 쓰다듬으며 좇아본 그들의 발걸음. 앞으로도 마추픽추에는 '가설'만 존재했으면 좋겠다. 마추픽추를 바라보며 그렸던 내 상상을 '진실'에 가두고 싶지 않기 때문에.

3개의 산, 옴니버스

1. 69 호수

트레킹 천국인 페루에서도 손꼽히는 도시, 와라스. 힘들다는 이야기가 있었지만, 별생각 없이 69 호수 트레킹을 예약했고, 산 하나를 앞에 두고 포기했다. 하지만 그래도 괜찮았다. 비록 아름답다는 69 호수는 보지 못했지만, 이미 킬로토아 호수 등 아름다운 호수를 많이 봤던 터라 아쉬운 마음은 없었다. 가는 길에 봤던 멋진 산들과 폭포들, 이 정도면 됐다 싶었다.

2. 콜카캐니언

콜카캐니언의 참모습을 온몸으로 느끼기 위해서, 솔직하게는 70솔Sol(페루 화폐단위)이나 되는 입장료를 '뽕' 빼기 위해서 1박 2일 투어를 예약했다. '내가 할 수 있을까' 하는 생각도 하지 않은 채. 둘째 날, 오르막길 중간에서 포기하고 말馬의 힘을 빌려 올라왔으니 이것도 포기한 것이나 마찬가지다. 정상에 먼저 도착해서, 발로 걸어 올라온 사람들만 누릴 수 있는 감격의 잔치를 보니 부러워졌다. 부러움은 그들을 계속 지켜보며 자괴감으로 변했다. 왜 나는 중간에 포기했을까. 왜 나는 저들 사이에 끼지 못할까.

3. 마추픽추 몬타냐

2번의 포기로 인해 생긴 자괴감을 가지고 여행은커녕 인생에서 무언가를 끈기 있게 해나갈 수 없을 거라는 생각이 들었다. 꼭 올라가고야 말겠다고 다짐한 뒤 마추픽추 몬타냐로 향했다. 역시 힘들었다. 혼자 오르던 길 중간에 몇 번이고 포기하고 싶었다. '어차피 나 혼자야, 나 혼자 했던 결심이야. 내가 여기서 입만 다물어도 나 말고는 아무도 모를 거야.' 악마가 속삭였다. 하지만 이곳에서 또 포기한다면 앞으로 어떤 일도 제대로 할 수 없을 것 같았다. 절박하게, 악으로 깡으로 결국 정상에 올랐다. 그리고 그 정상에서, 난 펑펑 울어버렸다.

4. 바늘처럼 작은 일을 몽둥이처럼 크게 부풀려 허풍을 떠는, 침소봉대

어딘가를 오르는 것은 젬병이다. 안데스를 품은 대륙, 남미. 여행하기 전, 트레킹 할 기회가 많을 거라는 것 정도는 알고 있었다. 하지만 한국에서도 동네 앞산조차 올라가지 않는 나의 '할 일'이 될 줄은 몰랐다. 그래서 트레킹화, 등산복은 준비도 안 했다. 도착하고 나서야 굳이 트레킹이 아니더라도 안데스가 존재하는 이 땅에 서 있는 한 어딘가를 오르는 것이 남미를 여행하는 사람의 숙명이라는 것을 깨달았다. 베네수엘라의 앙헬 폭포를, 콜롬비아 타이로나 국립공원을, 콜롬비아의 산 아구스틴San Agustin 유적을, 에콰도르 과야킬Guayaquil의 카하스 습지를, 에콰도르의 잉가피르카Ingapirca를 보기 위한 길에는 항상 오르막이 있었다.

나도 보통의 사람인데, 아직 젊고 신체 건강한 사람인데 못할 것 없다고 자신했다. 여행자로서의 '숙명'을 받아들이자 결심하고 에콰도르에서부터는 코토팍시와 킬로토아 트레킹을 시도했고 비록 시간은 남들보다 훨씬 더 걸렸지만 못할 정도는 아니었다. 그런데 페루에서만 2개의 트레킹을 부족한 의지 때문에 포기해야 했다. 시간적 압박을 느낀 69 호수 트레킹, '함께' 성공해야 한다는 '공동체 의식'의 압박 속에서 포기한 콜카캐니언 트레킹. 시간적 압박, 공동체라는 압박은 합리화를 위한 핑계였다. 콜카캐니언 트레킹을 포기하고 나서, 자괴감이 들었던 것은 돌이켜 생각해보니 인생에서 무엇인가를 완성한 일이 없다는 반성에서였다. 하고 싶은 일을 하기 위해 준비하다가 실패하면 난 언제나 '과정의 중요성'을 운운하며 대충 살아왔던 것이다. 물론 나 즐겁자고 여행하는데, 이렇게 스트레스를 받아야 하나 싶기도 했다. 올라가는 것을 잘하지 못할 뿐이지 다른 것을 잘하니 괜찮다 싶기도 했다. 하지만 보통의 의지만 있으면 할 수 있는 일을 쉽게 포기했다는 사실에, 결국 자괴감이 고개를 들었다.

마추픽추 몬타냐는 이를 꽉 물고, 정상에 못 오른다면 앞으로 아무것도 못할 것이라는 극단적인 마음을 가지고 임했다. 그리고 정상에 올랐다. 정상에서 마추픽추를 바라보며, 앞으로는 어떤 일도 쉽게 포기하지 않겠다고 결심했다. 겨우 등산 몇 번 하고 느낀 감정을 인생과 연관 짓는 것은 어쩌면 침소봉대針小棒大다. 하지만 여행은 인생의 축소판이다. 포기했던 트레킹의 경험이 소홀히 대했던 내 인생이라고 '과장'해서 삶의 자세를 다잡을 수 있다면 기꺼이 나는 바늘을 몽둥이라고 이야기할 것이다.

페루 세로 데 파스코

PERÚ CERRO DE PASCO

남미에서 가장 높은 바위 공원

가장 높은 도시에서 고장 난 몸

페루의 세로 데 파스코Cerro de Pasco와 볼리비아의 포토시Potosí. '주요 관광지'만 선택해 다니는 사람들은 볼리비아의 포토시가 남미에서 가장 높은 도시라고 말하지만, 실제로는 페루의 세로 데 파스코가 조금 더 높다. 포토시는 4,090m, 세로 데 파스코는 4,330m. 어쨌든 둘 다 한라산 위에 백두산을 얹은 것보다 높으니, 높긴 참 높다.

세로 데 파스코

라 우니온에서 와누코로 가는 험한 길

와라스에서 리마Lima로 바로 가기에는 좀 아쉬웠다. 지도를 뒤적이다 눈에 들어온 도시가 바로 세로 데 파스코였다. 와라스의 호스텔 직원에게 물어보니 가는 길이 험하단다. 가는 길쯤이야, 가고 싶은 마음만 있다면 문제가 되지 않는다.

새벽 5시 30분, 첫차를 타고 3개의 도시에서 3번씩이나 버스를 갈아타며 하루를 온전히 바치고 나서야 가장 높은 도시에 도착할 수 있었다. 길이 험하다는 호스텔 직원의 말은 과장이 아니었다. 특히 라 우니온La Unión이란 도시에서 와누코Huánuco로 가는 길은 남미 여행에서 가장 험했던 길이었다. 가드레일도 없는 한길 낭떠러지를 무서운 속도로 달리던 콜렉티보Colectivo•. 뒤에 있던 현지인이 멀미로 중간에 내려 구역질을 할 정도였다.

우여곡절 끝에 도착한 가장 높은 도시. 고산 증세를 느끼지는 않았지만 몸 상태가 좋지 않았다. 와라스에서 69 호수 트레킹을 하고 제대로 쉬지도 않고 강행군을 해서일까, 감기 기운이 느껴졌다. 고산 도시이긴 해도 날씨는 선선했던 와라스에 비해 세로 데 파스코의 날씨는 너무도 추웠다. 한 걸음 떼기도 숨찬 도시에서 20kg에 육박하는 배낭을 메고 겨우 호스텔을 잡고, 씻지도 않고 바로 곯아떨어졌다. 다음 날, 더욱 나빠진 몸 상태 때문에 역시 아무것도 할 수 없었다. 약국에 들러 감기약을 사 먹고 하루를 또 쉬었다. 바닥에서 짐 정리를 하고 눕기 위해 침대로 가는 한 발자국조차 힘에 부쳤다. 이틀을 푹 쉬고 나서야 겨우 몸 상태가 회복됐다. 간신히 관광지를 둘러볼 정도의 몸 상태였지만 그 정도만 해도 감지덕지했다.

• 콜렉티보 : 합승 택시나 버스와 같은 개념. 목적지가 같은 사람들과 합승해 자가용이나 봉고차를 이용해 이동한다. 남미에서 흔히 볼 수 있는 교통수단.

하늘 공원의 코끼리

세로 데 파스코에서 버스로 40분 정도 떨어진 곳에 와야이Huallay라는 마을이 있다. 자연적으로 펼쳐진 돌밭이 멋지다길래 힘을 내서 와야이로 향했다. 와야이 역시 세로 데 파스코 못지 않게 높은 곳이다. 4,310m에 위치한 하늘과 가까운 마을로, 뾰족한 산꼭대기를 상상하고 갔는데 넓게 펼쳐진 지형이다. 입장료도, 가이드도 없어 온전하게 혼자가 됐다. 높은 고도 덕분에 걷는 것이 힘들었다. 하지만 성격이 급해서 주위도 살피지 않고 늘 빨리 걸었는데, 천천히 걸으며 주위를 돌아볼 수 있을 것 같아 오히려 높은 고도가 마음에 들었다.

안내소도 따로 없던 입구, 지도도 못 받고 발길이 닿는 대로 걸었다. 다행히 바위마다 안내판이 있어서 혼자서도 구별하기가 어렵지는 않았다. 안내판에서 재미있는 것을 발견했다. '길 ARuta A'라고 쓰인 안내판의 글자를 누군가

와야이 바위 공원 초입

가 '창녀 A[Puta A]'라고 바꿔 써놓은 것이다. '국어' 교과서를 '굶어'로, '국사' 교과서를 '국자'로 바꾸며 친구들과 낄낄대던 학창 시절이 생각났다. 글자 유희, '님'이라는 글자에 점 하나를 찍어 도로 '남'을 만드는 우리네 정서와 닮은 모습인 것 같아 정겨웠다.

나는 와야이 바위 공원에서 가장 유명한 코브라와 야마 바위를 보기로 했다. 그런데 넓디넓은 바위 공원에서 길치인 것이 문제였다. 지도도 없었지만 있었다 한들 큰 도움이 되지도 않았을 거다. 마침 말을 타고 지나가는 사람이 있어 물어보니 이미 길을 잘못 들어섰단다. 세로 데 파스코로 돌아가는 차 시간에 맞추려면 코브라와 야마 바위는 포기해야 했다. 다행히 출구 쪽에 코끼리 바위가 있으니 그것만이라도 보고 가길 권했다. 흔쾌하게 길 안내까지 도맡겠다는 친절에 기꺼이 응했다.

코끼리 바위

거북이와 하나도 안 닮은 거북이 바위

머릿속에서 항상 꼬이고 꼬이는 나의 지도. 길치인 탓에 가장 유명한 바위는 보지 못했지만 대신 코끼리 바위까지 함께할 말벗을 얻었다. 또한 이름을 알 수 없던 바위 앞에서 상상력을 가두지 않고, 어쩌면 나 혼자만 공감하고 동의할 이름을 붙여보는 것 역시 즐거웠다. 역시 난, 행복한 길치다. 나는 걷고, 말벗은 말을 타고 도란도란 이야기하며 걸으니 어느덧 코끼리 바위에 도착했다. 앞서 거북이 바위를 보고 나서 '이건 억지야! 거북이와 하나도 안 닮았어!'라고 생각했는데 코끼리 바위만큼은 정말로 코끼리를 닮았다. 관광객은 마주칠 수도 없던, 황량했던 바위 공원. 다행히 말벗을 만나 코끼리 바위 앞에서 기념사진도 찍고 길도 잘 찾아 무사히 세로 데 파스코로 돌아올 수 있었다.

자연의 가르침

오랜 시간 바람이 깎고, 비가 다듬어가며 만들었을 바위들. 그 억겁의 시간을 나는 상상조차 할 수 있을까? 나는 항상 구분을 하고 순위를 매기는 인간이다. 중요도에 따라 먼저 할 일과 나중에 할 일을 구분하고, 가장 아름다웠던 곳과 기대에 못 미친 곳을 나열해 순서를 정하던 나였다. 마추픽추처럼 인간이 만든 유적이 좋은지, 와야이 바위 공원처럼 자연의 경이로움이 느껴지는 곳이 좋은지 마음속에서 항상 저울질하며 여행했다. 하지만 여행 일수가 채워질수록 그런 것은 전혀 중요한 것이 아니라는 걸 깨닫는다. 인간이 만든 유적은 유적 나름대로, 신이 빚은 자연도 나름대로의 매력이 있는데 굳이 비교해야 할 이유는 없다. 가장 아름다운 것이 하나일 필요도 없다. 지독한 감기 때문에 세로 데 파스코에서 하릴없이 며칠을 소비함으로써 해야 할 일을 못 했을 수도 있지만 이젠 개의치 않는다. 좀 덜 팍팍하게 여행하고, 좀 느리게 걷고, 좀 더 여유를 갖고 살아가라고, 억겁의 자연은 나에게 그렇게 속삭였다.

페루 푸노
PERÚ PUNO

하늘 호수에서 묻다. 후아유?

한 편의 영화가 이곳으로 이끌었다

어느 도시를 가야 할지, 혹은 그 어딘가에서 어떤 방식으로 여행해야 하는지에 대한 질문만큼 곤혹스러운 것도 없다. 똑같은 것을 체험하더라도 느끼는 점, 감동의 크기도 분명 다를 텐데 섣부르게 추천했다가 내게는 좋았던 곳이 다른 사람에게는 안 좋은 기억으로 남는 것이 부담스럽기 때문이다. 개인적인 감흥에 의한 추천이 다른 사람에게는 내가 느낀 감동을 강요하는 것일 수도 있다는 생각에 어딘가를, 어떤 방식으로 여행해야 하는지 누가 물을 때마다 애써 피했다. 그래서 티티카카 호수Lago Titicaca를 꼭 가보라고 추천할 용기는 없지만, 그래도 만약 티티카카 호수에 간다면 부담을 이겨내고 추천하고 싶은 건 하나 있다. 바로 하늘 호수에 떠 있는 3개의 섬인 우로스섬Isla de los Uros, 아만타니섬Isla Amantaní, 타킬레섬Isla Taquile에 꼭 들르라고 말이다.

페루의 아레키파 이후로 동지가 두 명씩이나 생겼다. 콜카캐니언 트레킹을 함께했던 정은 씨와 종학 씨. 우리 모두 게으르고, 무계획이 최선의 계획이라 믿는 길 위의 사람들이라 쉽게 친해졌고 일정이 맞는 데까지 함께하기로 했다.

티티카카 호수는 정은 씨에게 '꿈의 장소'였다. 어차피 지나가야 할 곳이었고, 워낙 유명한 탓에 익히 이름 정도는 들어본 곳이라 아무 생각 없이 따라갔던 티티카카가 유일하게 용기를 내서 추천할 수 있는 곳이 될 줄이야.

티티카카를 희망하는 많은 사람이 그러하듯 정은 씨가 티티카카를 꿈꾸게 된 것도 영화 「후아유」 때문이다. 「후아유」에서 여자 주인공인 서인주는 이렇게 읊조린다. "티티카카. 세상에서 가장 높은 호수래. 거기서 수영하면 세상에서 가장 높은 물에 떠 있는 거야. 언젠간 꼭 해볼 거야." 나중에 안 사실이지만 티티카카 호수는 세계에서 가장 높은 호수가 아니었다. 비록 가장 높은 호수는 아니더라도 아름다운 호수란 사실에는 변함이 없다.

'갈대섬'을 '갈 데, 섬'으로 만든 것은 우리다

쿠스코에서 비가 줄줄 새는 야간 버스를 타고 푸노Puno에 도착했다. 좌석까지 뚝뚝 떨어지는 물줄기를 피하느라 한숨도 자지 못한 상황에서, 도착하자마자 그날 아침 출발하는 1박 2일 투어를 예약했다. 배를 타고 티티카카 호수를 가로질러 3개의 섬을 둘러보고 그중 아만타니섬에서는 호스텔이 아닌 현지인의 집에서 숙박하는 매력적인 투어였다.

토토라(갈대배)

처음으로 들른 곳은 어느덧 티티카카의 상징이 되어버린, 갈대로 만든 우로스섬이다. 방송을 통해 많이 소개된 곳이라 익숙했다. 갈대로 엮은 바닥에 발을 디디는 순간, 폭신한 감촉이 낯설었다. 끝에서 끝까지 단 한 번의 시선에 담기는 작은 섬. 부족 간의 알력 다툼에서 열세였던 부족이 생존의 끝자락에서 겨우 터전을 만든 곳이 바로 이 갈대섬이다. 망망대해와 다름없는 이곳에서 생존을 위해 한 땀 한 땀 갈대를 엮었을 그들의 노고에, 신기하다고 마냥 웃고 떠들 수만은 없었다.

많은 사람은 우로스섬에 대해 "너무 상업적이고 관광화되었어. 가봤자 실망할 거야."라며 우로스섬 행을 만류하곤 한다. "푸노에서 출퇴근하는 '우로스 현지인'이 있다더라.", "품질도 안 좋은 기념품을 비싼 값에 판다더라.", "돈을 내야 사진을 같이 찍어준다더라." 등등. 하지만 순박했던 이들의 삶을 상업화시

키고 관광 명소로 만든 건 바로 여행자다. 갈대를 엮는 손에 돈을 쥐여준 것도, 육지와 다른 삶이 신기해서 방송을 통해 삶의 터전을 이른바 '명소'로 탈바꿈시킨 장본인도 우리, 여행자다. 우리에게는 작은 관심과 호의였던 것이 그들에게는 속세의 유혹이었을 것이다. 티티카카의 작은 섬, 우로스가 변한 것에 대해 누구를 탓해야 할까. 어차피 세계적인 유명 관광지는 이미 상업화, 관광화되어 있지 않은가. 물론 세상과 단절된 순순한 우로스섬을 볼 수 있다면 좋겠지만, 주민들이 속 좀 보이게 행동하고 기념품 좀 권유한다고 해서 그게 그리 실망할 일일까. 생존을 위해 호수 위에 만든 갈대섬을 밟아본다는 것만으로도 신기한 경험인데 말이다.

하늘 호수에서의 하룻밤

짧은 시간 동안 우로스섬을 둘러보고 향한 곳은 바로 하룻밤을 묵게 될 아만타니섬이다. 여행사에서 따뜻한 물과 와이파이가 없음은 물론이고 찬물로 샤워하는 것조차 어려울 거라고 예고했다. 그 말에 우리는 오히려 '진한' 현지 생활을 볼 수 있다는 기대감에 기뻐했다.

카렌의 어머니와 함께

정은 씨, 종학 씨, 그리고 나. 우리 3명이 하루 동안 신세를 질 곳은 카렌, 아나라는 귀여운 두 딸과 함께 살고 있는 젊은 부부의 집이었다. 눈앞에 펼쳐진 푸른 티티카카 호수 때문에 단출한 집이 마치 5성급 호텔처럼 느껴졌다.

우리는 카렌의 어머니가 정성스럽게 차려준 점심을 먹고, 일몰을 보러 파차타타Pachatata 언덕으로 향했다. 파차타타는 이미 해발 고도가 높은 아만타니 섬에서도 가장 높은 곳이다. 여행을 하며 체력이 좋아졌는지 오르는 것이 생각만큼 힘들지 않았다.

파차타타에는 신전이 하나 있는데, 신전 앞에서 돌 밑에 사탕을 깔고 오른쪽으로 세 바퀴 돌며 소원을 빌면 이루어진다는 전설이 있다. 준비한 사탕이 없어서 근처에 굴러다니던 사탕을 하나 주워 일단 돌 밑에 깔았다. 그런데 문제가 생겼다. 우리 모두 방향치라는 것. 신전을 바라보고 오른쪽인지, 신전의 시선이 향한 곳에서 오른쪽인지 헷갈리기 시작한 거다. 한 방향을 선택해서 돌긴 돌았다. 진지하게 손까지 모으고 마음속으로 간절하게 소원을 빌며 세 바퀴를 다 돌

고 나서 가이드에게 확인하니 우리는 역시, 반대로 돌았다. 그래도 간절하게 빌었으니 아만타니의 신이 단칼에 내치지는 않을 거라 믿고, 일몰을 기다렸다.

본격적인 일몰 전, 예고편부터 환상적이다. 빙벽 등반을 하는 사람들이 '화이트아웃'을 겪듯이, 파차타타에서 일몰을 기다리던 우리는 '블루아웃'을 경험했다. 너무도 가까이에 있는 쪽빛 하늘, 하늘의 아름다움을 시샘이나 한 듯 하늘을 뒤덮어버린 구름, 그리고 평화로운 티티카카 호수. 푸른 하늘과 호수 사이에서는 구름도 푸른 빛을 하고 있었다. '화이트아웃' 현상처럼 '블루아웃'에서도 원근감과 공간감은 사라졌다. 하늘 아래 남은 것은 나와 티티카카 뿐이다.

드디어 시작된 일몰. 이야기를 나누며 웃고 있던 나와 친구들, 그리고 다른 여행자들 모두 아름다운 태양의 '원맨쇼'에 넋이 나갔다. 모두 할 말을 잃었다. 붉은 노을이 빨갛게 물들인 티티카카가 '블루아웃' 상태에 있던 나를 다시 현실로 인도했다. 태양신을 섬기던 티와나쿠Tia-huanacu 부족에게 티티카카가 왜 어머니 같은 존재였는지 조금은 알 수 있을 것 같았다.

반쯤 나간 넋을 되찾고 어둠을 짚어가며 집으로 돌아왔다. 이번에는 쏟아질 듯한 별이 우릴 반겼다. 칠흑 같은 어둠, 도시의 소음에서 멀어져 귀를 방해하는 소리조차 없어 고요했다. 고요함이 스산하지 않았던 이유는 하늘을 수놓은 수많은 별 때문이었다. 향수는 차치하고서라도 여행이란 것이 쉬운 일은 아니다. 내가 좋아해서, 내가 원해서 하는 여행이지만 체력적으로도 정신적으로도 가끔은 힘에 부친다. 감정과 체력을 '소비'하는 일에 지쳐갈 때 만났던 티티카카 호수. 느릿느릿 걸으며 조망했던 티티카카의 일몰은 체력을, 흙 바닥에 털썩 누워 바라봤던 별은 감정을 충전시켜 주었다. 하늘 호수에서의 하룻밤은 이렇게 나를 재생시키며 저물어갔다.

하늘 식당 송어 요리

다음 날은 티티카카 호수에서 가장 큰 타킬레섬으로 향하는 날이었다. 서둘러 아침을 먹고, 단 하루뿐이었지만 어느새 정이 든 카렌의 가족과 인사를 나눴다.

배를 타고 30분을 달려 타킬레섬에 도착했다. 섬마다 고유한 문화를 가지고 있기 때문에 우로스섬에서도, 아만타니섬에서도 도착하자마자 가장 먼저 한 것은 가이드에게 각 섬에 대한 이야기를 듣는 일이었다. 타킬레섬에 도착하자마자 아니나 다를까 '강의'가 시작됐다. 다른 섬보다 더욱 상세하고 열정적으로 설

명하는 가이드의 얼굴에서 왠지 모를 자부심이 보여, 물어보니 역시 타킬레섬 출신이란다. 많은 젊은이가 일자리를 찾아 푸노 등의 도시에서 살다가 나이가 들면 다시 고향 섬으로 돌아온다고 한다. 자신도 지금은 푸노에서 일하고 있지만 타킬레섬으로 돌아올 날만 기다리고 있다는 말에, 내 마음에도 잠깐 향수가 스쳤다.

타킬레섬에서는 가이드의 '강의'를 제외하고는 대부분 자유시간이었다. 왼쪽으로는 호수를, 오른쪽으로는 솟아오른 타킬레의 봉우리를 끼고 한참을 걸어 중앙광장에 도착했다. 아만타니섬에는 중앙광장이라고 할 만한 곳이 없었다. 차도 다니지 않고, 말도 섬 전체에 한두 마리밖에 없는 무공해 섬인 아만타니. 타킬레섬도 아만타니섬에 뒤지지 않을 정도로 청정 지역이지만, 중앙광장이 있을 정도로 큰 섬이다. 걷는 거리도 상당했다. 바다도 아닌 호수에 이렇게 큰 섬이 존재한다는 사실이 놀랍다. 섬의 곳곳을 누비며 자유시간을 만끽했다. 아름다운 하늘 호수를 충분하게 눈과 마음에 꾹꾹 눌러 담았다.

어느덧 점심시간이 됐다. 아침부터 든든하게 먹어야 하는 '한국인'인 우리가 카렌네서 먹은 것이라고는 빵과 커피뿐이었기 때문에 배에서는 이미 꼬르

타킬레섬 식당

륵 소리가 난 지 오래였다. 그런데 식당으로 가는 길이 너무 멀었다. 자신의 고향을 우리에게 조금이라도 더 보여주고 싶은 가이드는 밭을 보면 농사를 어떻게 짓는지, 학교를 보면 교육을 어떻게 하는지 설명해주며 천천히 가는데 배가 너무 고파 아무것도 들리지 않았다. "대충 아무 식당이나 가지. 도대체 어디를 가는 거야?"라며 원망의 눈길로 가이드를 재촉했지만 도착하자마자 눈앞에 펼쳐진 광경에 툴툴거렸던 행동을 바로 후회했다. 티티카카 호수가 한눈에 보이는 곳에 펼쳐진 빨간 식탁. 푸른 호수를 바라보며 점심을 먹기 위해 먼 길을 왔지만 절대 헛되지 않았다. 바닥에서 김밥 한 줄만 먹어도 최고급 식당이 되었을 풍경이다.

티티카카 호수 근방 도시에서 가장 유명한 것은 '트루차Trucha', 즉 송어 요리다. 투어 비용에 포함되어 있지 않은 둘째 날 점심 식사였지만, 크게 마음먹고 송어와 맥주를 한 병 시켰다. 가끔은 이런 호사도, 괜찮다. 점심을 마지막으로 1박 2일 동안 3개의 하늘 섬을 둘러본 투어가 마무리됐다.

후아유?

아만타니섬, 카렌의 집. 평소 늘 늦게까지 이야기하고, 맥주 마시고, 게임을 하다가 늦게 자는 우리에게 밤 8시는 한창 온몸의 세포가 활발할 시간이다. 그 이른 시간, 이 집 식구들은 벌써 잠자리를 준비하기 시작했다. 4명 모두 한 방에 들어가더니, 이내 불이 꺼졌다. 한참 동안 두 딸의 웃음소리와 네 가족이 만드는 이야기 소리가 이어졌다. 한국에 있어도 나는 바쁘다는 핑계로 가족과 식사는커녕 얼굴 보기도 힘든데, 이곳 사람들은 이렇게 살을 맞대고 살아간다. 최소한의 에너지만 사용하면서, 여전히 옛 모습을 간직한 채로 살아가는 사람들. 컴퓨터를 하고 텔레비전을 보느라 가족들과 단절된 시간만큼 이곳 사람들은 대화를 하고 서로의 얼굴을 보며 살고 있었다. 이곳의 따스함이 부럽다.

두 가지 다른 모습의 삶 중, 어떤 하나만 옳은 것이고 좋은 것일 수는 없다. 하지만 모두 알고 있다. 대화가 단절된, '사이버 월드' 속에서 살아가는 것이 행복한 삶은 아니라는 것을 말이다. 「후아유」의 주인공도 사이버 월드 속 '멜로'와 '별이'란 닉네임을 버리고 지형태와 서인주가 되어 사랑을 시작했다.

난 여전히 하루라도 인터넷에 접속하지 못하면 불안하지만 조금씩이라도 '단절'을 '단절'하고 사람과 실제로 살을 부대끼며 여행하기로 결심한다. 스페인어를 공부한답시고 늘 듣던 MP3는 잠시 뒤로하고 길거리 스페인어를 들어보기도 하고, 인터넷 정보도 잠시 뒤로하고 호스텔 직원, 여행자, 행인 아무나 붙잡고 여행 정보도 물어보고 이야기도 나눈다.

'후아유?Who are you?'

달콤한 사람 냄새에서 행복을 맡는 나는 사이버 월드에서 살아갈 수 없는 현실 속 사람이다.

볼리비아
BOLIVIA

COPACABANA
LA PAZ
POTOSÍ
UYUNI

아직 끝나지 않은 티티카카

볼리비아 입성

콜롬비아에서 시작한 여행이 어느새 베네수엘라, 에콰도르, 페루를 거쳐 볼리비아까지 도달했다. 볼리비아에 대해 아는 것이라고는 많은 여행자가 꿈꾸는 우유니 소금 사막뿐. 지도를 펴서 내가 온 길을 짚어보니 거대한 남미 대륙을 벌써 반이나 종단했다. 하루하루 기억 안 나는 날이 없을 정도로 충만한 여행을 볼리비아에서도 잘 이어갈 수 있을까?

이미 페루 쪽 티티카카에서 '여행 피로'를 치유 받고 하늘 호수의 매력에 흠뻑 빠진 내게 볼리비아 쪽 티티카카의 도시, 코파카바나Copacabana는 볼리비아의 첫 도시가 되기에 손색없는 곳이었다. 이미 쿠스코에서 볼리비아 비자도 받아놓고 만반의 준비를 마친 후 코파카바나로 향했다.

푸노를 떠나 코파카바나로 향하는 길은 티티카카 호수를 끼고 달리기 때문에 다른 어떠한 국경보다 아름다웠다. 콜렉티보를 타고 날이 어두워질 무렵 국경에 도착했다. 비자를 만들 때 머물 기간이나 여행 목적 등을 확실하게 밝혔기 때문인지 입국 절차가 까다롭지 않았다. 짐 검사도 배낭만 한 번 열어보고, 끝. 가지고 있던 페루 화폐인 솔sol과 달러를 적당히 환전하고 난 후 택시를 타고 코파카바나로 향했다.

태양의 정기를 받다

3개의 섬 투어를 마친 후, 제대로 쉬지도 못하고 바로 볼리비아로 왔기 때문에 호스텔을 잡자마자 곯아떨어졌다. 다음 날 아침, 잉카 문화의 발상지라는 태양의 섬으로 향했다. 궁짝이 잘 맞는 우리는 깃발을 들고 앞장선 가이드를 따라 우르르 몰려다니며 설명을 듣고, 잠깐 보고, 생각할 시간은 전혀 없는 단체 투어를 싫어하는 것마저 닮았다. 코파카바나 여행사에서는 태양의 섬으로 가는 투어 상품이 많았지만, 우리는 따로 배편을 알아보고 발품을 팔아 우리만의 '루트'를 만들었다. 태양의 섬 북쪽 항구에 내려 신전 등의 유적을 보고 남쪽 항구로 가서 하루 동안 머물기로 했다.

코파카바나를 출발해 태양의 섬으로 가는 배, 빠르게 달렸음에도 불구하고 1시간 가까이 걸렸다. 바다가 없는 볼리비아에서 바다와 같은 의미를 가진다는 티티카카. 배를 타고 호수를 1시간이나 달렸는데도 볼리비아의 한 섬에 도착

코파카바나 전경

태양의 신전 가는 길

했을 뿐이라는 사실에 그 의미가 충분히 이해되고도 남았다. 북쪽 항구에 내려서 태양의 신전이 있는 곳까지는 거리가 꽤 됐다. 큰 배낭을 코파카바나 호스텔에 맡기고 왔기 때문에 우리의 등에는 하루를 버틸 정도의 짐뿐이었지만, 몸집만 한 배낭을 이고 작렬하는 태양과 높은 고도에 맞선 여행자들이 많이 보였다.

아만타니섬에서 일몰을 보러 향한 언덕을 나는 평소와 다르게 너무 잘 올랐다. 여행하면서 체력이 좋아진 것이 처음에는 기쁘다가 나중에는 애잔해졌다. 따로 운동을 하지 않았는데도 체력이 좋아졌다는 것은 그만큼 많은 고생을 한 결과일 테니 말이다. 큰 배낭을 앞뒤로 메고 쉬지 않고 성큼성큼 발걸음을 옮기는 그들의 모습에서도 그간의 고생이 보여 애잔했다.

좋아진 체력에 비례하는 그간의 고생을 곱씹으며 1시간 정도를 걸었을까, 드디어 태양의 신전에 도착했다. 작게는 페루를, 크게는 남미 전역을 대표하는 잉카 문명. 마추픽추 정도의 '스케일'을 바란 건 아니었지만 그래도 잉카 문명이

성스러운 바위

시작된 곳이니 어느 정도는 큰 유적지일 것이라고 상상했던 내게 코파카바나의 유적지는 실망스러웠다. 잉카 왕조의 창건자인 망코 카팍Manco Cápac과 누이이자 아내인 마마 오클로Mama Ocllo가 태어났다는 바위, 태양을 향해 제사를 지낸 태양의 신전에는 돌덩이들만 덩그러니 놓여 있었다. 몰랐다면 그냥 지나칠 수 있을 정도로 황량했다. 아는 만큼 보이는 것이 유적이라, 정은 씨가 가져온 잉카 문명에 대한 책도 읽고 인터넷을 통해 미리 공부도 했지만 내 눈에 '역사'가 펼쳐지지는 않았다.

그나마 기억에 남는 것은 '성스러운 바위'였다. 초대 잉카 황제가 태어난 곳이라는 바위는 이름마저 성스러웠다. 이 바위를 만지면 '태양의 정기'를 받을 수 있다는 전설이 있어 너도나도 까치발을 들고 바위를 만지고 있었다. 다 큰 성인이 정기 한번 받아 보겠다고 팔을 쭉 내밀고, 엉덩이를 쭉 빼고 있는 모습이 우스꽝스러웠지만 우리도 질세라, 태양의 정기를 받기 위해 몇 번이나 바위를 쓰다듬었다.

유적을 둘러본 후 남쪽 항구로 향했다. 북쪽에서는 잘 보이지 않던 호스텔과 식당을, 남쪽에서는 어렵지 않게 찾을 수 있었다. 적당한 곳에 숙소를 잡고

일몰을 보기 위해 가장 높은 언덕으로 발걸음을 옮겼다. '볼리비아의 바다'가 한눈에 보이는 곳에 자리를 잡고 일몰을 기다렸다. 얼마 지나지 않아 시작된 일몰은 환상적이었다. 융단을 깔아놓은 듯한 잔잔한 호수, 똑같은 태양의 빛을 받아 각기 다른 모습과 색깔로 표현하는 구름이 '빛의 축제'를 열었다. 호수 너머 저 멀리 보이는 설산은 마치 구름의 분신처럼 보였다. 태양은 잉카인에게 운명이 될 수밖에 없음을, 일몰을 통해 알았다. 비록 지식의 깊이가 얕아서 성스러운 바위와 태양의 신전을 그냥 돌덩이로 치부한 '불경한' 여행자지만, 태양의 섬에서 펼쳐진 빛의 축제를 통해 잉카와 태양의 운명적인 관계나마 가늠할 수 있었다. 적어도 '가련한' 여행자는 되지 않아 다행이다.

블랙아웃과 오리배

태양의 섬에서 느긋하고 충만한 이틀을 보낸 후, 다시 코파카바나로 돌아왔다. 신기할 정도로 성격이 잘 맞는 우리, 다음 갈 곳은 정하지도 않고 여행 정보는 알아보지도 않는 '나쁜 점'까지 닮았다. 볼리비아에 가기 전 아무것도 모르던 우리는 페루의 한 호스텔 침대에 누워 서로를 채근했더랬다. 경로를 짜봐라, 물가를 알아봐라, 호스텔을 알아봐라. 결국, 아무도 하지 않았고, 볼리비아로 향하는 버스 안에서 코파카바나에 도착해 함께하자고 합의했다.

태양의 섬 여행을 무사히 마치고, 볼리비아 여행 정보도 알아볼 겸 코파카바나에서 하루를 더 머물기로 했다. 그런데 노트북까지 챙겨 나와 인터넷을 이용하기 위해 자리를 잡았던 카페에서는 와이파이 신호가 잡히지 않았다. 직원에게 물어보니 전날 불어 닥친 비바람으로 인해 도시 전체에 무선 인터넷 공급이 끊겼단다. 잠결에 천둥 소리를 듣긴 했지만 인터넷이 안 될 거라고는 상상조차 하지 못했다. 결국, 정보는커녕 메일 확인조차 하지 못한 우리는 망중한을 느끼

기 위해 또다시 티티카카 호수로 향했다.

보고 또 봐도 질리지 않는 티티카카. 호수의 푸름에 눈이, 송어 요리의 빼어난 맛에 입이 호강했다. 고요하기만 한 호반 도시에서 심심해질 무렵, 눈에 들어온 것은 바로 오리배였다. 잔잔한 호수를 두 발로 '항해'하며 이번에는 몸이 호강할 차례다. 가장 예쁜 오리를 골랐다. 종학 씨와 내가 마도로스가 됐고 정은 씨는 조타수가 됐다. 한국에서도 운전을 하며 스트레스를 푸는데 항상 속도 제한과 교통 체증에 답답해하던 나다. 제한 속도, 앞을 가로막는 그 무엇도 없는 '티티카카 도로'는 내게 아우토반Autobahn이나 마찬가지였다. 두 친구가 말릴 정도로 미친 듯이 페달을 밟고 정해진 시간의 항해를 마치고 후방 주차까지 하고 나니 모든 스트레스가 완벽하게 풀렸다. 탈진할 정도로 항해에만 집중한 결과, 피부는 새까매지고 다리는 후들거렸지만, 지구 반대편 3,810m의 '상공'에서 오리배를 탈 기회가 언제 또 올까? 더 까매지더라도, 며칠을 펭귄처럼 걷더라도 다시 이곳에 온다면 나는 기꺼이 몇 번이고 더 타륜을 잡을 것이다.

바다가 된 호수

바다가 없는 볼리비아는, 그래서 가난을 탈피하지 못했다. 티티카카 호수가 볼리비아에서 중요한 이유는 여행자를 불러들여서, 잉카의 발상지라서가 아니다. 티티카카는 볼리비아에 태평양에서 건져 온 참치 대신 송어를 대접했고, 태평양의 드넓은 해안선을 대신해 '호안선'을 그려주었다. 바다를 갖지 못한 그들은 아직도 빈곤에 허덕이고 있다. 하지만 코파카바나에서 마주한 볼리비아 사람들의 해사한 미소는 가난에 찌든 사람의 것이 아니었다. 사람은 '여기'가 아닌 '저기'를 꿈꾼다. 그래서 불행하다. 곁에 있는 바다 같은 호수를 보지 못하고 바다만을 꿈꾸었다면, 이들의 얼굴에는 불행만이 드리워졌을 것이다. 항상 '저기'를 꿈꾸던 내 얼굴에서도, 사람들은 불행을 보았을까? 가질 수 없다고 불평하기보다는 내가 가지고 있는 것을 아끼고 발전시켜 나가야 함을 이곳에서 배운다. 먼저 '여기'에서의 행복을 찾을 때, 내 얼굴에도 해사한 미소가 피어나리라.

티티카카 호수

볼리비아 라파스
BOLIVIA LA PAZ

죽음의 길을 달리다

평화의 도시

세계 최강의 축구팀도 이곳에만 가면 맥을 못 춘다. '원정팀의 무덤'이라고도 불리는 이곳은 바로 볼리비아의 수도인 라파스La Paz다. 해발 고도 3,640m, 세계에서 가장 높은 곳에 위치한 수도. 걷는 것조차 힘든 이곳에서는 아무리 난다 긴다 하는 '축구 황제'도 일단 숨쉬기 운동부터 시작해야 한다. 이름부터 '평화Paz'인 이 도시에서는 숨쉬기조차 평화롭지 못하다. 게다가 눈길이 닿는 곳마다 보이던 가난의 흔적도 평화라는 도시의 이름을 닮지 못했다. 모든 것이 평화롭지 않은 도시, 이 도시의 이름은 '평화'다.

라파스 시내

Yo hice el camino de la muerte y sigo vivo!

액티비티를 무척이나 좋아하는 내가 라파스에서 절대 빠뜨릴 수 없었던 것이 있었으니, 바로 데스로드 자전거 투어다. 콜롬비아의 산힐에서 이미 여러 액티비티를 '섭렵'했지만 데스로드 자전거 투어는 다른 액티비티와는 좀 달랐다. 패러글라이딩, 래프팅, 케이빙 등이 가이드와 함께 어느 정도의 안전이 보장된 상태에서 '체험'하는 것이라면, 이번 라이딩은 전적으로 자전거를 타는 사람이 개인의 안전을 책임져야 한다. 물론 가이드와 함께하는 투어지만 낭떠러지를 불과 몇 미터 남겨두고 비포장도로를 달리는 와중에 가이드가 나의 '생사여탈권'을 보장해 줄 수 없기 때문이다.

예약한 여행사에 도착해, 아침을 먹고 있으니 가이드가 종이를 한 장씩 나눠줬다. 사고가 나거나 다치더라도 여행사 잘못이 아니라는 내용의 계약서였다. 맞는 말이지만, 어쩌 오싹했다. 안 그래도 얼마 전 이 투어를 하다가 어떤 한국인이 밑으로 굴러떨어져 팔이 부러졌다는 소식을 들은 차였다. 정은 씨, 종학 씨와 끝까지 조심해서 타자고 약속했다. 다행히 유니폼을 입고 헬멧도 쓰니까 프로 라이더가 된 듯한 기분에 오싹함은 금세 사라졌다. 대강 준비를 마친 후 보호대까지 착용하고 나니 정말 출발해야 할 시간이 됐다. 출발 전, 설렘과

자전거 타기 전 준비

긴장이 고스란히 드러나는 표정을 사진에 담고, 다시 한 번 안전을 강조하는 가이드의 '훈계'까지 듣고 나서야 자전거 페달 위에 발을 얹을 수 있었다.

첫 구간은 차도에서 차와 함께 달리는 구간이지만 포장된 도로여서 어렵지 않았다. 다들 쌩쌩 달렸다. 프랑스에서 온 친구들은 이미 시야에서 사라진 지 오래다. 그들을 따라 고속 주행을 하고 싶은 마음이 굴뚝 같았지만, 몸이 따라주질 않았다. 액티비티가 주는 긴장감을 좋아하지만 하나뿐인 목숨보다 좋아하지는 않는다. 나만의 페이스를 즐기며 내려왔다.

내리막길만 이어졌다. 굽이진 안데스의 풍경을 달리다 보니 시간 가는 줄도 몰랐다. 얼마 달린 것 같지도 않았는데 벌써 휴식 시간이란다. 잠시 멈춰 간식을 먹고 있으니 가이드가 다가와, 곧 데스로드의 진면목을 볼 수 있는 '오프

로드'에 진입할 거라며 장비와 상태를 확인했다. 우리가 자전거를 타는 동안 가이드는 '매의 눈'으로 라이더의 능력치를 파악했나 보다. 불안해 보이는 사람에게 정말 탈 수 있는지를 다시 한 번 확인했다. 자전거에 능숙하지 않은 사람은 뒤따르던 봉고차를 타고 오프로드를 내려오게 된다. 이마저도 '액티비티'라고 말하고 싶은 이유는, 차가 한 대만 있어도 비집고 들어갈 틈이 없어지는 데스로드에서는 차에서도 안전을 보장받을 수 없기 때문이다. 특히 반대편에서 오는 차를 마주할 때, 그 좁은 길 위에 두 대의 차가 엇갈리는 모습은 보는 사람에게도 타고 있는 사람에게도 살 떨리는 광경이 아닐 수 없다.

종학 씨와 나는 자전거를 선택했다. 에콰도르의 바뇨스Baños와 콜롬비아

데스로드 절벽

의 산힐에서 비포장 길을 달렸던 경험이 있어 당연히 할 수 있을 거라고, 쉽게 생각했다. 그런데 웬걸, 장갑을 꼈는데도 손이 저리고 엉덩이를 들고 탔음에도 골반이 아팠다. 제일 힘들었던 구간은 의외로 평지였다. 눈에 보이는 길은 분명 평지가 맞는데 방전된 체력 때문에 마치 오르막을 오르는 것처럼 힘들었다. 하긴, 아침부터 든든하게 된장찌개와 밥 한 공기로 배를 채워야 하는 한국인이 빵, 커피로 아침을 때우고 바나나 등의 간식으로만 에너지를 충전하며 몇 시간을 긴장감 속에서 자전거를 탔으니 힘들만도 했다. 땀을 뻘뻘 흘리면서 '평지인 듯 평지 아닌 오르막 같은 길'을 이를 악물고 완주했다. 먼저 도착한 사람들이 이미 맥주 파티를 벌이고 있었다. 우리도 당연히 빠질 수 없다. 위험한 길을 함께 한 동지들과 함께 마시는 맥주, 다른 나라의 맥주에 비해 한참 맛이 없는 볼리비아의 맥주지만, 그 순간만큼은 꿀처럼 달았다. 'Yo hice el camino de la muerte y sigo vivo.' '나는 죽음의 길을 갔고, 지금 여전히 살아 있다.' 투어 후 받은 티셔츠에 쓰여 있는 말이다. 죽음의 길을 함께하고, 함께 살아 돌아온 동지들. 길 위의 친구들끼리만 공유할 수 있는 동지애. 어쩌면 앞으로 평생 다시 볼 수 없는 사람들에게서 느껴지는 우정. 모두 함께 살아서 '건배'를 나눌 수 있음이 행복하다.

하지만 최악의 투어

여행을 하면서 비교만큼은 멀리해야 한다는 것이, 거창하게 말하자면 신념이다. 여행의 즐거움은 나와 너의 다름을 인정하는 것에서 시작한다. 한국은 이런데, 여긴 왜 이래? 한국으로 가시라. 시간 약속 안 지키고 질서 의식 없으니까 못 사는 거야. 잘사는 나라 여행하시라. 소중한 시간을 내서 하는 여행, 다른 나라와 비교하다 보면 그 나라의 나쁜 점만 보고 정작 그 나라의 매력을 볼 수 없다. 여행하면서 이해 또한 하지 않으려 노력했다. 이해하려고 하는 순간, 그 바탕에는 한국의 정서가 개입될 수밖에 없기 때문이다. 그저 있는 그대로 바라보자고 마음먹었고, 시스템에서 오는 불편은 '틀림'이 아닌 '다름'에서 오는 것이라고 생각했다. 그런데 데스로드 투어에서 이 평정심은 깨지고야 말았다.

투어가 끝난 후 저녁 식사도 잘 먹은 후 다시 라파스로 돌아가던 길, 봉고차 타이어에 구멍이 났다. 잠이 그리웠고 샤워가 급했지만 우리는 불평 없이 기다렸다. 가이드는 얼마나 기다려야 하는지, 상황이 어떤지 언급조차 하지 않았다. 급기야 타이어를 고치던 운전사가 이곳에서는 수리할 수 없고 모두 태울 수 없다며 혼자 라파스로 돌아가고 나서야 가이드는 여행사에서 다른 차가 올 것이라고 했다. 가이드의 말만 믿고 기다린 4시간. 조금만 더 기다리라던 가이드는 다시 입을 다물었다. 해는 이미 진 지 오래였다. 기다리다 지친 가이드는 결국 버스를 타자며 터미널로 우리를 안내했다. 20분을 걸어 버스를 잡아타고 겨우 라파스로 돌아왔다. 라파스에서도 버스에서 내린 후 숙소까지 택시를 타야 했는데, 가이드가 가진 돈이 없다며 돈을 빌려 달란다. 내일 여행사로 오면 주겠다

나 뭐라나. 그래도 여기까지는 여행 중 일어날 수 있는 일이라 웃으며 넘길 수 있었다. 문제는 다음 날이었다. 데스로드 자전거 투어에는 자전거를 타는 동안 사진을 찍기 어렵기 때문에 사진사가 동행한다. 당연히 사진 CD가 투어 비용에 포함돼 있다.

다음 날, 빌려준 돈과 CD를 받으러 여행사에 가니 가이드는 없고 사장만 있길래 자초지종을 설명했다. 그런데 이 사장님, 어제 일어난 사고에 대해 전혀 모르고 있었다. 급기야 택시비를 달라는 우리를 의심하기까지 했다. 게다가 CD도 아직 못 만들었기 때문에 어차피 지금은 줄 수 없다며 투어가 끝난 후 가이드가 돌아오는 저녁에 여행사로 다시 오란다. 짜증은 났지만, 윽박지른다고 없던 CD가 생기진 않으니 저녁에 다시 오겠다고 한 후 호스텔로 돌아갔다. 그리고 다시 찾아간 여행사. 택시비에 대한 이야기는 들어 돈은 갚겠지만, 갑자기 카메라가 고장이 나서 고치러 갔다는 둥, 사진사가 오고 있으니 더 기다리라는 둥 횡설수설을 해댔다. 당연히 받아야 할 것이기에 우리가 묶고 있는 호스텔을 알려주고 가져다 달라고 했다. 밤 10시가 넘어서 드디어 CD를 받을 수 있었고, CD를 열어본 후 마지막까지 남아 있던 인내심마저 모두 사라졌다. CD에는 우리 사진이 한 장도 없고 프랑스에서 온 친구들 사진과 풍경 사진 몇 장이 전부였다. 알고 보니 자신들의 카메라가 고장 나서 사진은 전부 날리고 여행사와 같은 건물에 있던 프랑스 친구들의 사진을 CD에 복사해서 우리에게 준 것이다. 자전거를 타기 전 긴장감과 설렘이 가득하던 표정도, 자전거를 타던 모습도, 절벽 위에서 자전거를 들고 포효하던 모습도 전부 기억 속에서만 존재할 수 있게 됐다. CD를 건네주면서도 마치 자신들이 찍은 온전한 사진인 양, 아무 말도 없던 것에 화가 치밀었다. 정당한 비용을 지불하고 참가했던 투어에서 받은 불이익도 '다름'의 관용으로 바라봐야 하는 것일까? 끝까지 미안하다는 말 한마디 없던 그들의 모습도 무조건 이해해야 하는 것일까? 아직까지도 답은 찾지 못했지만 분명한 것은 다름을 인정하자던 나의 다짐, 나의 신념에 금이 갔다는 것이다. 오랜만의 액티비티, 많은 기대로 시작했던 투어는 엉망이 돼버렸다. 잘 타고, 잘 놀고 나서도 최악의 투어가 된 이유다.

평화의 도시 2

도시의 이름은 평화. 모든 것이 평화롭지 않은 도시에서 마음의 평화도 깨졌다. 평화의 도시를 벗어난 후, 평정을 유지하고 다시 생각해 본다. 내가 겪은 불쾌한 모습이 이 나라의 많은 모습 중 하나라면, 이것 또한 그대로 바라봐야 한다는 생각에는 변함이 없다. 세상 어느 곳에 좋은 점만 가득한 나라가 있겠는가. 나쁜 점은 나쁜 점이되, 한 번 보고 겪은 불쾌한 경험이 한 나라의 전체적인 이미지가 되지 않도록 마음을 다잡을 뿐이다. 신념은 흔들리지 않았다. 다만 생각이 더해졌다. 언젠가 한 번은 겪을 수밖에 없는 나쁜 경험도 그 나라의 모습 중 하나로 인정해야 한다는 조항이 추가됐다. 데스로드 투어는 최악이었지만 그 경험을 볼리비아 전체의 이미지로 만들지 않기 위해 나는 오늘도 생각을 다잡는다. 신념은 지켜져야 하니까.

파리와 라파스에 대한 단상

정답을 찾기 위해 써내려 간다

언젠가 정답을 찾고 싶기에 먼저 생각을 정리해야 했고, 정리를 위해서 글을 썼고, 아직은 정답을 찾지 못해 주제도 연결고리도 없는 글일 수도 있겠다.

아르헨티나 코르도바에서 카우치 서핑을 통해 만난 파리지앵 레오. 카우치 서핑을 통해 4개월째 가난한 여행을 이어가고 있는 레오가, 자신은 파리에서 태어나고 자랐지만, 앞으로 파리에서 살 수 있을지는 의문이라고 말한다. 파리라는 이름 하나만으로 많은 여행자에겐 꿈이 되는 도시. 그렇기 때문에 파리지앵들은 여행자에게 냉소적이고 배타적이란다. 서로에게도 너무나 차갑다고 한다. 남미 여행을 하며, 길을 찾으려고 지도를 펼치기만 하면 몇 분 사이에 몇 명이 달라붙어 도와주겠다며 도움의 손길을 내미는 모습을 보고 어떤 문화 충격 같은 걸 받았다는 레오. 사람의 향긋한 냄새에 이미 익숙해져서, 자신이 태어나고 자랐지만, 그 차가운 도시에서 미래를 살 수 없을 것 같단다. '가난한 배낭여행자'도 결국 먹고살 만하기 때문에 여행을 한다. 배낭여행자인 우리는 대자연과 친절한 사람들에게 감동하곤 하지만 그 감동이 너무 벅차 그들의 삶에 미처 시선을 돌리지 못한다. 레오처럼 다른 도시에서의 삶을 강구하지는 않겠지만, 어쨌든 나도 한국으로 돌아가면 사람 냄새 나는 이곳이 많이 그리울 것 같다.

라파스 사람들은 자신의 도시를 오야olla: 냄비라고 부른다. 분지인 것을 표현한 말인데, 이곳에서도 가난한 자들은 살기 편한 냄비 바닥에 자리를 잡지 못하고 산 위쪽으로 쫓겨날 수밖에 없었다. 그리고 라파스에서의 어느 날 밤, 나는 가난한 자들이 만든 불빛이 예쁘다며 감상에 젖어 셔터를 눌러댄다.

가진 것 별로 없는 나지만, 나에게는 적어도 레오처럼 다른 도시에서의 삶을 꿈꿀 '생각의 확장' 정도는 가능하다. 그런데 기회의 티켓을 가지고 있는 것에 대해 기뻐해야 하는지는 잘 모르겠다. 설령 기쁘다 한들, 다른 도시에서의 삶이 절실할수록 태어나 살아온 곳에 대한 환멸이 큰 것 같아 이 또한 마음이 불편하다.

앞으로도 나는 여행을 하며 수없이 많은 가난을 마주하게 될 것이다. 그리고 여행자의 시선으로 그 가난을 사진에 담아내며 때론 감상에 젖겠지만 그것에 죄책감을 느껴야 하는지도 잘 모르겠다. 가난을 마주하고 동정심을 품어, 그들에게 동전을 던져주고 난 후 내 '인성'에 감탄해야 하는 걸까?

살아내는 삶이 힘겨워 보이는 것이 지나가는 '행인'인 내 눈에도 보인다. 그럼에도 불구하고 여행자에게 따뜻한 시선을 건네는 이곳을 여행하며 사람 사는 세상은 이래야 한다며 감복해야 하는 것일까? 당장 결연을 통해 한 사람이라도 도와야 하는 것일까? 이 나라를 떠나면 잊고 살아야 하는 것일까? 모르겠다. 여행이 끝나고 생각이 정리될 때쯤, 나는 정답을 찾을 수 있을까?

라파스 전경

볼리비아 포토시
BOLIVIA POTOSÍ

그들의 삶을 생각하다

체험, 삶의 현장

볼리비아 포토시Potosí. 해발 4,090m에 위치한, 한 걸음 뗄 때마다 숨이 턱까지 차오르는 도시. 과거 스페인 침략 시절, 침략자들은 포토시에서 은 등의 광물을 약탈해 갔고, 그 결과 광산의 높이가 300m나 줄었다고 한다. 그리고 현재는 그 순도가 떨어져 쇠락의 길을 걷고 있는 도시기도 하다.

비록 현재 포토시에는 과거처럼 '부'를 찾는 사람들은 없다. 하지만 광산 투어를 통해 '부'를 찾던 사람들의 발자취를 좇아볼 수는 있다. 포토시 시내에 위치한, 실제 광부 출신인 가이드가 운영한다는 여행사에 투어를 예약했다. 가기 전까지만 해도 쉽게 체험할 수 없는 광산에 간다는 생각에 신 나기만 했다. 광부들을 위한 선물을 준비하는 것이 절차라는 말에 몇 푼 되지도 않는 돈을 아까워하며 음료수, 알코올, 코카잎 등을 샀다. 정말 광부가 된 것처럼 작업복, 장

광산에 들어가기 전

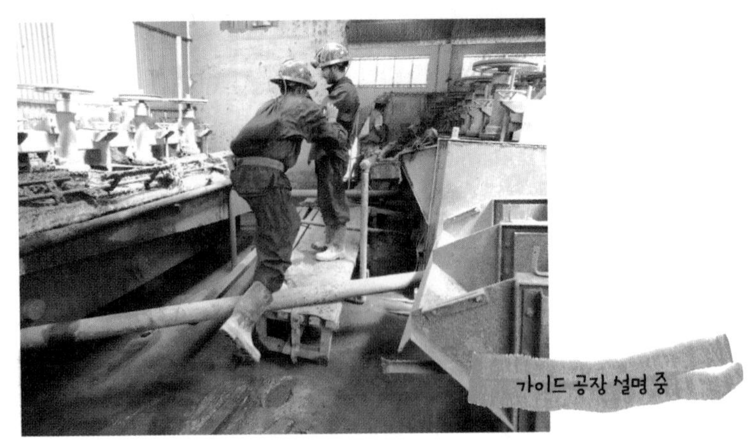
가이드 공장 설명 중

화, 헬멧으로 행색을 갖추고 먼저 들른 곳은 한 공장이었다. 채취된 광물이 어떻게 가공이 되는지 설명하는 가이드에게 집중하기 어려웠던 이유는 공장의 척박한 환경 때문이었다. 기계에서 나오는 먼지가 기관지를 간지럽히고 낙후된 시설이 눈을 방해했다. 공장에서 약 10분간 견학을 한 후 광산으로 이동했다. 드디어 '입산'한다는 생각에 콧노래가 흘러나왔지만 신이 난 건 딱 입구까지만이었다. 헤드램프를 켠다 한들 충분한 시야가 확보되지도 않고, 허리를 펴기조차 어렵다. 게다가 동굴 안 공기는 공장 먼지에 비할 바가 아니었다.

투어를 했던 날이 토요일이라, 일하시는 분들이 많지는 않았다. 3팀 정도 만나, 선물로 준비한 음료수와 코카잎을 건네니 고맙다며 웃으신다. 한번은 이동하던 중, 채취한 광물을 실은 수레가 선로를 이탈했다. 모두 힘을 합쳐 다시

선로에 올려놓는 일을 도왔는데 무게에 깜짝 놀랐다. 정제되기 전 돌덩이에 불과한 광물의 무게와 수레 무게가 합쳐져 모두 힘을 합치고 나서야 간신히 올릴 수 있었다.

생각해도 이해할 수 없는 것

단지 몇 시간 투어를 하면서도 허리가 아프다며 불평하던 나. 온종일 허리 한 번 제대로 펴지 못하고 일해야만 하는 삶을, 건방지지만 한번 생각해본다. 빛도 없는 동굴, 먼지 속에서 일하는 노동의 강도를 나는 견딜 수나 있을까. 힘든 노동을 이겨보려 90도에 육박하는 알코올을 마시는 그들의 고통을 나는 상상조차 할 수 있을까. 생각해 본다 한들, 이해할 수 없다. 웃으면서 신 나게 시작했던 투어는 시간이 지날수록 마음을 무겁게 했다. 영리한 침략자들은 노동력을 가족 단위로 묶었다. 도망가고 싶어도 내가 아니면 다른 가족이 희생해야 했기 때문에 탈출을 꿈꾸기도 어려웠을 것이다. 몇백 년이 지난 지금까지도 광부들은 식민지 시절에 비해 별반 나아진 것 없는 삶을 이어가고 있다.

투어 중 우리는 띠오 동상 앞에 앉아 술90도에 육박하는 알코올을 시음했다. 같은 팀이었던 이스라엘 사람이 가이드에게 물었다. "광부들은 왜 보드카나 위스키를 안 마시고 이런 독한 술을 마신 거예요?" 순간 그런 무식한 질문("빵이 없으

광부 아저씨와

면 케이크를 먹으면 되지 않나요?"라는 질문과 무엇이 다른가!)을 한 걸 비웃었지만, 생각해보면 나도 별반 다르지 않다. 돈을 내고 투어를 하고, 몇 푼 안 되는 선물을 주고 광부 아저씨와 사진을 찍어 추억을 사면서 가슴 아프다고 말하는 내 모습이 말이다.

즐거울 수만은 없었던 광산 투어. 돌아가는 길, 발걸음이 무겁다. 그저 다를 뿐인데 동정의 시선으로 바라보는 게 위선은 아닌가 싶다. 하지만 용기를 내어서 한번 권유해본다. 한 번쯤 그들의 삶을 생각해달라고. (바탕은 다르지만) '김미쪼꼴렛Give me chocolate', '김미완딸라Give me one dollar'를 외치던 우리가 빈곤에서 벗어날 수 있었던 것도 누군가 우리의 삶을 생각해줬기 때문은 아닐까.

볼리비아 우유니
BOLIVIA UYUNI

표현의 한계를 넘어선 아름다움

그 자리에 서다

한국에서 땅을 파고 끝까지 오면, 아르헨티나 어디쯤이라던데. 이렇게 먼 지구 반대편까지 날 이끈 것은 과연 무엇일까.

인터넷에서 우연히 본 사진 한 장. 구름을 비추는 큰 거울 같은 곳에서 한 남자가 서 있던 곳, 바로 우유니 소금 사막Salar de Uyuni. 사진을 본 후, 그 먼 곳은 언젠가 꼭 가야만 하는 곳이 되었다. 그날 이후 지구 반대편으로의 여행을

우유니 마을

꿈꾸었고 사고 싶은 것과 먹고 싶은 것들을 참아가며 돈을 모았고 스페인어를 공부했다. 많은 즐거움을 포기해, 드디어 나를 이곳으로 이끌었던 사진 속 남자처럼 나도 이 자리에 섰다. 이 자리에 서고 난 후 알았다. 날 이끈 것은 사진 속 남자가 아닌 가슴속에 간직했던 소망을 하나하나씩 이루며 살고 싶은 마음이었다는 것을.

드디어 소금 사막으로!

소금 사막 투어를 위해 존재한다고 해도 과언이 아닌, 볼리비아의 작은 마을 우유니. 이곳에는 볼리비아의 다른 도시보다 유독 동양인, 특히 한국인이 많았다. 한국인에게 인기가 많아 간단한 한국어를 구사할 수 있는 여행사도 있고, 일본인에게 인기가 많은 여행사도 있다. 순간마다 각기 다른 환상적인 매력을 선사하고, 최고의 '인생 사진'을 보장하는 곳이다 보니 투어 종류도 여러 가지였다. 일출 투어, 일몰 투어, 당일 투어, 1박 2일 투어, 2박 3일 투어 등등. 우리는 한국인에게 인기 절정인 여행사를 하나 골랐다. 최고의 인생 사진을 위해 두세 개의 투어를 같이 하는 경우도 많다고 하니 한국인의 소금 사막 사랑은 실로 대단하다. 각기 투어의 장단점 및 특징을 살펴본 우리는 1박 2일 투어로 결정했다.

기차의 무덤

다음 날 아침 8시 30분, 여행사 앞에 모여 1일 투어를 신청한 아르헨티나, 칠레 친구들과 함께 우유니 소금 사막으로 향했다. 처음 들른 곳은 '기차의 무덤'이라 불리는 곳이다. 달려야 하는 숙명을 다하고 지금은 녹이 슬어 있는 기차가 쓸쓸해 보였다. 쪽빛의 청량한 하늘과 대비되는, 차마 무덤에도 묻히지 못한 녹슨 기차들. 사연이야 어찌 됐든 묘한 조화다.

다음으로 들른 곳은 '소금 호텔'이다. 현재 숙식은 불가능하고 박물관처럼 쓰이고 있단다. 비록 과자가 아닌 소금으로 만들어진 호텔이지만, 헨젤과 그레

소금 호텔

국기들

텔을 유혹하던 과자 궁전이 떠올랐다. 소금 호텔 바로 옆에는 각국의 국기들이 꽂혀 있다. 우리의 자랑스러운 태극기도 2개나 있었다. 태극기와도 사진 한 방, 나의 제2의 고향 콜롬비아 국기와도 사진 한 방. 타지에서는 누구나 애국자가 된다고 한국에서 멀리 떨어진 이곳에서 태극기를 보니 감회가 새로웠다. 대한민국에서 태어나 자라며, 대한민국을 가장 잘 알기 때문에 가끔은 진저리 날 정도로 싫기도 한 나의 조국. 하지만 어쩔 수 없이 나는 내 나라를 가장 사랑하는, 대한민국 사람이다. 나에게는 아무리 보아도 태극기가 가장 예쁘고, 금수강산만큼 아름다운 곳이 없고, 한국 음식처럼 맛있는 음식이 없는 걸 보면 말이다.

소금 호텔을 다 둘러본 후 '소금 바다'가 수평선, 아니 지평선을 만들어내는 곳으로 가서 사진을 찍었다. 우유니를 여행하는 한국인에게 '연예인급' 인기를 누리는 가이드 조니. 역시 명성답게 신기하고 재미있는 사진을 열정적으로 찍어주었다. 아르헨티나와 칠레에서 온 다른 친구들 사진은 겨우 몇 장 찍어주더니, 우리 사진은 조니 자신이 만족할 때까지 찍어주는 통에 괜히 그 친구들에게 미안해졌다. 조니가 요구하는 대로 맨발로 소금밭에서 눕고, 구르고, 뛰고를 반복하니 팔꿈치와 발바닥은 소금투성이가 됐다. 한참 동안 '인생 사진'을 찍고

점심 식사를 하러 향한 곳은 플라밍고 서식지에 위치한 숙소였다. 우리를 제외한 다른 친구들은 모두 당일 투어였기 때문에 식사를 한 후, 일몰을 보러 떠났고 우리는 이곳에서 자유시간을 갖게 됐다. 같이 한 일도 별로 없는데 우리 팀은 유독 사이가 좋았다. 내가 아르헨티나로 갈 예정이라고 하니, 니엘이란 친구는 자신이 살고 있는 도시에 오게 되면 꼭 연락하라고 신신당부를 했다. 짧은 시간을 함께했지만 헤어짐은 언제나 아쉽다.

친구들과 조니는 일몰을 보러 떠났고, 우리에게는 자유시간이 한가득 주어졌다. 이미 엄청난 양의 사진을 찍었는데, 자유시간에도 우리가 한 일은 역시 사진 찍기였다. 보는 눈들이 없으니 포즈는 더욱 과감해졌다. 점프하고, 텀블링하고, 정말 난리였다. 하지만 우유니까지 와서 부끄럽다고 늘 하던 포즈 그대로 하면 나중에 후회할 것이 분명했기에 부끄러움은 잠시 접어두었다. '쪽팔림'을 무릅쓰고 막 굴렀다. 정신없이 사진을 찍다 보니 어느덧 해가 지기 시작했다. 눈이 부시도록 새하얗던 소금이 빛을 잃어가는 시간. 하지만 소멸의 시간마저 아름다웠다. 시시각각 변해가는 색깔의 향연. 그 아름다움을 언어로 표현하지 못함이 안타까울 뿐이다.

다음 날 아침, 전날 사진을 찍기 위해 온몸을 소금밭에 내던졌더니 삭신이 쑤셨다. 하지만 일출을 안 볼 수는 없는 법! 천근만근 무거운 몸을 이끌고 일출을 보러 소금밭으로 향했다. 분명 어제와 같은 소금이 다르게 보였다. 평생 흰색이 아름답다고 생각한 적이 없었는데 이곳에서는 '하얀 아름다움'에 취했다. 이타적 아름다움이다. 자신의 색을 다 내어주고 반사하며 만드는 색깔이 말이다. 소복하게 쌓인 눈 같기도 하다. 아직 정수리만 살짝 내민 태양 빛이 소금의 힘을 빌려 온 세상을 밝혔다. 태양이 점점 고개를 들수록 그에 질세라 소금 사막도 시시각각 다른 풍경을 뽐냈다. 같은 자리에서 시선을 조금만 돌려도 각도마다, 입자마다 다른 빛깔을 내뿜는 소금 덕분에 호강한 것은 내 눈과 마음이었다. 그에 질세라 투누파 화산Volcán Tunupa도 아름다운 자태를 드러냈다. 산꼭대기에는 빛의 무지개가 내려앉았다. 그리고 그 모습을 또 소금 사막의 '오아시스'가 담아낸다. '언어의 신'도 이 아름다움을 말로 표현할 수는 없을 것이다.

조니가 오기를 기다리며 점심 식사까지 마쳤다. 대부분 자유시간으로만 채워진 투어. 온전하게 나의 느낌으로만 우유니를 만날 수 있어 만족스러웠다. 조니가 데려온 당일 투어에 참가한 사람들과 함께 다음으로 향한 곳은 물고기섬이다. 하늘에서 내려다보면 물고기 모양을 하고 있어 그렇게 부른단다. 올라가고 말고는 선택이지만, 이곳까지 와서 안 올라갈 이유가 없다. 바람이 잔잔했던 사막과 달리 물고기섬은 바람의 천국이었다. 하늘에서 내려다보면 물고기의 비늘

일 것만 같은, 촘촘하게 박힌 선인장. 오랜 시간 강풍에 맞섰을 것이다. 물고기 섬의 정상에서 바라본 소금 사막은 상투적인 표현이지만, 사진으로는 절대 담아낼 수 없었다. 오직 육안으로만 느낄 수 있는 파노라마를 전해줄 수 없음이 아쉽다.

다음은 투어의 마지막 일정인 일몰. 아직 물이 다 차지 않은 우유니가 아쉬웠지만 조니는 최선을 다해 물이 찬 곳을 찾아냈다. 날 이곳으로 이끈 사진처럼 하늘을 전부 담아낼 정도의 양이 아니라 조금은 아쉬웠지만 뭐, 이 정도로도 충분하다. 항상 좋은 시기에 맞춰 갈 수도 없는 노릇이고, 내가 있는 순간의 아름다움을 만끽하는 법을 여행을 통해 배웠기 때문이다. 일몰까지 보니 1박 2일의 투어는 끝이 났다. 소금 사막에서 우유니 마을로 돌아오는 길, 한국 노래를 틀어준 '센스 만점' 조니 덕분에 마지막까지 흥겨웠다.

한정 짓지 말자

한 달만 늦게 갔다면, 물이 가득 들어차 거울 같은 소금 사막을 볼 수 있었을지도 모른다. 물론 조금은 아쉽다. 하지만 미래를 한정 짓지 않기로 했다. 다시 올 것이라고 믿는다면 언젠가 꼭 다시 올 수 있음을 알고 있다. 언어로는 표현 불가능한 아름다움. 숫자로는 가능할까? 지각의 정도를 수치로 표현할 수 있다면 우유니 소금 사막은 어떤 숫자를 가지게 될까? 내겐, 숫자로도 표현 불가능한 아름다움이다. 가슴속에 간직했던 소망을 하나 이뤘다. 이상하다. 딱 그만큼 행복해져야 하는데 그보다 더 행복하다.

칠레
CHILE

SANTIAGO
TORRES DEL PAINE

칠레 산티아고
CHILE SANTIAGO

5분이 바꾼 5일

그린 라이트

여행을 하기 전, 대강 그려본 나의 지도에 칠레는 없었다. 보통의 '추천 여행 경로'에서는 칠레와 아르헨티나 국경을 넘나들며 여행하라고 나와 있었지만 진부한 여행 계획은 따르고 싶지 않았고, 아르헨티나 여행에 집중하기 위해 칠레는 고려 대상조차 아닌, 그런 나라였다. 하지만 계획이란 '바뀔 수 있는 것'의 또 다른 이름이었다. 베네수엘라도 '어쩌다 보니' 다녀왔는데 칠레라고 다를까. 언제나 '그린 라이트'를 밝혀두긴 했다.

정은 씨의 꿈이 티티카카 호수였다면, 종학 씨의 꿈은 W 트레킹이었다. 마추픽추가 페루에 있단 사실만 겨우 알았을 정도로 얄팍한 여행 지식을 가지고 있던 나는, W 트레킹에 대한 이야기를 종학 씨에게서 처음 들었다. 이름도 '요상스런' W 트레킹은 알고 보니 이미 많은 여행자에게는 꼭 가야만 하는 곳으로 자리매김하고 있었다. 신이 정성스레 빚은 파타고니아Patagonia 땅을 두 발로 걸으며, 인생 최고의 순간을 만들 수 있을 거라는 종학 씨의 설득에 이미 티티카카를 다녀온 정은 씨, 그리고 특별한 바람이 없던 나도 못 이기는 척 W 트레킹을 함께 하기로 했다. 볼리비아 우유니Uyuni에서 칠레 북부에 위치한 이키케Iquique에 들른 후 바로 W 트레킹의 베이스캠프인 푸에르토 나탈레스Puerto Natales로 한 번에 갈 계획을 세웠다. 결과적으로 틀어진 이 계획은 어쩌면 다행이었는지도 모른다. 이키케에서, 나라의 중간에 위치한 칠레의 수도 산티아고Santiago까지만 버스로 33시간이 걸렸다. 원래 계획대로라면 버스에서 며칠을 보냈어야 하는데, 상상만으로도 두렵다. 세계에서 가장 긴 나라의 위엄이다.

도둑맞은 2개의 배낭

시간은 많고 돈은 없던 우리는 멋도 모르고 며칠이 걸릴지 모를 버스 여행을 계획했었다. 하지만 산티아고가 발목을 잡았다. 이키케에서 푸에르토 몬트Puerto Montt에 들러 아르헨티나의 바릴로체Bariloche를 경유해 푸에르토 나탈레스에 도착하는 일정. 하지만 한 번에 가는 버스가 없었다. 버스를 갈아타기 위해 우선 산티아고로 향했다. 버스표를

여권을 재발급받으려고
증명사진을 새로 찍는 종학 씨

사고 곧 출발하는 푸에르토 몬트행 버스를 타기 전, 잠시 아이스크림을 사는 도중 종학 씨의 가방이 없어졌다. 쥐도 새도 모르게. 그것도 여권, 카메라 등이 들어 있는 작은 가방을 말이다. 버스표부터 취소했다. 여권도 없이 다른 도시로 이동하는 것은 무리였다. 경계심이 많아진 우리는 각자의 배낭을 깔고 앉아 대책을 강구하기 시작했다. 단 하나의 배낭만 깔고 앉지 못했을 뿐, 경계를 늦추지 않았다. 5분이 채 흘렀을까, 갑자기 어떤 아주머니께서 검은색 가방을 누가 훔쳐가는 것을 봤다며 우리에게 알려주셨다. 깔고 앉지 못했던 단 하나의 배낭, 정은 씨의 큰 배낭을 도둑맞은 것이다. 일단 정은 씨는 짐을 지키고 나와 종학 씨는 흩어져서 산티아고 터미널 이곳저곳을 뛰어다녔지만, 배낭을 찾을 수는 없었다. 결국 여권 재발급, 트레킹을 위한 재정비를 위해서라도 산티아고에 '반강제적'으로 머물 수밖에 없었다.

옷 가방을 도둑맞아 종학 씨와 내 옷을
빌려 입고 쇼핑해야 했던 정은 씨

눈 뜨고 코 베인 곳, 산티아고

불안정한 치안으로 유명한 남미에서 그동안 너무 마음을 놓고 다녔나 보다. 누구를 탓할 수도 없는 노릇이다. 얼굴도 모르는 소매치기를, 아주 잠깐 부주의했던 우리를 탓하고 있기에는 이미 벌어진 일이었다. 결국, 산티아고 터미널에서 잠깐 부주의했던 5분 때문에 우리는 산티아고에서 5일을 머물러야 했다. 여권을 잃어버린 종학 씨는 증명사진도 새로 찍고 한국 대사관으로 가서 다시 여권을 만들어야 했다. 옷을 잃어버린 정은 씨는 트레킹을 앞두고 운동화와 많은 옷을 전부 새로 사야 했다. 물가도 가장 비싼 칠레에서 말이다. 눈 뜨고 코 베이는 곳은 서울이 아닌, 산티아고였다.

칠레 토레스 델 파이네

CHILE TORRES DEL PAINE

96시간, 그 가슴 벅찬 기록

24시간

최소한으로 줄인다고 줄인 짐이 생각보다 무겁다. 하지만 아무래도 3~4인용 텐트가 들어 있는 종학 씨 가방이 가장 무거울 것이다. 미안한 마음이 앞서지만, 뒤처지지 않는 것만 해도 트레킹에 능숙한 정은 씨와 종학 씨를 도와주는 것이란 생각에 짐 욕심은 내지 않기로 했다. 아침 일찍 푸에르토 나탈레스를 출발해 그레이 호수Lago Grey를 건너 드디어 출발점에 섰다. 완주할 수 있을까? 낙

장불입, 퇴로는 없다. 들어온 길은 있어도 탈출할 길은 없다. 마음을 다잡았다. 내 가슴속에는 산이 있다. 넘어야 할 산이다. 늘 과정이 중요하다며 중간에서 포기했던 것을 합리화했던 과거라는 산이다.

첫날의 목적지인 그레이 캠핑장까지는 11km를 걸어야 했다. 변화무쌍한 파타고니아의 날씨, 맑은 날은 바라지도 않았다. 그저 비만 내리지 않기를 빌었다. 다행히 비는 내리지 않았지만, 온통 구름으로 뒤덮인 토레스 델 파이네. 김이 빠졌지만 어쩔 수 없다. 바람도 거셌다. 쉽게 자신의 몸을 밟게 하지 않겠다는 산의 의지, 하지만 이번만큼은 나도 질 수 없다. 거센 바람이 얼굴을 휘감아서 옷을 입고 모자를 쓰면, 걷는 도중에는 땀이 났다. 그러나 땀을 식히려 옷과 모자를 벗으면 바람에 살이 에는 것 같았다. 옷을 입고 벗기를 수차례 반복했다. 내 머리카락조차 짐처럼 느껴졌다.

3시간을 쉬지 않고 걸어 드디어 그레이 빙하가 정면으로 보이는 전망대에 도착했다. 하늘에서 쏟아지는 듯한 빙하, 페루의 파스토루리Pasto Ruri 빙하와는 양부터 달랐다. 압도적이다. 빙하는 하늘을 흠모한 나머지 하늘의 모습을 빼다 박았다. 파스토루리의 빙하가 청아한 하늘을 닮아 눈 시린 푸른색을 가졌다

면 그레이 빙하는 심술 궂은 파타고니아의 하늘을 닮아 탁한 빛깔을 가졌다. 게다가 빙하에서 불어오는 바람은 지금까지 맞섰던 바람과는 차원이 달랐다. 제대로 서 있는 것조차 어렵게 하는 거센 바람도 파타고니아의 심술궂은 하늘을 닮았다. 처음부터 쉽게 모습을 보여주지 않으니, 생긴 건 오기다. 궂은 날씨, 거센 바람. 이겨내고야 말겠다.

그레이 빙하 전망대에서 캠핑장으로 가는 길, 이번에는 험한 산길이 합세했다. 완만하게 이어지던 길은 갑자기 가팔라진 경사로 우릴 맞았다. 먹은 것이라고는 비스킷 몇 조각과 초콜릿 몇 개뿐이니 짐도 딱 그만큼 줄었을 거다. 3박 4일의 일정 중 아마 가장 무거운 짐을 지고 심술궂은 산길을 오르고 내리는 길에서, 첫날의 '빵빵한' 체력은 온데간데없어졌다. 오르막에서는 지옥을 느끼고 내리막에서는 천당을 느끼며 2시간을 걸어 드디어 캠핑장에 도착했다.

좋은 자리는 먼저 도착한 사람들의 차지였다. 빈자리 중에서 좋아 보이는 곳을 찾아보지만 우리는 모두 캠핑 초보. 초보의 눈에 '명당'이 보일 리 없다. 대충 땅이 편평한 곳을 골라 텐트를 쳤다. 3~4인용이라 넉넉할 것이라던 여행

사 직원의 말과 다르게 세 명이 앉아 있기에도 빠듯했다. 서둘러 짐 정리를 하고 저녁 식사를 준비했다. 취사가 가능한 캠핑장의 공동 주방, 다들 간단하게 야채와 수프 정도만 먹고 있는 사람들 속에서 우리는 진수성찬을 차렸다. 밥, 간장, 고추장, 소시지. 한국 사람은 뭐니뭐니해도 '밥심' 아니겠는가. 3부 능선을 무사히 넘은 우리에게 주는 선물이다. 꿀맛 같은 저녁 식사를 마치고 좁은 텐트 속으로 들어가 일찍 몸을 눕혔다. 몸은 피곤했지만, 잠이 오지 않았다. 페루에서부터 온종일 붙어 다니면서도 뭐 그리 할 말이 많은지, 이야기는 끊이지 않았다. 지구 반대편, 신기하고 낯선 곳을 공유할 수 있어 행복하다. 이곳에서 만나지 못했다면 같은 나라에 살면서도, 어쩌면 평생을 모르고 살았을 우리는 이렇게 좁은 공간에서 서로의 숨을 나눈다. '함께'라는 것이, 좋다.

48시간

좁은 텐트, 불편한 침낭이었지만 꿈도 안 꾸고 잘 잤다. 게으른 우리, 약속이나

한 듯이 아침 8시가 넘어서 일어났다. 졸린 눈을 비비고 텐트 밖으로 나가니 밖이 휑했다. 다들 아침 일찍 출발했는데, 우리는 아직 아침도 못 먹었다. 한국인의 아침, 산에서도 역시 거했다. 아침부터 밥을 짓고 수프를 끓여 고추장에 쓱쓱 비벼 먹으니 전날의 피로가 가시는 듯했다. 텐트를 정리하고 멀리서만 봤던 그레이 빙하를 가까이서 보기 위해 늦은 발걸음을 재촉했다. 짐이 없으니 몸이 한결 가벼웠지만, 그렇다고 해서 오르막길이 마냥 쉽지만은 않았다. 결국, 가까운 전망대에 간 것으로 만족해야 했다. 하지만 산 정상에서 쏟아져 내려오는 듯한 그레이 빙하의 위엄은 먼 거리에서도 충분히 느낄 수 있었다. 빙하의 본류에서 떨어져 나온 작은 빙하들은 전날 멀리서 봤을 때만 해도 눈에 띄지 않을 정도로 작은 크기였는데 가까이서 보니 바위섬처럼 컸다. 탁한 빛깔의 호수에 떠 있는 상대적으로 눈부신 색깔의 빙하 조각. '아기 공룡 둘리'는 아마 이 빙하를 타고 내려오지 않았을까.

산에서의 하루는 도시에서의 하루보다 빠르게 시작한다. 그런데 늦게 일어나, 빙하까지 보고 온 우리는 늦어진 일정에 한시가 급했다. 다음 목적지는 이탈리아노 캠핑장. 전날 온 길을 되돌아가 선착장에서도 한참을 가야 했기 때문

빙하 전망대

에 걸음을 재촉했다. 이동 거리 18.6km. 다행히 경사가 급한 오르막이나 내리막이 없었다. 전날 충분히 봤다고 생각했던 풍경은 새로운 모습으로 우릴 반겼다. 산은, 볼 때마다 다른 모습을 선사했다. 마음가짐에 따라서, 빛의 각도에 따라서 시시각각 다른 모습을 뽐냈다. 거대한 자연 앞에서 인간은 작은 존재임을 깨닫는다. 고된 산행의 길에서 지나치는 모든 사람이 반가웠고, 도움이 필요하다면 내 것을 계산하지 않고 내어줄 수 있었던 여유는 모두 이러한 깨달음에서 나온다. 산행의 묘미는 아름다운 풍경이 아닌 사람과 사람 사이에 싹트는 동질감이다.

늦게 출발했던 탓에 체력이 떨어져도 쉴 수 없었다. 빠르게 걸음을 옮기며 초콜릿으로 에너지를 보충하며 겨우 도착했다. 도착한 시간은 밤 10시 30분. 밤 10시가 되어서야 해가 지기 시작하는 여름의 파타고니아이기 때문에 가능한 일이다. 이미 어두워진 이탈리아노 캠핑장. 무료 캠핑장인 탓에 시설이 좋지는 않았지만, 어차피 산속에서 아늑함을 기대하지는 않았다. 랜턴과 휴대전화를 이용해 겨우 불을 밝히고 텐트를 쳤다. 그래도 한 번 해봤다고, 텐트 치는 것이 전날보다는 빠르고 능숙하다. 밥까지 만들어 먹고 자정이 되어서야 겨우 몸을 눕혔다.

피곤함에 잠이 쏟아졌지만, 가슴이 뛰어 쉽게 잠들 수 없었다. 이미 두 번의 산행을 포기했기 때문에 자신감이 바닥을 쳤던 상황. 내가 과연 할 수 있을까, 가서 정은 씨와 종학 씨에게 짐만 되지 말자, 만약 또다시 포기하면 어쩌지. W 트레킹을 가기로 결심한 후, 하루도 빠먹지 않고 고민했던 날들이 생각났고 아직 완주하지는 못했지만, 이틀씩이나 둘에게

짐이 되지 않고 너무도 잘해낸 나 자신이 대견스러웠다. 이미 물집이 잡힌 발, 딱딱한 바닥 위에 몸도 제대로 피지 못하는 침낭 속이었지만 오히려 그 불편함이 좋았다. 하루가, 한 시간이, 일 분이 가는 것이 아깝다.

72시간

어쩜 한 사람도 빠짐없이 이렇게도 게으를까? 결국 우리는 이날도 늦게 일어났다. 서둘러 준비하고 프란세스 전망대Mirador Francés로 향해야 할 시간에 가느냐, 마느냐를 두고 실랑이까지 벌였다. 결국 '마느냐'의 승리. 이왕 이렇게 된 김에 잠이나 더 자기로 하고 점심시간까지 잤다. 어쩜 한 사람도 빠짐없이 이렇게도 천하태평일까? 사실 산에서 오후에 산행을 시작하는 것만큼 위험한 일도 없다. 언제 해가 질지 모르기 때문이다. 그런데 우리는 일어나서 밥을 만드는 데도, 밥을 먹는 데도 태평스러웠다. 식사 후 커피까지 끓여 마시고 나서야 채비를 시작했다. 대부분의 사람들이 도착할 시간, 우리는 그제야 다음 목적지를 향해 출발했다.

마지막 밤을 보낼 곳은 칠레노 캠핑장이었는데 20km 가까이 걸어야 했다. 지름길Short-cut이 있었지만, 그 어느 때보다 힘든 길이었다. 대부분 오르막길, 짐도 전보다는 훨씬 가벼웠지만 문제는 체력이었다. 숙면을 취했다고 생각한

건, 단지 피곤함을 이기지 못하고 곯아떨어진 데서 온 착각 때문이었다. 몸을 움직이기도 힘든 좁은 침낭 속에서 모든 피로를 씻어내기란 역부족이었다. 시간이 지날수록 발의 무게가 천근만근처럼 느껴졌다. 설상가상으로 발에 잡힌 물집도 계속 신호를 보냈다. 잠깐 짬을 내어 발을 확인하니 커질 대로 커진 물집. 주머니칼로 물집을 터뜨리고 휴지로 대충 감싼 후 다시 일어났다.

'포기'라는 녀석은 집요했다. 그리고 달콤했다. '언제부터 내가 트레킹을 했어? 난 원래 이런 것과 어울리지 않아. 이쯤에서 그만두자.'라는 녀석의 유혹은 독했다. 맞다. 나는 평생 산과는 어울리지 않는 사람이었다. 하지만 평생 그렇게 살았다고 해서 앞으로도 포기를 밥 먹듯이 하며 살라는 법은 없다. 이를 꽉 물었다. 전날과는 비교도 안 될 정도로 힘들었다. 한 사람이 겨우 갈 수 있는 길, 한 걸음만 잘못 디뎌도 천 길 낭떠러지다. 게다가 거센 바람이 정면으로 불어댔다. 어느덧 풍경은 눈앞에서 사라졌고, 생각은 머릿속에서 없어졌다. 걷는 데에만 집중했다. 입에서 단내가 나고도 한참 지나 목적지에 도착했다. 당연히 제일 늦게 도착했다. 칠레노 캠핑장에는 다행히 이미 만들어진 텐트가 있어서 짐을 던져놓고 주린 배를 달랬다.

자기 전, 몇 시간이고 수다를 떨던 우리. 이날만큼은 바닥에 머리를 대자마자 곯아떨어졌다. 내가 너무 힘들어했기 때문에 힘들다는 말 한마디 못했을 친구들. 이 두 사람 덕분에 어쩌면 평생을 몰랐을 트레킹 후의 기분 좋은 피곤함을 만끽했다. 혼자였다면 엄두도 못 냈을 트레킹, 이것을 가능하게 한 친구들은 내겐 행복이고 행운이다.

96시간

텐트가 쳐진 곳은 흙 바닥이 아닌 평상 위였다. 땅의 습기가 침낭 속까지 파고들어 개운하게 잠을 잘 수 없는 흙 바닥과 다르게 평상 위에서의 하룻밤은 상쾌함을 가져다주었다. 시간 배분에는 영 '젬병'이었지만 식량 배분만큼은 잘했다. 정확하게 먹을 양이 남아 있었다. 아침 식

사를 하고 토레스 델 파이네의 상징이라고 할 수 있는 '삼봉'을 보기 위해 길을 나섰다. 푸에르토 나탈레스로 돌아가는 날이었기 때문에 시간적 여유가 많지 않았다. 잠시라도 지체하다가는 하룻밤을 더 이곳에서 보내야 했다. 마음은 급한데, 발걸음이 따라주지 않았다. 아무래도 전날 너무 무리를 했나 보다. 안 좋은 컨디션으로 겨우 입구까지 갔는데 거대한 바위산이 앞을 가로막고 있었다. 갑자기 밀려드는 두려움, 그리고 낯설지 않은 기시감. 그랬다. 페루 69 호수 트레킹에서 거대한 마지막 산을 하나 남겨두고 나는 포기했었다. 미약하게 남은 의지마저 짓누르고 있는 거대한 바위산. 마지막 고비를 넘기지 못하고 포기를 밥 먹듯이 하며 살아온 내게 신은 한 번 더 기회를 주셨다. 다리는 이미 후들거리고 스틱을 쥐고 있던 손도 이미 떨리고 있었다. 다들 천천히 친구들과 이야기를 나누며 오르는 사람들 속에서, 나는 너무 비장했다. 정은 씨와 종학 씨에게 먼저 올라가라고 했다. 만약 오르지 못해 보지 못하더라도 나는 괜찮으니, 보고 내려오라고. 그리고 혼자만의 산행을 시작했다. 그간의 고생은 아무것도 아니었다. 비교도 되지 않을 정도의 가파른 경사, 게다가 발이 자꾸 미끄러지는 바위산. 먼저 출발한 정은 씨와 종학 씨의 모습은 이미 보이지 않은 지 오래, 포기하고

싶었다. 잠깐 걸음을 멈추고 생각했다. 포기는 쉽다. 내려가서 친구들을 기다리고 버스를 타고 푸에르토 나탈레스로 돌아가면 된다. 하지만 포기 후 내가 또다시 감당해야 하는 자괴감이 두려웠다. 살다 보면 잊힐 자괴감이겠지만, 언젠가 또 도전의 상황이 닥칠 때 나는 버릇처럼 포기의 손을 잡을 거란 확신이 두려웠다. '젖 먹던 힘까지' 모아 다시 일어났다. 이곳에서 하룻밤을 더 자는 한이 있더라도 오르고야 말겠다. 숨이 몰아치는 가슴을 주먹으로 치며, 후들거리는 다리를 손으로 주물러가며 온 힘을 다했다. 그리고 삼봉에 도착했다. 구름에 가려 온전한 삼봉은 보지 못했지만, 풍경 따위는 이미 안중에서 사라진 지 오래. 그 순간 오직 중요한 건 해냈다는 사실이었다. 왈칵 눈물이 났다. 내가 올 것이라고는 상상도 하지 못했다던 정은 씨와 종학 씨. 보자마자 우리는 서로 껴안고 벅찬 감동을 나눴다.

푸에르토 나탈레스로 돌아가는 버스 시간에 맞추기 위해 서둘러 하산했다. 이번에는 정은 씨의 무릎에 신호가 왔다. 식량을 해치워 가벼워졌다지만 침낭과 여러 집기가 들어 있던 배낭은 여전히 무거웠다. 평지도 걷기 힘든 상태에서 무거운 배낭을 메고 역시 끝까지 포기하지 않고 내려온 정은 씨에게도 완주의 성취감과 감동이 함께하길 바란다. 여자 둘을 인솔하며 텐트와 무거운 것들을 도맡은 종학 씨의 3박 4일도 그의 인생에서 가장 빛난 시간이었길 바란다.

삼봉

내 안에 '똥개'를 만들다

내가 미처 듣지 못했던 외침

예전에 들은, 세세하게 기억나지 않는 라디오 사연. '취업 준비생'인 어떤 청취자가 등산을 하다가 힘들어서 중간에 퍼져 쉬고 있을 때 옆을 지나가던 똥개를 봤더란다. 그 똥개를 보고는, 한낱 똥개도 산을 오르는데 인간인 내가 못 오를까 싶어서 이를 악물고 끝까지 올랐고 이 경험이 인생을 살아가는 데 큰 도움이 됐다는 사연. 자격증도 따고, 취업에 성공도 했다는 훈훈한 이야기.

여러 번 이야기했지만 난 등산에 젬병이다. 그리고 굳이 등산에서 의미 따위는 찾고 싶지 않은 사람이기도 하다. "어차피 내려올 산, 뭐하러 힘들게 올라가?" 하는 것이 등산을 바라보는 내 시각이다.

끝내주는 풍경이 트레킹을 풍요롭게 할 것이다? 콜롬비아에서부터 안데스 산맥을 따라 내려오면서 이미 턱관절이 탈골될 만큼 아름다운 풍경을 이미 많이 본 내게, 굳이 그 힘들고 싫어하는 일을 하면서까지 멋진 산을 보는 것이 가치가 있는 것일까? 게다가 잘 곳(텐트와 침낭)과 먹을 것까지 전부 준비해서, 3박 4일 동안 짊어지고 다녀야 한다는 그 험한 길을?

페루의 콜카캐니언에서 트레킹을 포기한 후, 자괴감을 느꼈다고 고백한 바 있다. 당시 느꼈던 자괴감이야, 한순간이었지만 그 후로도 머릿속을 떠나지 않는 생각이 한 가지 있었다. '나는 과연 한 번뿐인 내 인생을, 죽는 날 부끄럽지 않도록 열심히 살았을까?' 반추해보니 '대강대강 이 정도면 열심히 한 거야, 과정에 의미가 있는 거야.'라며 살아왔다. 간절히 원하던 한 회사의 입사 시험에 낙방하고 나서도 더 이상 열심히 할 수는 없었다고, 그래서 포기했어도 후회는 없다고. 다이어트를 할 때도 이 정도가 최선이야, 그냥 내 몸을 사랑하자고. 여행 중 69 호수는 못 봤지만 가는 길의 풍경이 아름다웠으니 그걸로 됐다고. 콜카캐니언을 올라오는 길 중간에 말을 탔지만, 나는 평지를 잘 걸으니 오르막 정도는 못 할 수도 있는 거라고 등등.

수없이 많은 자기 합리화 속에서 자신에게 핑계를 대며 난 내 소중한 인생에 '그딴 식'으로 임했던 것이다. 핑곗거리를 준비했다는 건 과정에 자신 없다는 마음속 절규이자 외침이었을 텐데, 나는 그 소리를 미처 듣지 못했다.

'오버'하며 임한 산행길

다른 사람들, 풍경도 볼 겸 룰루랄라 즐겁게 가는 산행길을 나는 내 인생을 걸고 갔다. "이번에 또 포기하면 나는 앞으로 아무것도 할 수 없을지도 몰라." "이번에 포기하면 난 앞으로도 대강대강 인생을 살고, 그 정도면 족했다며 나 자신에게 면죄부를 주면서 살게 될 거야." 내가 생각해도 낯부끄러울 만큼 진지하게 '오버'하면서 임했던 토레스 델 파이네Torres del Paine W 트레킹. 중간에 힘들어서 포기하고 싶은 순간, 물론 있었지만 이 악물고 해냈다. 양쪽 엄지발가락에 트레킹을 하며 생긴 물집 때문에 며칠간 걷는 것이 불편하면서도, 이 영광의 상처들이 없어질까 오히려 아쉬웠다.

한 번의 산행으로 앞으로의 내 인생이 얼마나 획기적으로 바뀌겠느냐마는, 그래도 전처럼 쉽게 포기하지 않고 그럴싸한 말로 부족했던 노력을 포장하지 않으리란 자신감은 생겼다. 이왕 진지했던 김에 조금만 더 '오버'하자면 인생의 전환점 정도? 비록 고된 등산길에서 한 취업 준비생을 자극했던 똥개를 직접 보지는 못했지만, 토레스 델 파이네 트레킹은 마음속에서나마 항상 '똥개'와 함께 할 수 있는 계기를 만들어줬다.

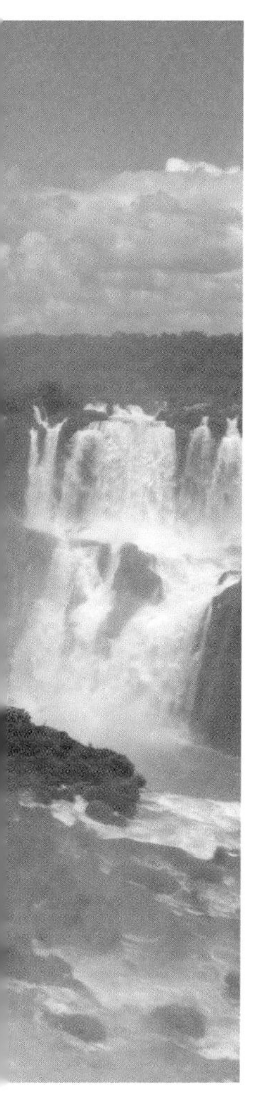

아르헨티나
ARGENTINA

안녕Hola과 안녕Chao 사이

안녕, Chao

페루에서 만나 볼리비아, 칠레, '세상의 끝' 우수아이아Ushuaia까지. 긴 여정을 함께하며 때로는 같이 웃고 때로는 같이 울던 친구들을 배웅하고 난 후, 혼자 남은 호스텔에서 습관처럼 물통에서 입을 떼고 마시려다 이제는 입을 대고 마음껏 마셔도 되는 걸 깨닫고 갑자기 밀려드는 허한 마음에 아무것도 할 수 없었다. 원래 혼자 여행할 계획이었고, 혼자 잘 해왔으면서도 불현듯 스며든 외로움이 낯설다. 하필, 세상의 끝에서 이별이라니.

얼마 지나지 않아 허전함은 익숙함으로 변할 것이다. 혼자인 것에 금방 적응하고 때로는 함께하는 것에 불편함을 느낄지도 모른다. 앞으로도 여러 번, 누군가를 만나 반갑게 안녕Hola을 외치고 헤어지며 아쉽게 안녕Chao이라고 말할 것이다. 여행은 어쩌면 안녕으로 시작해 안녕으로 끝나는 간단한 소설일지도 모른다.

안녕, Hola

남미 여행 계획을 공표한 후, 친구들은 물었다. "남미에 가서 무엇을 보고 싶은데? 어디에 갈 거야?" 정말 아무런 계획이 없던 나는, "보고 싶은 것, 가고 싶은 곳은 잘 모르겠고 좋은 사람들 많이 만나고, 보고 올 거야."라고 대답했었다. 그 대답이 부끄럽지 않도록, 내 소설의 기승전결과 줄거리를 완성시켜 준 것은 안녕과 안녕 사이에 존재했던 수많은 사람들이다. 하루에도 몇 번씩 내뱉었던 안녕이라는 말이 특별하게 느껴지는 건, 지금의 이별이 곧 새로운 만남을 가져다주리란 걸 알기 때문은 아닐까.

바람 속에서 잠을 자고, 바람과 함께 걷다

나도 모르던 내 안의 등산 본능

동네 앞동산이나 에베레스트 산이나 똑같이 어려워하는 내가 '산을 좋아하고 트레킹을 좋아하는 사람'으로 유전자 세탁을 한 곳이 바로 칠레의 토레스 델 파이네였다. W 트레킹 이후 산의 매력, 그리고 트레킹과 캠핑의 매력에 푹 빠져 다음으로 향했던 엘 찰텐El Chaltén에서 피츠로이 트레킹과 캠핑을 선택한 건 어쩌면 당연한 것이었다. 솔직하게 말하면, 사실 고민은 좀 했다. 굳이 캠핑이 아니더라도 피츠로이의 절경을 체험할 수 있는데, 굳이 짐을 다 짊어지고 캠핑을 해야 할까를 말이다.

정은 씨, 종학 씨와는 이미 우수아이아에서 안녕을 고한 상태. 텐트와 식량을 등에 지고, 혼자 텐트를 치고 하루를 보낸 후 무사히 돌아올 수 있을지 걱정이 됐다. 캠핑까지는 하지 말자는 악마의 속삭임이 자꾸 날 흔들었다. 흔들림에 휘청이며 타협안을 생각해냈다. 엘 찰텐에서 장비를 빌리는 값이 비싸면 캠핑은 포기하자고. 하하하, 악마는 언제나 지게 돼 있다. 침낭, 텐트, 매트까지 빌리는 데는 단돈 90페소였다. 한국 돈으로 만 원 정도. 어쩌겠나. W 트레킹을 한 지 일주일도 채 지나지 않아 발에는 아직도 물집이 잡혀 있고 걸을 때도 무릎이 아팠지만, 악마에게 지기는 싫었다. 다만 걱정되는 것은 날씨였다. 워낙 변화무쌍한 파타고니아의 날씨. 구름이 걷힌 선명한 피츠로이 봉우리를 볼 수 있느냐 없느냐의 1차원적인

피츠로이 트레킹 풍경

문제가 아니었다. 천 쪼가리[텐트] 하나에 의지해서 잠을 자고, 살아 돌아올 수 있느냐 없느냐에 대한 생존의 문제였다. 그런데 날씨가 좋았다. 또다시 고생할 내 몸에 미안했지만 보통 날씨가 흐려 자신의 모습을 허락하지 않는 피츠로이마저도 맑은 날씨를 동원해 내 캠핑을 환영하고 있었다. 날씨가 조금 나빴더라도 일단 정한 마음, 무리해서라도 갔을 텐데 날씨마저 이렇게 화창한 것은 퇴로가 아예 없다는 거다. 그래, 가는 거야!

피츠로이와 나만 아는 약속

초입에서 20분 정도 오르막이 있었지만, 대부분은 평지였다. 하지만 평지라도 등에는 짐이 한가득, 이야기할 친구 없이 홀로 외로운 길을 걷는 것은 쉬운 일이 아니었다. 그래도 다행이었던 것은 그림 같은 풍경이 내내 나와 함께했다는 점이다. 예술 작품을 보며 혼자 걷다 보니 엉뚱한 상상은 자유였다. 만약 컴퓨터 게임처럼 지구를 지도 삼아, '심시티'를 한다면 인간은 이런 풍경을 만들 수 있을까? 불가능할 것이다. 지구를 빚은 신의 창의력을 인간은 결코 따라가지 못할 거라고, 이 길을 걸으며 결론지었다. 이렇게 쓸데없는 생각을 하면서 하염없이 걷고 있는 와중에 갑자기 피츠로이가 나타났다. "대박!" 육성으로 외쳤다.

피츠로이

피츠로이 앞에서

그 장소에 가기 전까지는 모른다는 파타고니아의 날씨. 맑은 엘 찰텐의 날씨를 보고서도 확신할 수 없었던 피츠로이의 날씨. 어떤 여행자들은 선명한 봉우리를 보려고 몇 날 며칠을 엘 찰텐에 머물며 피츠로이를 볼 수 있을 때까지 매일 트레킹을 한다던데, 나는 그 모습을 한 번에 '딱' 봤다. 더 가까이서 보기 위해 발걸음을 재촉했다. 기분이 좋으니, 배낭도 가볍게 느껴졌다.

3,375m나 되는 거대한 봉우리가 가는 길 내내 각도나 지형에 따라 숨었다가 다시 모습을 드러내기를 반복했다. 마치 숨바꼭질을 하는 것만 같아 심심할 틈이 없었다. 트레킹이라고는 하지만 대부분 평지라서 다른 어떠한 트레킹보다는 쉽게 도착할 수 있었다. 도착한 캠핑장에는 당일 일정으로 왔다가 갈 수도 있기 때문인지 텐트가 몇 개 없었다. 혼자 힘으로 내가 잘 곳을 마련했다. W 트레킹에서 몇 번 해본 솜씨가 나름, 일품이었다. 그런데

못이 1개 부족했다. 게다가 배낭까지 넣으니 1인용 텐트는 생각보다 훨씬 작았다. 침낭을 깔고 누우니, 여유 공간이라고는 전혀 없었다. '잘 때 바람 안 불 거야. 그리고 어차피 침낭 속에서 자면 뒤척이지도 못하니 괜찮아.'라고 나 자신을 안심시키며 커다란 돌로 못을 대신했다.

캠핑장은 최종 목적지가 아니었다. 피츠로이를 가까이 보기 위해서는 가파른 오르막길을 1시간 이상 올라야 했다. 하지만 걱정하지 않았다. W 트레킹을 완주했다는 자신감을 가진, 그리고 잘 곳을 지척에 가진 자가 아닌가! 게다가 이제는 짐에서도 자유로운 몸이다. 밤 10시가 되어서야 해가 지는 파타고니아를 믿고 느리게 모든 풍경을 눈에 꾹꾹 눌러 담으며 천천히 올랐다. 마침내 눈앞에서 마주한 피츠로이. 생각보다 멀리 떨어져 있었지만 위용을 느끼기에는 충분했다. 피츠로이의 만년설이 만든 호수는 오랜 세월을 그대로 담아낸 듯한 깊은 푸른빛이었다. 영롱한 수평의 호수와 하늘을 향해 수직으로 솟은 피츠로이는 묘하게도 조화를 이뤘다. 한참을 바라봤다. 토레스 델 파이네에서는 가슴속에 있는 산을 넘었고 이곳, 피츠로이에서는 다시 가슴속에 산을 만들었다. 스페인어 공부를 꾸준히 하겠다는 다짐의 산, 가족과 친구에게 잘해야겠다는 약속의 산 등등. 말이 없는 피츠로이와 나만 아는 약속이지만, 꼭 지켜야 할 것만 같았다. 그런데 갑자기 구름이 심상치 않다. 누가 변화무쌍한 파타고니아 땅이 아니랄까 봐, 불과 몇 분 전까지만 해도 맑

았던 날씨가 또 심술을 부리기 시작했다. 서둘러 캠핑장으로 향하는 길, 아니나 다를까 비가 내리기 시작했다. 캠핑장에 도착해 텐트로 들어가 비를 피했다. 텐트를 때리는 빗소리가 경쾌했다.

바람 속에서 잠을 자고 바람과 함께 걷고

양치만 겨우 한 찝찝한 상태였지만, 트레킹의 고단함 앞에서는 문제 될 것이 없다. 몇 명이 거쳐 갔는지 가늠조차 되지 않는 해진 침낭 속에서 바로 잠에 곯아떨어졌다. 평소에도 잠 하나만큼은 남 부럽지 않게 잘 잔다고 자부했던 나, 텐트에서의 하룻밤은 그런 내게도 녹록지 않았다. 새벽이 되자 파타고니아는 바람으로 존재감을 뽐내기 시작했다. 못도 1개 부족해서 임시방편으로 돌로 고정해 둔, 외피도 없는 허술한 1인용 텐트가 요동치기 시작했다. 빌린 텐트가 찢어지지나 않을까 걱정에 잠을 이룰 수 없었다. '앞으로나란히' 자세로 요동치는 텐트를 붙잡아야 했기에 그 상태로 겨우 잠이 들었다. 팔이 내려오면 텐트가 흔들려 무의식중에서도 팔을 뻗어 텐트를 붙잡고 잠에서 깨기를 여러 번. 잤지만 잔 게 아니었다. 불편한 잠자리 때문에 일찍 눈을 떴지만 일출은 볼 수 없었다. 새벽부터 흐렸던 날씨는 결국 하루를 시작하는 피츠로이의 모습을 숨겼다. 구름에

세로 토레 전망대

가려져 전혀 보이지 않는 피츠로이, 전날 내가 본 것은 헛것이었나 싶을 정도로 털 끝 하나 보이지 않았다. 설상가상으로 엘 찰텐에서 준비해온 볶음밥이 상했다. 남은 건 초코바 하나뿐. 볼 것도 없고 먹을 것도 없어서 계획보다 일찍 다음 목적지인 세로 토레Cerro Torre로 향했다. 비까지 내리기 시작했다. 가랑비가 계속 내렸지만 우산도, 우비도 없었다. 외로운 길, 전날에는 그래도 맑고 화창한 그림 같은 풍경 속을 걸어서 외로움은 참을 수 있었는데, 세로 토레로 향하는 길은 흐린 날씨가 외로움을 더욱 부추겼다. 결국 도착해서도 구름 때문에 세로 토레의 모습은 볼 수 없었다. 그래도 바람의 땅에서 무사히 생존했으니 그걸로 됐다.

하루가 1년 같았던 트레킹의 마지막 목적지 세로 토레에 도착하고 나서야 느껴지는 피로와 허기. 엘 찰텐에 도착하면 소고기를 실컷 먹어야겠다는 일념으로 다시 배낭을 메고 신발 끈을 조였다. 세로 토레에서 멀어질수록 날씨는 맑아졌다. 혹시나 세로 토레의 모습을 볼 수 있을까 싶어 뒤를 돌아보니 여전히 구

엘 찰텐으로 돌아가는 길

름으로 뒤덮여 있었다. 참말로 심술 궂은 파타고니아. 해냈다는 마음에 걸음이 느려져 엘 찰텐에는 조금 늦게 도착했다. 소고기? 배낭보다 무거웠던 눈꺼풀을 이기지 못하고 잠들어버리는 바람에 결국 먹지 못했다. 다음 날 발을 보니 동전만 한 새로운 물집이 생겼다. 바람의 땅 파타고니아, 바람 속에서 잠을 자고 바람과 함께 걸었던 징표라고 생각하니 걸을 때마다 느껴지는 아픔마저도 기쁘다.

몸뻬

토레스 델 파이네 트레킹을 마친 후, 바로 우수아이아로 향했기 때문에 트레킹의 고단함이 그대로 묻어 있는 옷들도 우수아이아에서 빨아야 했다. 호스텔에 빨래를 맡겼는데 다른 것도 아닌 중요한 트레킹 바지를 호스텔 직원이 분실해버렸다. 무엇을 입을까 고민한 끝에 '남미 컬렉션'을 선택했다. 바로 몸뻬. 배낭, 웃옷, 신발, 모자 모두 트레킹에 어울리는데 유독 바지가 튄다. 그런데 웬걸, 바람도 잘 통하면서 따뜻하기까지 했다. 트레킹을 위해 태어난 몸뻬라고 해도 과언이 아니었다. 그런데 그렇게 편한 바지가, 계속 신경이 쓰였다. 다른 사람들은 '정상적인' 옷을 입고 있는데 나만 '틀린' 모습인 것 같아서다. 남들 시선을 신경 쓰기 시작하니 괜히 위축됐다.

나는 다른 사람의 시선에 맞추며 신경 쓰고 그렇게 살아왔나 싶었다. 아무도 내가 무엇을 입었는지, 관심조차 없는데 사람들의 눈길이 조금만 이상하다 싶으면 괜히 내 바지 때문인가 싶은 거였다. '나도 남에게 피해를 주지 않고 남도 나에게 피해를 주지 않았으면 좋겠다'는 합리적 개인주의를 지향하며 살았다고 생각했는데 외로운 산길에서 심연을 만나며 알게 됐다. 그것은 개인주의가 아닌, 혼자만의 '광장'에 들어가기 위한 장치였단 것을 말이다. 거친 산길에서 살아남기 위해 나에게만 신경 쓰기에도 바쁜 시간, '다른 사람들이 내 몸뻬를 이상하게 생각하는 건 아닐까?'라며 괜한 곳에 신경을 분산시키면서 내가 날 힘들게 했다. 사실 아무도 내게, 그리고 내 바지에 신경 쓰지 않는다. 그저 그들의 걸음에 충실할 뿐이다. 몸뻬 입고 트레킹 한 일로 '여행 덕분에 난 이렇게 나를 더 잘 알게 됐어! 난 성장한 거야!' 하는 것, 어쩌면 지나친 과장일지도 모른다. 하지만 아르키메데스가 '유레카'를 외친 곳도 목욕탕이 아닌가! 성장기가 지나도 한참 지난 나는, 여행의 길 위에서 이렇게 하루하루 조금씩 더 성장하고 있다.

아르헨티나 로스 안티구오스
ARGENTINA LOS ANTIGUOS

옛것의 사회

쉼표

그곳에 있을 때도 좋았지만 가끔은 떠나고 나서 더 좋아지고, 그래서 그리워지는 곳이 있다. 아르헨티나 파타고니아의 작은 마을, 로스 안티구오스Los Antiguos가 내게는 그런 곳이다. 정작 그곳에서는 딱히 한 일도 없는데 말이다. 세월 낚는 나그네처럼 느리게 다니는 여행자지만, 그래도 사이마다 빈칸은 필요했나 보다.

많은 여행자가 칠레로 가기 위해 잠시 들르는 로스 안티구오스에서는 터미널도 평화로운 휴식처였다. 숙소에 짐을 풀고 다음 목적지로 향하는 버스표를 사려고 들른 터미널에서 본 건 배낭을 메고 버스를 향해 '돌진'하는 여행자의 모습이 아니었다. 배낭을 베개 삼아 잔디밭에 누워 책을 읽고 친구들과 담소를 나누던 여행자들이었다. 그 어떤 터미널에서도 상상하기 힘든 풍경이다.

한가한 터미널

하염없이 걷다가 문득

칠레와 아르헨티나에 걸쳐 있는 부에노스아이레스 호수Lago Buenos Aires의 남쪽에 위치한 로스 안티구오스는 체리가 익어가는 마을이다. 매년 1월이면 체리 축제로 붐빈다는 이곳이, 내가 찾은 12월에는 평화로움 그 자체였다. 축제를 앞두고 토실토실하게 살이 오른 체리는 굳이 농장이 아니더라도 길거리 곳곳에서 볼 수 있었다. 주인 없는 체리 나무에서 체리를 한 알 따서 맛을 보니, 꿀맛이다.

호스텔에서 여독을 푼 후, 마을이나 구경하자는 마음에 슬슬 걸어 나왔다. 인포메이션 센터에서 받은 지도에는 3개의 전망대가 있었지만, 딱히 목적을 가지고 나온 것이 아니라 그냥 발길 닿는 대로 걸었다. 마침 호숫가로 향하던 길 중간에 우연히 전망대를 발견했다. 호수는 보이지 않고 마을 전경만 보이는 전망대였지만, 이곳 또한 로스 안티구오스라는 마을에 붙어 있으니 왠지 어울린다. 다시 마을로 내려와 하염없이 걷는 길, 큰 중심 대

전망대

로에서 조금만 눈을 돌려도 걷지 않고는 못 배길 예쁜 길 천지다. 하늘을 향해 뻗은 나무 사이로 난 흙길, 고개를 들면 푸른 하늘. 어떻게 그냥 지나갈 수 있을까? 트레킹을 하면서는 산에서 굶어 죽지 않기 위해 지도를 분석하고, 목적을 가지고 방문했던 도시에서는 길을 잃지 않기 위해 공부하듯 거리 이름을 기억해야 했지만, 이곳에서 지도는 필요 없었다. 지도는 고이 접어 가방에 넣은 지 오래다.

오랜만에 잔잔한 음악도 들으면서 천천히 걷다 보니 어느덧 부에노스아이레스 호수에 도착했다. 부에노스아이레스 호수는 큰 남미 대륙을 한 종이에 그리기 위해 많이 축소된 내 지도에도 그려져 있을 정도로 큰 호수다. 우수아이아에서 시작해 엘 찰텐, 엘 칼라파테El Calafate를 지나 로스 안티구오스까지 오면서 아름다운 호수는 이미 많이 봤는데도 도무지 질리지 않는다. 누군가는 낚시를 하고, 누군가는 조깅을 하고, 누군가는 그저 호수를 바라보고 있었다. '옛것'이란 이름의 마을, 로스 안티구오스에서는 여행자도 주민도 바쁜 현대사회가 아닌 느릿한 옛 사회를 살고 있었다.

여유를 만끽하는 사람들을 보며 내가 살던 옛 사회를 생각한다. 버스가 다니지 않는 길이 많아 걸어 다니던 통학 길, 재방송 보기가 쉽지 않아 늘 정해진

방영 시간까지 오매불망 기다려야 했던 만화영화, 단문의 문자 메시지에 마음을 꾹꾹 눌러 담아 보낸 말들. 친구와 학교까지 걸으며 고민도 이야기하고, 시간을 놓쳐 다시 보지 못하면 다음 날 '변사'를 자청한 친구의 재연을 듣고, 짧은 문장에 긴 사연을 담으려 모두가 시인이 됐던 옛 사회다. 옛것의 마을에서 깨달았다. 한시라도 급하게 목적지에 도착하려 차를 이용하면 교통 체증 때문에 더 늦어지고, 언제든 원하는 방송을 볼 수 있게 되면서 오히려 집중하고 보는 프로그램은 없어졌으며, '카카오톡'으로 인해 이야기의 양은 늘었지만 하루만 지나도 무엇을 말했는지 기억조차 나지 않는 그런 빠르지만 느린, 원했지만 소중하지 않은, 듣지는 않고 내 말만 하는 역설적인 사회를 살고 있었음을 말이다. 하루를 '살아 내는' 것에만 급급해 옛것의 소중함을 놓쳐 버렸다.

여행이 끝나면 나는 다시 바쁜 현대사회로 돌아갈 것이다. 눈에 담은 풍경에는 유통기한이 있어도, 가슴에 담은 풍경에는 한정된 시간이란 없다. 눈을 감으면 로스 안티구오스의 풍경이 선명하게 그려지지는 않지만, 가슴속에 새겨진 평화로운 시간이 선명하게 기억나는 걸 보면 말이다. 눈을 감으면 내가 살던 옛 사회가 선명하게 기억나지는 않지만, 가슴속에는 아직 따스했던 나의 옛 사회가 느껴진다. 언젠가 선명했던 기억이 희미해진다면, 언젠가 바쁜 사회를 살다가 문득 느리게 걷고 싶을 때면 나는 로스 안티구오스라는 작은 마을을 떠올릴 것이다.

아르헨티나 산 라파엘

ARGENTINA SAN RAFAEL

처음 마주한 북쪽의 아르헨티나

아르헨티나, 한국, 38배

여행 중 갑자기 집에서 연락이 왔다. 해결해야 할 일이 있는데 내가 밖에 나와 있으니, 위임장을 보내줘야겠단다. 일정이 꼬이는 건 차치하고서라도, 내가 있는 곳에서 한국 대사관이 있는 아르헨티나의 수도 부에노스아이레스까지는 버스로 22시간이 걸려 어렵다고 말하니 엄마는 내 말을 안 믿으신다. 하긴, 서울에서 부산까지 5시간이면 충분히 갈 수 있는 우리나라에서는 상상도 못 할 일이다. 면적이 한국의 38배가 넘는 아르헨티나는 그만큼 거대한 나라다.

사정이 이렇다 보니 이 나라, 북쪽에 사는 사람에게 바다란 쉽게 갈 수 있는 곳이 아니다. 나중에 북쪽에서 만난 친구들의 이야기를 들어보니, 한 명은 시간은 조금 더 걸리지만 브라질 해변이 아르헨티나 바다보다 예뻐서 그쪽으로 간다고 하고, 다른 한 명은 20시간이 넘게 1,660km를 달려 마르 델 플라타Mar del Plata로 간단다. 둘 모두에게 바다란, 정말 큰마음을 먹고 가야 하는 곳임은 분명하다.

산 라파엘 전경

이상한 별에서 온 여행자

북부에 사는 사람들이 '큰마음'을 먹지 못할 때, 차선책으로 선택하는 곳이 바로 산 라파엘의 바예 그란데Valle Grande다. 그리고 내겐 파타고니아를 벗어나 향했던 첫 도시다. 파타고니아에서만 근 한 달을 머물렀을 정도로, 그 아름다움에 푹 빠져 있었으니 아쉬움에 산 라파엘로 향하는 발걸음이 즐거울 수만은 없었다. 하지만 바예 그란데를 보고 나서는 비로소 아쉬움을 접고 아르헨티나 북쪽에 대한 기대감이 생겼다.

바예 그란데는 산 라파엘 시내에서 버스로 40분 정도 떨어져 있다. 아투엘 강Río Atuel을 끼고 달리는 길은 아름답고 청량했다. 드디어 도착한 바예 그란데.

파타고니아에서 이미 입이 쩍 벌어지는 아름다운 호수들을 많이 보고 왔는데도 감탄사가 절로 나왔다. 어떻게 티끌 하나 없는 쪽

빛의 물이 이렇게 높은 곳에 고일 수 있는 걸까? 호수를 끼고 매 순간을 감탄으로 채우며 주변을 거닐었다. 다만 문제는 쉴 만한 그늘이 없다는 것. 다른 관광객들은 전부 파라솔을 챙겨 와서 쉬면서 수영도 하는데 내게는 달랑 챙 모자 하나뿐이었다. 여행을 하면서, 딱 하루치씩만 까매지자고 결심하는데 이런 날은 사흘 치가 한 번에 탄다. 더군다나 전날, 인포메이션 센터에서 바예 그란데를 트레킹 코스라고 잘못 알려준 덕분에 신발은 답답한 트레킹화였다. 다들 수영복 차림에, 심지어 수상스키를 타는 사람들도 있었는데 나만 마치 이상한 별에서 온 행색이다. 그래도 내가 누군가. 몸뻬를 입고 피츠로이를 보고 온 나름 베테랑 여행자다! 즐길 건 즐겼다. 햇빛을 보니 옷이 잘 마를 것 같았고 마침 바지도 잘 마르는 재질이라 뒷일은 생각 안 하고 물속으로 뛰어들었다. 혼자 일상복 그대로 입고 물놀이를 하고 햇볕에 옷과 몸을 말리는 모습은 마치, 행색만큼이나 이상한 별에서 온 사람 같았으리라.

이 사람들, 배가 불렀네!

바다만이 가질 수 있는 아름다움도 멋있지만 바예 그란데 특유의 여유와 아름다움도 바다에 뒤지지 않았다. 게다가 아르헨티나의 와인 도시 멘도사Mendoza 만큼은 아니지만 산 라파엘 또한 와인으로 유명한 도시다. 포도는 익어가고, 와인은 달큼하며, 하늘을 담은 듯한 아름다운 호수가 눈앞에 있다. 이런 보석을 두고 바다의 '차선책'이라고 말하는 건 큰 땅덩어리에 빙하, 안데스, 대서양 등 온갖 아름다움을 독차지한, 이미 너무 많은 것을 가진 아르헨티나의 배부른 투정이다.

사람 구경하자고 먼 길을 떠나 오랜 시간 여행하는 내게 이런 풍경은, 사람으로 채울 수 없는 향수와 외로움을 채워주는 존재가 된다. 그리고 휴일 없이 일하는(돌아다니는) '여행 노동자'인 내게 휴일이 필요 없는 이유이기도 하다.

아르헨티나 코르도바
ARGENTINA CÓRDOBA

카우치 서핑 도전기

도전, 카우치 서핑!

이미 보고타에서 카우치 서핑을 통해 두 달간 가정집에서 머문 경험이 있지만, 완벽한 카우치 서핑이라고 보기는 어려웠다. 카우치 서핑의 매력은 여행 중 호스트카우치를 제공하는 사람의 집에서 며칠 정도 머물며 그 나라의, 그 도시의 문화를 배우는 것인데 보고타에서는 돈을 내고 '하숙'을 한 것이니 말이다.

여행 전 꼭 도전해보고 싶던 카우치 서핑을, 여행이 한참 진행된 후인 아르헨티나 코르도바에서 처음 시작했다. 페루에서부터 아르헨티나의 우수아이아까지 한국인 친구들과 함께였기 때문에 카우치 서핑을 할 수 없었다는 이유는 사실 핑계였다. 처음 만나는 사람의 집에서, 그것도 완벽하게 의사소통도 되지 않는 현지인과 지내야 하는 것에 도무지 용기가 나지 않았다. 무슨 대화를 해야 하는지, 정말 '공짜'로 지내도 되는지, 밥은 함께 먹어야 하는지, 관광은 함께해야 하는지. 시작조차 못 했으면서 머릿속은 복잡했다. 또한 '돈을 뜯겼다', '성적 모욕을 당했다', '문화 차이 때문에 싸웠다' 등등 심심치 않게 들리던 카우치 서핑에 대한 안 좋은 이야기에 잔뜩 주눅이 들었다. 그렇게 걱정만 하면서 아르헨티나에서 벌써 두 달을 보내버렸다. 더 이상 시간을 끌다가는 해보지도 못하고 돌아가야 할 것 같아서 용기를 내기로 했다.

사실 카우치 서핑이라는 것이 하고 싶다고 해서 할 수 있는 것도 아니고 결코 쉬운 일도 아니다. 내가 있어야 할 곳과 함께 지내야 할 사람에 대한 정보를 탐색하는 것만 해도 오랜 시간이 필요하다. 먼저 거쳐 간 사람들의 '후기'를 다 읽고 영어나 스페인어로 구구절절 나는 어떤 사람이고, 왜 당신의 집에서 머물기를 원하는가에 대해 쓰는 일에는 상당한 노력이 필요하다. 게다가 휴대전화가 없다면 메일이나 SNS를 통해서 연락해야 하니 매번 인터넷이 연결되는 곳을 찾는 것도 번거로운 일이다. 하지만 현지 친구와 깊은 우정을 나눌 수 있다는 매력은 이 모든 불편함을 감수하게끔 한다. 사람이 궁금해, 사람을 만나러 온 내 여행에서 카우치 서핑은 아무리 두렵고 걱정되는 존재더라도 언젠가는 꼭 도전해야 하는 것이었다.

코르도바 시내(성당)

코르도바에서 만난 첫 호스트, 니코

트레킹과 각종 투어로 바쁜 나날을 보낸 파타고니아, 와인에 흠뻑 젖어 행복한 시간을 보낸 멘도사를 거쳐 딱히 할 일이 없어 보이는 코르도바를 카우치 서핑의 첫 도시로 정했다. 멘도사에서부터 호스트를 찾고 여러 명에게 메시지를 보낸 결과, 드디어 니콜라스라는 친구와 연락이 닿았다. 머물 날짜와 만날 시간까지 정하고 나니 다시 걱정이 앞섰다. 이 친구와 무슨 이야기를 하지, 내 부족한 영어와 스페인어로 대화나 가능할까, 선물이라고는 열쇠고리 같은 기념품뿐인데 이걸로 '공짜 숙박'을 '퉁' 칠 수 있을까? 게다가 니코니콜라스는 남자잖아! 아직 만나기도 전이었지만, 걱정이 산더미였다. 하지만 원래 걱정은 일어나지도 않은 일에 넘치는 법이다. 어쨌든 주사위는 던져졌다. 멘도사에서 밤차를 이용해 코르도바에 가기로 하고 도착 시각을 니코에게 알려주니 흔쾌히 터미널로 마중을 나오겠다고 했다. 그동안 여행하면서 수많은 사람을 만났고, 좋은 기억을 함께 만들었고, 지속적으로 연락을 주고받는 친구들도 많이 만들었다. 걱정을 애써 억누르며 이번에도 늘 하던 것처럼 하자고 다짐하니 마음이 편해졌다.

이젠 너무나도 익숙한 버스에서의 하룻밤, 한 번도 깨지 않고 푹 자고 일어나 시계를 보니 니코와 약속했던 시간이 얼마 남지 않았다. 그런데 이정표를 보니 코르도바까지 족히 3시간은 걸릴 것 같았다. 터미널에서 나를 만나 집에 데려다 준 후 자신은 출근한다고 했던 니코. 내가 늦게 도착하면 무거운 짐 때문에 이동도 못 하고 터미널에서 니코가 퇴근하기만을 기다려야 할 수도 있겠다는 생각에 혼자 버스에서 발만 동동 굴렀다. 옆에 계신 할아버지께 휴대전화를 빌려 문자를 보내니, 괜찮다며 올 때까지 기다리겠다는 답신이 왔다. 좌불안석. 버스에서 내가 할 수 있는 일은 없었다. 결국 니코와 처음 만나기로 한 날, 하필 난생처음 카우치 서핑에 도전하는 그날, 약속 시간에 2시간이나 늦었다. 만나

니코와 주말 나들이

자마자, 인사를 건네기도 전에 늦어서 미안하다는 말만 몇 번을 했는지 모른다. 오히려 니코는 괜찮다며, 다행히 다니는 직장이 시간에 구애받는 일이 아니라며 나를 안심시켰다. 무거운 내 배낭을 번쩍 들고 차로 향하는 니코, 그렇게도 걱정했던 나의 첫 카우치 서핑. 느낌이 좋았다.

하길 잘했다

휴대전화, 버스 카드, 코르도바 지도까지 살뜰하게 챙겨준 니코 덕분에 편안하게 지낼 수 있었다. 니코가 일하는 낮에는 혼자 미술관에 갔고, 성당에 갔고, 동네를 산책했다. 그리고 니코가 퇴근하면 함께 현지인만 알 수 있는 외곽의 맛집을 다니며 맛있는 아르헨티나 음식을 먹었다. 한국과 아르헨티나 영화를 보고 각 나라의 음악을 들으며 맥주잔을 기울였다. 주말에는 니코의 가족을 만나 함께 식사하고 한국과 아르헨티나에 대한 진솔한 대화를 나눴다. 혼자 여행했다면 교통편만 알아보다 포기했을 산 로케 호수Lago San Roque에도 다녀왔다.

와인과 맥주 말고도 페르넷Fernet이란 술도 아르헨티나 사람들의 사랑을 듬뿍 받는다는 것을 알게 됐고, 코르도바 사람들은 탱고가 아닌 과르테토Guarteto라는 음악에만 춤을 춘다는 사실도 알게 됐다. 겁먹고 도전하지 않았다면 몰랐을 것들이다.

물론 난생처음 보는 사람의 집에서 지내는 것에 불편함이 아예 없지는 않았다. 화장실에 가는 것도, 아침에 일어나는 시간도 신경이 쓰인 것은 사실이다. 하지만 지금까지도 연락하며 좋은 우정을 쌓아가고 있는 니코와 나. 혼자 여행했다면 몰랐을 코르도바와 아르헨티나의 이야기는 그 모든 불편을 감수해야만 하는 충분한 이유가 됐다. 즐거운 시간을 보내고 다른 도시로 떠나기 위해 다시 찾은 터미널, 고마운 마음을 담아 작은 기념품과 엽서를 선물했다. 나를 만나러 꼭 한국에 오겠다는 니코와 '너'를 만나러 꼭 아르헨티나에 다시 오겠다는 우리의 눈에는 아쉬움이 가득 찼다.

생각해보면 딱히 한 일도 없다. 아르헨티나에서는 꽤 유명하다는 성당에 갔지만 인상적이지도 않았고, 미술관에 갔지만 기억나는 작품도 없다. 하지만 코르도바에서의 시간이 오랫동안 기억되는 것은 역시 그곳에 남기고 온 인연, 내 친구 니코 덕분이다. 성당의 모습도 사진을 보고 나서야 겨우 기억하는 내가 니코와 한 이야기는 시시콜콜한 것까지 전부 기억한다. 용기를 낸 대가는 이렇게 엄청났다.

마지막 날 니코와

입이 즐거운 나라, 아르헨티나

아르헨티나에서는 입이 즐겁다

아르헨티나에서 내가 기대한 건, 딱 두 가지였다. 탱고와 아사도Asado! 평소 맛집을 찾아다니는 것도 귀찮아하고, 여행하면서 그 나라 음식에는 별 관심도 없는 내가 아르헨티나의 아사도 만큼은 알고 있었을 정도로 난 육식주의자다. 남미의 소고기는 가격은 저렴했지만, 너무 질기고 맛이 없었던 터라 그 유명한 아르헨티나의 소고기에 대해서도 기대치를 줄이자고 다짐했다. 그리고 도착한 아르헨티나, 허름한 식당에서 특별한 양념도 없이 구워져 나온 소고기를 한 입 먹자마자 난 아르헨티나 소고기와 사랑에 빠질 수밖에 없었다.

아사도

로미토

샌드위치는 속 재료가 중요하단 걸 다시 한 번 느낀 곳도 바로 아르헨티나에서였다. 두꺼운 소고기를 통째로 빵에 끼워 먹는 아르헨티나식 샌드위치, 로미토Lomito. 고기가 맛있으니 샌드위치가 맛이 없을 수가 없다. 크게 입을 벌려도 좀처럼 한 번에 베어 먹을 수가 없는 크기다. 아침에 눈을 뜨자마자 고기를 먹을까, 로미토를 먹을까 매일 이런 행복한 고민을 해야만 했던 곳, 아르헨티나.

음식에 대한 학구열

호스텔마다, 관광지마다 고기 굽는 시설을 갖춰놓고 밤이면 밤마다 아사도 파티를 여는 아르헨티나. 사 먹는 것 말고 이 나라 사람들은 집에서 어떻게 고

알레호네서 바비큐 파티

기를 구워 먹나 궁금했던 차에 투쿠만에서 그 궁금증이 풀렸다. 코르도바에 이어 두 번째로 카우치 서핑을 통해 현지인의 집에서 머무르게 된 도시, 투쿠만. 호스트 알레호는 "궁금하면 해봐야지!"라며 직접 저녁에 아사도 파티를 열어줬다. 친구들을 부르고 맥주도 샀다. 2kg에 한국 돈으로 만 원도 안 되는 질 좋은 소고기를 통째로 구워 먹는 그 맛이란! 식당에서 먹는 것과는 또 달랐다. 알레호는 아르헨티나 사람이라면 고기 굽는 기술로 세계 어디서든 일자리를 구할 수 있을 거라며 큰소리를 떵떵 쳤다. 그 '허세'에 수긍할 만큼 알레호가 구워준 소고기는 일품이었다.

알레호와 함께

소고기로 운을 뗀 나의 '맛을 향한 학구열'에 알레호가 좋은 선생님이 돼주었다. 아르헨티나의 식 문화에서 빼놓을 수 없는 것 중 하나가 바로 마테다. 볼리비아 코파카바나, 태양의 섬으로 향하던 배 안에서 어떤 사람이 은銀 빨대로 무엇인지 모를 액체를 마시고 있길래 나는 배 위에서 대담하게 마약을 하는 것으로 오해했었다. 한국에서는 티백으로만 마셔서 어떻게 마시는지 몰랐던 것. 트레킹 길에도, 호수나 폭포에 놀러 갈 때도 큰 보온병과 마테 잔을 가져가는 극성스러운 마테 사랑. 알레호의 말에 따르면 가끔 공항에서 마약으로 오해받는 일도 있단다. 비행기를 탈 때도 마테를 챙겨간다 하니 참 대단한 사랑이다. 커피도 빼먹을 수 없다. 콜롬비아, 브라질, 에콰도르 등 커피 산지와 가까운 데다가 유럽 이민자들의 나라답게 아

마테 잔

커피

르헨티나에는 카페가 곳곳에 널렸다.

알레호와 함께 분위기 좋은 카페에 들어가 커피를 주문하니 탄산수가 딸려 나왔다. 입안을 깨끗이 하고 커피의 깊은 맛을 잘 느끼라는 의미에서 준다고 한다.

한 나라의 식 문화에 대해서는 별 관심이 없던 나지만, 아르헨티나에서만큼은 열심히 음식을 공부했다. 알레호 덕분에 소고기, 마테, 커피뿐만 아니라 아르헨티나식 크루아상인 메디아 루나Media Luna를 포함한 맛있는 빵, 아이스크림 등 많은 음식을 접할 수 있었다. 덕분에 그 어느 때보다 입이 행복했고 살도 통통하게 오를 수밖에 없었다.

페르넷

메디아 루나

큰 물

대박을 대박이라 부르지 못하고

나와 친구들의 대화법은 이렇다. 조그만 일에도 부산을 떨며 "대박이야!"를 외치고, 음식이 조금만 맛있어도 "완전 맛있다!"라고 찬사를 보내며, 날씨가 더우면 "더워서 죽겠다!"라고 말하는, 과장법을 주로 쓴다. 말 역시 좋으면 좋고 싫으면 싫은, 중간이 존재하지 않는 화끈한 주인을 닮았다. 사정이 이렇다 보니 남미의 아름다움을 표현하는 내 말 역시 화끈하다. 하지만 남미의 아름다움에 대해서는 과장된 어법을 쓸 수 없었다. 대부분 그 이상으로 아름다웠기 때문에 평소 쓰던 '과장법'이 오히려 독이 됐다. 특히나 파타고니아에서부터는 말

로 표현하는 데에 한계가 왔다. 친구들에게 사진을 보내주며 '말로도 표현하지 못하고 사진으로도 담지 못할 풍경'이라고 하니 친구들은 "그럼 직접 가서 보라는 것이냐. 표현을 좀 해봐라!"라고 성화였지만, 친구들의 아쉬움만큼 대박을 대박이라 부르지 못하는 내 아쉬움도 컸다.

아르헨티나와 브라질에 걸쳐 있는 이구아수 폭포. 수백 번을 "대박!"이라 외쳐본들 이구아수 폭포의 거대함을, 아름다움을 표현하리란 불가능한 일이다. 이미 다녀간 사람도 나와 같았나 보다. 세계 3대 폭포라는 건조한 표현도 그렇고 미국 루스벨트 대통령의 부인도 이구아수 폭포 앞에서 다른 표현은 찾지 못한 채 "오, 불쌍한 나이아가라!"만 외치고 돌아갔다고 하니 말이다. 스페인 침략자들 또한 이곳에서 "오, 신이시여!"라고 말하며 오줌만 지렸다고 하니, 보고도 표현하지 못하는 내 무능한 언어 능력도 위로를 받는 것 같아 안심이다.

상상하라, 어차피 그 이상이다

대부분 여행자들은 브라질에서 아르헨티나로, 아르헨티나에서 브라질로 국경을 넘으며 2개국에 걸쳐 있는 이구아수 폭포를 즐긴다. 하지만 스페인어권 여행에 집중하고자, 원래 계획했던 브라질 여행을 포기했기 때문에 아르헨티나의 푸에르토 이구아수에 숙소를 잡고 브라질에는 당일로 다녀오기로 했다.

이구아수 꼬마 기차

먼저 보기로 한 곳은 숙소가 있던 아르헨티나의 이구아수 폭포. 부에노스 아이레스에서 밤 버스를 타고 17시간 만에 도착한 푸에르토 이구아수에서 여독을 풀 새도 없이 바로 이구아수 폭포로 향했다. 늘 여행자들로 붐비는 아르헨티나 최대의 '관광 상품'답게 국립공원은 잘 조성되어 있었다. 시속이 아닌 분속을 따져야 할 듯한 느린 꼬마 기차를 타고 폭포로 향했다. 잘 알려진 이름은 이구아수지만 이구아수는 하나의 폭포가 아니다. 거대한 '폭포들'이 모여 있는 곳이 바로 이구아수 국립공원이다. 뜻마저도 '큰 물'이라는 이구아수 폭포의 거대함을 말로 표현하기란 불가능에 가깝다. 땅덩이만큼은 남 부럽지 않은 나라인 아

르헨티나와 브라질. 폭포를 보기 위해 그 큰 두 나라를 모두 들러야 한다고 하면 조금이나마 표현이 될까. 베네수엘라의 앙헬 폭포를 포함해 남미 여러 나라에서 난다 긴다 하는 폭포를 이미 수차례 봤지만, 이구아수 국립공원에 있는 모든 폭포는 그간 보아온 것들을 비웃는 것 같았다. 모든 폭포가 거대했고 맹렬하게 물을 토해냈다. 푸른 나무가 잘 조성된 숲길을 따라 오랜 시간 걸었음에도 불구하고, 이구아수를 생각하면 하얀색이 떠오르는 것은 국립공원 내 어디에서나 볼 수 있던 맹렬한 폭포의 물거품 때문일 것이다.

아르헨티나의 이구아수 국립공원에서는 보트를 타고 폭포의 위엄을 몸소 체험해볼 수 있었다. 구명조끼를 입고 배에 올랐다. 폭포까지는 불과 몇 분 걸리지 않았다. 위에서 바라보던 폭포를, 앞에 마주하고 바라보니 거대함과 맹렬함에 공포를 느낄 정도였다. 선장님의 "가자!"라는 말을 신호탄으로 보트는 폭포의 커튼을 향해 달렸다. 얼굴을 후려치는 거센 물줄기 때문에 눈을 뜰 수조차 없었다. 정면으로 물 폭탄을 맞았고 옷은 홀딱 젖었다. 폭포의 중심에 미치지도 못한 언저리에서 물에 빠진 생쥐 꼴이 되다니, 밖에서 바라보는 것 이상으로 이구아수는 맹렬했고 거셌다. 다행히 젖은 옷은 다른 폭포를 구경하는 사이에 다 말랐다.

보트 투어

천천히 국립공원을 구경하고 마지막으로 향한 곳은 바로 이구아수 폭포의 '하이라이트'라고 할 수 있는 '악마의 목구멍'이다. 꼬마 기차를 타고 입구에 내려서, 허술하게 보이는 나무다리를 1km가량 걸었다. 갑자기 피어난 물안개 때문에 시야가 흐려졌다. '악마의 목구멍'에 다다랐다는 신호였다.

드디어 도착한 '악마의 목구멍'. 스페인 침략자들이 이곳에 도착해 공포에 덜덜 떨었던 이유를 절감할 수 있었다. 70m의 높이, 4km 폭의 폭포가 초당 6만 톤이란 어마어마한 양의 물을 토해낸다는 산술적 지식은 그저 숫자에 지나지 않았다. 이구아수 국립공원에만 270개 정도의 폭포가 있다고 한다. 그중 몇 개의 폭포밖에 보지 못했지만, 모든 폭포를 합쳐도 이처럼 거대하지는 않을 거라고 '악마의 목구멍' 앞에서 감히 확신했다. 침략자처럼 오줌을 지리지는 않았지만 벼락처럼 떨어지는 폭포를 바라보며 내가 느낀 감정도 공포였다. 빙산의 일각조차 담을 수 없음을 알면서도 어쩔 수 없이 카메라를 꺼냈다. 사진으로 담아보려 한들 담을 수 없고, 말로 표현하려 한들 표현할 수 없는 그야말로 '큰 물'이다.

악마의 목구멍

다음 날은 브라질에 위치한 이구아수 국립공원으로 향했다. 당연하게 입국 심사도 받았고, 스페인어에서 포르투갈어로 언어도 바뀌었지만, 가까운 거리 때문인지 옆 동네로 마실 나가는 기분이었다. 둘 중 하나만 봐야 할 경우, 많은 사람이 아르헨티나 쪽 이구아수를 보길 권한다. '악마의 목구멍'과 폭포를 가까이에서 볼 수 있는 곳 모두 아르헨티나 쪽이기 때문이다. 하지만 브라질 쪽 이구아수의 매력도 아르헨티나 못지 않았다. 자연 앞에서 공포를 느꼈던 '악마의 목구멍'을 가까이서 볼 수는 없었지만, 브라질에서는 산수화처럼 펼쳐진 이구아수 폭포를 전체적으로 조망할 수 있었다. 가장 가까운 바다도 700km나 떨어져 있는 땅 위에서 저 많은 물은 도대체 어디서 왔을까 궁금해하는 내게 수많은 폭포는 그냥 현재를 즐기라고 이야기해주는 것 같았다. 그래, 어디서 와서 어디로 가는지 중요하지 않

브라질 쪽 폭포

다. 지금 이 순간 물은 떨어지고 있고, 다른 세계로 향하는 수많은 물방울의 향연을 즐기면 된다.

수없이 상상했다. 많은 친구들이 이야기한 이구아수 폭포를 말이다. 얼마나 거대할까, 얼마나 아름다울까. 어쩌다 북미의 자랑인 나이아가라가 불쌍한 존재가 됐을까. 호기롭게 남의 나라 침략한 스페인 사람들이 어쩌다 바지에 오줌을 지렸을까. 꿈에도 나올 만큼 혼자 그렸던 미지의 이구아수 폭포를, 실제 만난 이구아수 폭포는 '어때? 상상, 그 이상이지?'라고 비웃었다. 수만 번 상상하고 최고로 기대해도 좋다. 어차피 그곳은 상상, 그 이상이다.

탱고 찾아 삼만리

드디어 탱고의 도시에 도착하다

이탈리아의 마르코는 엄마를 찾아 부에노스아이레스로 향했고, 한국의 송유나는 탱고를 찾아 부에노스아이레스로 향했다. 가장 좋아하는 음악 장르를 내게 묻는다면, 그건 바로 탱고다. 게으른 '집순이'인 내가 가장 좋아하는 일이자 휴식은 바로 소파에 누워서 탱고를 들으며 책을 읽는 일이다. 남미 여행을 하면서 아르헨티나에, 부에노스아이레스에 가기를 얼마나 학수고대했던가. 대사관에 들러야 할 일이 생겨, 이구아수 폭포로 가기 전 잠시 부에노스아이레스에 들렀을 때 운 좋게도 일요일이 걸렸다. 매주 일요일, 부에노스아이레스의 산 텔모 San Telmo 지구에서는 벼룩시장이 열리는데 이곳에서 탱고 CD나 엽서 등 탱고 관련 기념품을 쏠쏠하게 챙길 수 있었다. 탱고 CD도 10장이나 샀고, 친구들에게 줄 기념품도 전부 내 취향대로 탱고와 관련된 것들만 샀다.

탱고 CD와 기념품

699

Gral.G. Aráoz
de Lamadrid
700
600
rincón de
Lucia's Corner · Canto da Lucia
탱고의 발상지 라 보카

바르 수르 외관(왼쪽),
바르 수르에서 펼쳐진 악기 연주(오른쪽)

비록 '추는 탱고'보다 '듣는 탱고'를 더 좋아하지만, 탱고 쇼를 안 볼 수는 없는 법. 특히 기억나는 쇼는 작은 술집인, '바르 수르Bar Sur'에서 펼쳐진 쇼였다. 댄서의 숨소리까지 들릴 정도로 가까이에서 펼쳐지는 정열의 탱고. 음악만 들었을 때보다 조금은 더 탱고를 이해할 수 있었다. 돈을 벌기 위해 유럽에서 먼 이곳까지 온 노동자들의 춤, 탱고. 그들은 고향과 가족을 그리워하며 탱고를 췄다. 초창기 남자와 남자가 추던 '그리움의 춤'이 지금은 남자와 여자의 정열적인 '사랑의 춤'으로 바뀌었지만, 정열의 눈빛 속 언뜻 그리움이 보였다. 하긴, 모든 사랑의 시작은 그리움이다. 정열의 춤 속을 흐르는 음악에서 구슬픔이 느껴지는 이유도 그리움 때문일 것이다.

탱고의 슈퍼스타는 아직 살아 있다

지구 반대편의 음악과 춤을 낯설지 않게 한 '일등 공신'은 바로 영화 「여인의 향기」가 아닐까. 영화에서 알파치노가 춤출 때 흐르던 음악, 「포르 우나 카베사Por Una Cabeza」. 탱고 역사에 한 획을 그은 명곡인 이 노래를 부른 사람 또한 탱고 역사에서 빼놓을 수 없는 사람, 바로 카를로스 가르델Carlos Gardel이다. 가르델 거리, 가르델 지하철역이 있을 정도로 부에노스아이레스 사람들의 기억 속에서 아직도 살아 숨쉬고 있는 탱고의 슈퍼스타! 부에노스아이레스 북쪽에 위치한 차카리타 무덤Cementario Chacarita에 잠들어 있는 가르델의 묘지에는 아직도 추모의 꽃향기가 진동하고 있었다. 가르델 역 근처에는 그가 살던 집을 개조한 가르델 박물관이 있다. 가르델이 찍었던 영화부터 사용했던 악기, 입었던 옷 등 그의 모든 추억을 고스란히 간직하고 있었다. 박물관에는 감미로운 가르델의 목소리가 흐르고 있

가르델의 무덤

가르델 박물관

어, 마치 시간 여행을 하는 것 같았다. 언어가 같다 보니 남미에서는 한 가수가 인기를 얻으면 그 영향력이 남미 전체에 파급력을 가지곤 한다. 푸에르토 리코 Puerto Rico 출신의 마크 앤서니, 카예 13, 네네 말로 등을 필두로 한 라틴아메리카의 슈퍼스타들은 많지만, 장르를 뛰어넘어, 죽은 후인 지금까지도 이렇게 오랫동안 많은 사랑을 받은 슈퍼스타는 카를로스 가르델이 유일할 것이다.

가르델 박물관 앞

탱고의 혁명가, 아스토르 피아졸라

탱고를 향한 내 마지막 '열정의 일정'은 마르 델 플라타Mar del Plata였다. 부에노스아이레스에서 버스로 6시간 떨어진 이곳은 「리베로 탱고」와 김연아 선수의 프리스케이팅 곡인 「아디오스 노니노Adiós Nonino」 때문에 잘 알려진 탱고 뮤지션, 아스토르 피아졸라Astor Piazzolla의 고향이다. 나에게는 카를로스 가르델보다 오히려 피아졸라가 슈퍼스타인데, 정작 아르헨티나 사람들은 탱고를 클래식처럼 바꿔버렸다고 선호하지 않는 사람이 많아 의외였다. 하지만 피아졸라가 춤곡에 지나지 않던 탱고를 듣는 음악으로 한 단계 도약하게 한 건 의심의 여지가 없다. 그러나 안타깝게도 마르 델 플라타에서 만난 것은 피아졸라의 동상뿐이었다. 의아하기도 하고 아쉽기도 해 호스텔 주인에게 "피아졸라의 흔적을 찾아 먼 곳에서 여기까지 왔는데 왜 아무것도 없나요?"라고 물어보니 껄껄 웃으며 "피아졸라는 그냥 여기서 태어난 것뿐이야."라고 한다. 허무했지만 어쩔 수 없는 일, 그의 고향에 발을 디딘 것만으로 영광이다.

마르 델 플라타 피아졸라 동상

탱고의 발상지 라 보카

탱고를 찾았다

마르코가 결국 엄마를 찾았듯이 나, 송유나도 탱고를 찾았다. 듣는 탱고의 매력뿐만 아니라 추는 탱고의 매력까지 찾아서 한국으로 돌아가면 탱고를 배울 것을 예감한다. 그리고 언젠가 다시 탱고의 고장으로 돌아와 예쁜 탱고 구두를 신고 '그리움의 스텝'을 밟을 거라는 것도.

아르헨티나 부에노스아이레스
ARGENTINA BUENOS AIRES

완벽했던 마지막 도시

그리움의 도시

부에노스아이레스의 숙소는 전망 좋은 5층이었다. 10여 일 동안 같은 호스텔에 머물던 친구들과는 '절친'이 됐고, 10여 일을 걸었던 길은 동네 골목처럼 익숙해졌다. 부에노스아이레스에서의 마지막 날은, 아쉽게도 남미에서의 마지막 날이 됐다. 그날, 갓 친해진 친구들과 또다시 기약 없는 이별을 해야 함이 서글펐고, 익숙해진 길을 떠나야 한다는 것에 가슴이 미어졌다. 하지만 한편으로는 이렇게 아름다운 도시에서 남미 여행을 마무리할 수 있다는 것에 마음이 포근해졌다. 자신의 고향을 등지고 새로운 나라에서 새 삶을 시작한 사람들이 그

부에노스아이레스의 풍경

부에노스아이레스 '7월 9일 대로(Avenida 9 de Julio)'; 세계에서 가장 넓다는 대로로 한 번에 길을 건널 수 없다.

리움을 담아 만든 도시에서 나는 길었던 여행을 마무리하고 그리움을 안고 떠나게 됐다. 좋은 공기로 이민자를 품었던, 이름마저 '좋은 공기'란 뜻의 아름다운 도시 부에노스아이레스에서의 여행을 추억해본다.

에비타가 잠들어 있는 곳

아르헨티나를 잘 모르는 사람들에게도 익숙한 영화 「에비타Evita」. 영화보다 더 영화 같은 삶을 살았던 아르헨티나 노동자들의 어머니, 에바 페론Eva Peron. 아직도 그녀에 대해 성녀다, 악녀다라는 의견이 분분하지만 많은 도시에서 그녀의 동상과 초상화를 만날 수 있었고, 무덤은 여전히 헌화하려는 사람들의 발길이 끊이지 않고 있는 걸 보니 이곳에서만큼은 그녀는 '성녀'였다.

잠들어 있는 에비타를 만나러 나도 레콜레타Recoleta 지역에 있는 묘지로 향했다. 레콜레타 지역은 소위 말하는 부촌이다. 고급 주택과 카페가 즐비한 곳에 무덤이라니. 의아함은 묘지에 도착하고 나서야 풀렸다.

레콜레타

넓은 부지에 대리석으로 만든 조각상이 가득 찬 묘지는 무덤이 아닌 마치 하나의 고풍스러운 마을 같았다. 당장 거리에 있어도 멋스러울 조각들 덕분에 스산한 기운은 찾을 수 없었다. 죽어서 묻히는 데만 해도 상상을 초월하는 돈이 필요한 곳이라, 이곳에 잠들어 있는 사람들은 모두 부자거나 아르헨티나에서 유명한 사람들이라고 한다. 하지만 레콜레타에서 내가 아는 사람이라고는 에비타뿐이었으니 입장하자마자 바로 에바 페론의 무덤부터 찾았다. 과연 다른 무덤과 분위기부터 달랐다. 많은 사람이 에비타의 무덤 앞에서 그녀를 추억하고 있었다. 살아 있을 때처럼 죽어서도 많은 사람에게 사랑을 받고 있는 에비타. 죽어서도 이권 다툼에 이끌려 편치 못했지만, 그녀를 찾는 수많은 발걸음이 위로가 되길 바란다.

에비타 무덤

책의 노래

부에노스아이레스에서 가장 쉽게 살 수 있는 것은 책이다. 부에노스아이레스 곳곳에서 구멍가게만큼 쉽게 볼 수 있는 것이 서점이었다. 훌륭한 소설가이기 전에 열정적인 '독서가'였던 호르헤 루이스 보르헤스Jorge Luis Borges의 나라답게 공원에서도, 카페에서도 책 읽기에 집중하는 사람들을 쉽게 만날 수 있었

다. 부에노스아이레스의 수많은 서점 가운데, 기억에 남는 서점은 역시 엘 아테네오El Ateneo다. 외관은 다른 건물들과 별다를 바 없지만, 안으로 들어가는 순간 세상에서 가장 특별한 공간으로 변모하는 곳, 엘 아테네오. 바로 오페라 서점이다. 재정난에 허덕이던 극장은 2000년, 세기가 바뀌면서 세상에서 가장 아름다운 서점으로 탈바꿈했다. 과거 수많은 가수가 노래를 불렀을 무대는 카페가 되어 사람들이 커피를 마시며 책을 읽는 공간으로 바뀌었고, 관중들이 노래에 귀를 기울이던 자리에는 책이 들어섰다. 박스석마저 책 읽는 공간으로 바뀌었다. 천당을 담은 듯한 천장화 아래에서 수많은 사람이 책을 읽는 모습이 너무도 비현실적이라 이 또한 하나의 오페라 공연처럼 보였다. 어쩌면 노래하는 '주체'만 바뀐 것이리라. 과거에는 사람의 목소리가 울려 퍼졌다면, 지금은 사람의 생각이 울려 퍼지는 곳이 됐다. 사람들은 그곳에서 책을 '읽고' 있던 것이 아니라 '책의 노래'를 듣고 있던 것일지도 모른다.

재회

부에노스아이레스에서 옛 친구를 다시 만났다. 베네수엘라 여행을 함께했던 앤. 앙헬 폭포를 끝으로 각자의 여행길에 오르며 우리는 연락처를 주고받았고, 언젠가 다시 만나자는 말로 석별의 아쉬움을 대신했다. 그리고 생각보다 빨리 다시 만났다. 중미 여행을 마치고 부에노스아이레스에서 여행을 마무리하는 앤과 남미 여행을 마치고 중미 여행을 앞둔 나. 반년 만에 보는 친구였지만, 각자의 나라에서 멀리 떨어진 곳을 함께 여행하며 울고 웃었기 때문일까 어색함은 느껴지지 않았다. 서로의 여행에 대해 이야기하는 데에만 몇 시간이 금세 지나갔다. 베네수엘라에서도 그렇게 씩씩하더니, 앤은 내가 없던 여행에서도 많은 친구를 만들고 용감하게 여행했단다. 가이아나Guyana와 수리남Suriname까지 포함한 남미 12개국을 전부 갔다고 하니, 함께 여행했던 시절보다 더 용감해진 모습에 내가 더 뿌듯했다.

이번에도 6개월 전처럼 아쉬운 석별의 정을 나눠야 했다. 하지만 우리는 말하지 않아도 안다. 믿음이 없던 "다시 만나자"는 말 때문에 우리가 정말 다시 만날 수 있었듯이, 이번에도 머지않아 다시 만날 수 있으리란 걸 말이다.

지난날을 잊지 마세요

조국을 떠나 부에노스아이레스로 건너온 많은 사람들은 고향을 잊을 수 없었다. 비록 현실은 돈을 벌기 위해 고된 노동을 견뎌내야 했지만, 그들의 머릿속은 항상 고향에 돌아갈 생각으로 가득 차 있었다. 지리적, 금전적 어려움 때문에 돌아가는 길은 요원했지만, 그들은 자신들의 고향을 잊지 않았다. 그리고 지금의 부에노스아이레스도 지난날을 잊지 않는다. 노동자들의 편이 되어준 에바 페론을 기억하고, 책의 오페라를 듣고, 나도 앤과 함께 지난날을 추억한다. 모든 것이 너무 빨리 변해만 가는 세상 속에서 우리는 자주 과거를 잊곤 한다. 하지만 이곳에서는 현재의 품에 깃든 과거를 볼 수 있었다.

남미의 마지막 도시 부에노스아이레스에서 완벽한 남미 여행의 마침표를 찍었다. '지난날을 잊지 마세요.'라고 속삭이는 도시의 소리를 듣는다. 아쉬움이 크지만 즐겁고 행복했던 기억들만 가득한 지난날. 내 지난 여행이 있기에 새로운 걸음을 뗄 용기가 생긴다.

294일 간의 남미!

남미 여행, 에필로그

지난 여행을 되돌아보니 294일 동안 7개 나라, 102개의 도시에 내 발자국을 찍었다. 최소한의 잣대로 세어본 것이니 아마 이보다 많은 도시에 발자국을 남겼을 것이다. 더군다나 이 큰 땅덩이를 전부 버스로 돌아다녔다. 원래 예정에 없던 베네수엘라와 칠레까지, 어쩌다 보니 다녀왔다. 반대로 원래 예정에 있던 브라질은 다음 기회로 미뤘다. 남미 여행 막바지까지 고민했던 브라질 여행. 아르헨티나를 다녀보니 깔끔하게 포기가 됐다. 2개월 정도 여행한 아르헨티나에서 시간이 너무 부족했다. 남한의 38배에 달한다는 아르헨티나를 돌면서 시간상, 금전상 포기해야 하는 도시가 생기는 걸 보고 아르헨티나보다 큰 브라질은 무리겠다 싶었다. 깔끔하게 '다음 기회'로 넘겼다. 이구아수 폭포 때문에 여권에 브라질 입국 도장은 받았고, 또한 달러 인출 때문에 파라과이의 시우다드 델 에스테Ciudad del Este라는 도시에도 잠시 다녀왔지만 "나 파라과이랑 브라질도 다녀왔어!"라고 말할 수는 없다. 아마 내 욕심대로, 속도대로라면 브라질은 '최소' 3개월은 필요할 것이다. 미래에 한계를 두지 않는다면 다시 올 수 있을 거라고,

호스텔에서 바라본 야경

아니 분명 다시 올 거라고 장담한다. 브라질, 파라과이, 가이아나, 수리남, 프랑스령 가이아나, 우루과이는 다음을 기약한다.

2013년 4월 9일 한국을 떠나 뉴욕을 거쳐 2013년 4월 16일 보고타에서 시작된 남미 여행, 2014년 2월 3일 부에노스아이레스에서 마무리를 지었다. 때로는 무섭기도, 외롭기도, 짜증 나기도, 화나기도 했다. 하지만 '긍정적인 단어로만 표현할 수 있는 어떤 것들' 앞에서 무서움, 외로움, 짜증, 화는 사소한 감정에 지나지 않았다.

'대한민국 반대편 사람들은 어떻게 살고 있을까.'라는 호기심에서 시작된 이 여행을 완성시켜준 건 역시 반대편에서 살고 있는 사람들이었다. 때로는 남미 특유의 여유 때문에 답답함에 가슴을 쳤고, 때로는 관광객을 '등쳐 먹으려는' 호객꾼에게 속아 본의 아닌 돈 낭비도 했다. 하지만 그들 덕분에 늘 바삐 걷던 내 걸음에도 여유가 묻어나게 됐고, 나에게는 몇 푼 안 되는 작은 낭비가 어쩌면 그들에게는 큰 도움이 될 수도 있겠다는 아량도 갖게 됐다. 우리보다 가난하다는 이 땅의 사람들은 거지에게 기꺼이 동전을 내어주고, 허리도 제대로 못 펴며 행상을 하는 할머니의 물건도 선뜻 사주며 살고 있다. 지도를 펼치면 먼저 다가와 길을 알려주고, 말을 못 알아듣거나 가는 길이 좀 복잡하다 싶으면 어김없이 동행을 해주며 말동무가 돼 주었다. 우리가 성공과 미래만 바라보며 마라톤을 100m 달리기처럼 헐레벌떡 뛰고 있을 때, 이들은 행복과 현재를 바라보며 진짜 마라톤을 하고 있었던 것이다. 단언컨대 내 여행을 가슴 벅차게 만들어 준 존재는 마추픽추도, 이구아수 폭포도, 파타고니아도, 우유니 소금 사막도 아닌 선한 눈으로 날 바라보며 웃던 사람들이다.

여행길에 오르기 위해 나 또한 큰 용기가 필요했다. 내 손에 쥐고 있던 것이 모두 내 것인 줄 알고, 놓치지 않으려 안간힘을 쓰며 살다 보니 내 인생의 목표인 행복과 즐거움은 점점 멀어져만 갔다. 선택의 연속인 인생에서, 난 여행을 선택함으로써 사실 많은 것을 버려야 했는지도 모른다. 하지만 인생의 목표에 조금 더 가까이 간 것만으로, 버린 것보다 얻은 것이 더 많다고 자신한다. 294일, 7개 나라, 102개 도시. 그리고 숫자로 표현할 수 없는 경험. 역시 오길 잘했다.

과테말라
GUATEMALA

CIUDAD DE GUATEMALA
PANAJACHEL
QUETZALTENANGO

화투학 개론

예정에 없던 과테말라

남미 여행을 마칠 때쯤, 결정해야 했던 건 다음 행선지였다. 호스텔에서 만난 여행자들과 이야기를 시작하면 꼭 하는 이야기가 바로 “어느 나라가 가장 좋았니?”라는 질문인데, 많은 사람이 멕시코와 콜롬비아를 꼽았다. 콜롬비아는 충분히 그럴 자격이 있다는 것을 알고 있었지만, 멕시코에 대해서는 아는 것이 없었다. 궁금했다. 어차피 한국으로 돌아가려면 뉴욕에서 비행기를 타야 했다. 위치적으로는 일단 가볼 만한 나라라는 생각이 들었다. 그런데 부에노스아이레스에서 멕시코로 가는 비행기를 찾아보니 생각보다 가격이 너무 비쌌다. 결국 찾아낸 해결책은 멕시코와 가까운 중미까지 비행기를 타고 가서, 멕시코까지 버스를 타고 가는 것이었다. 지도를 분석하여 버스가 있는지 확인하고 오랜 시간 알아본 후 최종적으로 선택한 나라는 바로 과테말라였다. 과테말라에 대해 아는 것이라고는 커피와 무시무시하다는 치안 정도. 아는 것도 없는 나라에 가게 된 이유는 단지 멕시코 때문이었다.

두 번째 고향에 들르다

약 10개월 만에 타는 비행기. 짐도 다시 싸고 너무도 익숙해져 버린 남미의 체취를 떨쳐내고 마음을 다졌다.

콜롬비아! 아직도, 그리고 아마 앞으로도 내가 가장 사랑하는 나라임이 분명한 곳. 여행 중 콜롬비아 사람들을 만나기만 해도 그렇게 반가웠고, SNS로 콜롬비아의 친구들 소식만 들어도 그렇게 그리웠던 내 두 번째 고향이다. 막연하게나마 스톱오버중간기착지에서 환승하는 시간이 길어 그곳에서 8시간 이상 또는 하루 이상을 넘기는 경우를 통해 콜롬비아에 하루라도 있길 바랐는데 그 일이 실제로 일어났다. 부에노스아이레스에서 과테말라로 가는 중간, 보고타에서 23시간이 주어진 것이다. 33,355km를 다니며 익숙해진 버스에서는 잘 자고 편안하게 쉴 수 있는데, 비행기는 이것저것 신경 써야 할 것도 많고 의자도 불편하기만 했다. 콜롬비아로 향한다는 것만 되뇌며 7시간의 비행을 견뎌냈다. 보고타 엘도라도 공항에 도착하자마자 잽싸게 짐부터 맡기고 익숙하게 트란스 밀레니오를 타고 칸델라리아Candelaria부터 찾아갔다. 예전과 비슷한 듯 달랐다. 공사 중이던 건물은 완공됐고, 더럽던 분수대의 물도 깨끗해졌다. 하지만 사람들은 예전과 똑같은 모습이었다. 느릿하게 걸어가며 이야기를 하는 수다쟁이 콜롬비아 사람들. 홀로 카페에 앉아 콜롬비아 원두로 만든 커피를 마시며 그들을 바라봤다. 여행 중 내내 그리워했던 이곳에 막상 다시 오니 기분이 묘했다. 행복에 취하면서도 주어진 시간이 짧다는 걸 알기에 아쉽기도 했다. 묘한 기분을 정리하고 미리 연락을 해둔 친구를 만나러 가기 위해 다시 트란스 밀레니오에 올랐다. 오랜만에 보는 나의 콜롬비아 절친, 펠리페. 보자마자 얼굴이 까매져서 못 알아보겠다는 둥, 몇 개월 사이에 늙었다는 둥 장난을 치는 것이 마치 어제 본 친구 같았다. 스톱오버로 잠깐 머무르고 떠나야 했던 시간은 새벽 5시, 숙소도 안 잡고 펠리페와 클럽에서 신

나게 흔들었다. 결국 보고타에서 다음 경유지인 산 살바도르San Salvador로 가는 비행기에서 승무원이 기내식을 주려고 깨웠지만 일어나지 못하고 계속 잠만 잘 수밖에 없었다.

수개월 전, 보고타를 떠날 때만 해도 이 친구들을 언제 또 만날 수 있을까 하는 마음에 슬픔이 앞섰는데 이렇게 금세 다시 만난 걸 보니 이번에도 그리 긴 이별은 아닐 거라 믿는다.

화투는 대학에서 배웠니?

부에노스아이레스에서 과테말라까지, 이틀이 걸렸다. 미리 카우치 서핑을 통해 연락해둔 친구 루시아의 집으로 향했다. 2년째 싱가포르에서 살고 있는 루시아는 휴가를 맞아 잠시 고향에 돌아왔다고 한다. 그리고 친구가 하나 더 있었다. 역시 카우치 서핑을 통해 루시아네 집에서 머무르고 있던 캐나다 친구 제임스. 캐나다를 출발해 미국과 멕시코를 거쳐 과테말라까지 오토바이를 타고 온 멋진 친구다. 아르헨티나까지 오토바이를 타고 갈 장대한 계획을 세우고 있는

루시아네 가족

친구, 캐나다의 체 게바라Che Guevara다. 다들 여행에 '환장'한 사람들이라 쉽게 친해졌다. 저녁 식사를 마치고 본격적으로 이야기꽃을 피우기 위해 주전부리와 맥주를 사러 향한 구멍가게에서 놀라운 것을 발견했다. 바로 신라면! 도시의 중심가도 아닌 변두리 작은 구멍가게에서 한국과 비슷한 값에 살 수 있었던 신라면. 먹는 것 때문에 고생한 적은 없지만, 항상 매운 국물 음식이 그리웠는데 과테말라에서 '진국'을 만났다. 10봉지나 샀다. 생라면은 맥주 안주로도 훌륭했다. 동양 음식이 익숙한 루시아도, 라면은 처음 맛본다는 제임스도 맛있다며 잘 먹었다. 카우치 서핑을 처음 시작했던 아르헨티나에서는 다른 사람의 집에서 자는 게 익숙하지 않아 불편했는데, 여행 경험만큼 카우치 서핑 경험도 많은 루시아와 제임스 덕분에 편안하게 지낼 수 있었다.

맥주와 생라면을 먹으며 우리는 카드놀이를 했다. 제임스가 가르쳐주고 제임스가 '꼴찌'를 도맡았다. 마침 내게도 '화투'가 있어 같이 해보기로 했다. 조금씩 다른 그림마저 헷갈려 하는 친구들. 규칙을 알려주는 것조차 쉽지 않았다. 친구들의 패가 보이도록 아예 바닥에 깔고 겨우 한판 돌았다. 도대체 이 그림과 저 그림이 왜 같은 것인지, 광박과 피박은 왜 존재하는지, 왜 '비'가 끼면 점수가 낮아지는지 설명하느라 애를 먹었다. 게임은 당연히 진행될 수 없었다. 화투가 정녕 대중적인 놀이냐고 묻는 제임스의 질문에, 나는 친구들과도 자주 치고 페루에서 만난 한국 친구들과 여행할 때는 거의 매일 쳤다고 말하니 한국 사람들은 다 천재냐고 묻는다. 그러더니 대학에서 화투 치는 법을 배웠냐며 정말 진지하게 물었다. 결국 다시 카드 게임으로 돌아온 우리. 여전히 꼴찌를 면치 못하는 제임스를 보니, 비단 화투 문제만은 아닐 거라는 생각이 들었다.

과테말라시티 시내에서는 딱히 볼 것이 없어 관광은 시내를 둘러보는 것으로 만족했다. 원래는 관광으로 채워야 하는 시간을 루시아와의 대화로 채웠다. 흔히 우리는 스페인어를 쓰는 지구 반대편을 '남미'라고 부른다. 하지만 정확한 표현은 '라틴아메리카'라는 것. 과테말라는 중미, 멕시코는 북미라는 것을 친절하게 설명해준 루시아 앞에서 부끄러움을 느꼈다. 나에게 아메리카는 미국과 캐나다, 그리고 남미뿐이었던 것이다. 대한민국이 동남아시아나 중앙아시아가 아니듯이 과테말라도 남미가 아니다. 또한 잉카로 대표되는 남미와 달리, 중미를 대표하는 마야 문명에 대해서도 많은 이야기를 들었다. 과테말라 여행을 본격적으로 시작하기에 앞서 루시아 덕분에 남미 여행에서 묻은 여독을 털어내고 중미 여행을 단단히 준비할 수 있었다.

과테말라시티 시내

커피의 나라, 과테말라. 루시아의 집 정원에는 루시아의 어머니가 직접 키우는 커피나무가 한 그루 있다. 정성스레 물을 주고 키워 열매를 따고 생원두를 볶아서 직접 커피를 만들어 드신단다. 아직 열매가 맺히지 않아 마시지는 못했다. 때가 돼서 꽃이 피고 열매를 따면 꼭 한국으로 가져가 내게 선물하고 싶다는 루시아. 미지의 세계나 다름없던 과테말라에 대해 친절하게 알려주고, 나의 무지마저도 포용해준 루시아에게 언젠가는 꼭 한국에서 정원의 커피를 마시며, 그때는 내가 한국에 대해 알려줄 날을 기다린다.

과테말라 파나하첼

GUATEMALA PANAJACHEL

체 게바라 씨, 이러깁니까?

전쟁 같은 이동

나도 편한 게 좋다. 운전사가 짐도 알아서 다 챙겨주고, 좋은 차로 굽이진 과테말라의 험한 길을 편안하게 다니는 걸, 나도 당연히 좋아한다. 과테말라에는 도시를 이동하는 두 가지 이동 수단이 있다. 하나는 여행사를 통해 여행자들만 타고 다니는, 당연히 가격이 조금 비싼 콜렉티보. 다른 하나는 주로 현지인들이 타고 다니는, 가격이 저렴한 치킨 버스. 숙소까지 데리러 와서 짐까지 다 실어주고 도착해서도 예약한 숙소 문 앞에서 내려주는 콜렉티보만 이용한다면 어느 곳보다 몸 편하게 여행할 수 있는 곳이 바로 과테말라다. 하지만 누구보다 게으르고 누구보다 '귀차니즘'을 가지고 있는 나는, 편한 콜렉티보 여행을 선택하지 않았다. 여행자들 사이에 섞여서 정작 내가 만나야 할 과테말라 사람들을 창밖에 존재하는 풍경처럼 만들고 싶지는 않았기 때문이다.

안티구아Antigua에서 파나하첼Panajachel로 가기 위해 버스 터미널로 향하는 길. 옛 모습을 고스란히 간직한 안티구아, 걷기조차 힘든 돌길을 20kg에 육박하는 배낭을 메고 걸어가는 길 옆에는 여행자들을 위한 콜렉티보가 즐비했다. 사

서 하는 고생이지만, 왠지 나만 진짜 여행자가 된 것 같아 으쓱했다. 역시, 버스에 여행자는 단 한 명도 없었다. 뿌듯한 마음을 가지고 출발하자마자 그 이유를 알 것도 같았다. 버스를 3번 갈아타는 것은 일도 아니었다. 오르막, 그것도 직선 주로도 아닌 곡선 주로를 엄청난 속도로 달리는 치킨 버스. 체감상 180도로 휘어진 길을 시속 120km로 달리는 것 같았다. 당연히 버스 안은 아수라장이 됐다. 자리가 이미 다 찼는데도 무작정 사람을 태운 탓에 만석을 넘어선 지는 이미 오래. 통로에 앉은 사람들과 하나가 되어 오른쪽으로, 왼쪽으로 몸이 요동쳤다. 전쟁 같은 4시간을 견뎌내고 나서야 겨우 파나하첼에 도착할 수 있었다.

불꽃을 잠재운 고아한 호수, 아티틀란

격한 운동이라도 한 듯이 몸은 녹초가 됐다. 미리 알아본 호스텔에 가려면 택시를 타고 또 이동해야 했기 때문에 그냥 터미널 바로 앞에 있는 숙소에 짐을 풀었다. 잠깐 눈만 붙인다는 게 노곤했던 탓인지 5시간 동안 낮잠을 잤다. 겨우 눈을 떠 샤워를 하고 과테말라식 타코로 배를 채운 뒤 간 곳은 바로 아티틀란 호수Lago de Atitlán. 과테말라 사람들뿐만 아니라 '호수의 나라'라고 해도 과언이 아닌 아르헨티나에서 온 체 게바라도 좋아했다는 호수, 아티틀란. 큰 기대를 안고 도착한 아티틀란 호수에서 처음 느낀 감정은 실망이었다. '내가 여기 어떻게 왔는데, 파타고니아를 가진 아르헨티나에서 온 체 게바라가 겨우 이 정도 풍경을 좋아했단 말이야?' 혼자 감정을 쥐어짜고 구석구석을 돌아다니며 아티틀란 호수의 매력을 찾아보려 했지만 시간이 지날수록, 힘들게 온 것이 억울하기만 했다. 결국 어떠한 감동도 느끼지 못하고 일몰을 보고 난 후, 온 것을 후회하며 호스텔로 돌아갔다.

다음 날, 웬일로 아침 일찍 눈이 떠졌다. 높은 기대치에 비해서 평범했던 호수에 너무 실망했기 때문에 일출은 보고 싶지도 않았지만 딱히 할 일도 없고 해서 호수로 나갔다. 그런데 하루 만에 무슨 심경의 변화라도 있었던 것일까?

잔잔한 호수를 앞에 두고 3개의 화산 사이로 태양이 떠오르는 모습에 가슴이 먹먹해졌다. 분명, 아름다움이었다. 불과 몇 시간 전만 해도 '괜히 왔네, 체 게바라 씨 이러깁니까, 당장 다른 도시로 가야겠네' 하면서 툴툴거렸는데 말이다. 내 눈에 보인 호수는 그대로인데 갑자기 가슴을 먹먹하게 하는 아름다움이 느껴졌다. '자고 일어나니 다른 세상'까지는 아니었지만, 자고 난 다음 날 일출 앞에서 나는 분명 아름다운 아티틀란을 보았다.

어쩌면 세상에서 가장 유명한 여행 이야기, 『체 게바라의 모터사이클 다이어리』. 오토바이를 타고 남미 대륙을 횡단했다는 이야기를 듣고도 나는 그 여행에서 특별함을 찾지 못했다. 이 큰 대륙을 대한민국 정도로 생각했던 것이다. 전도유망한 의학도가 여행 후, 라틴아메리카의 혁명가가 된다는 점을 제외하면 그의 여행에 특별한 것은 없다고 생각했다. 그런데 남미를 여행하고 거대한 대륙의 크기를 몸소 체험하고 나서야 '모터사이클 여행'의 치열함과 위대함을 알게 됐다. 전쟁 같은 삶을 불꽃처럼 산 체 게바라. 혁명가 시절은 물론 그에게는 여행조차 순례의 길이었다. 그런 그가 파타고니아의 화려한 호수가 아닌 고아한 아티틀란 호수를 바라보며 느꼈을 감정을, 건방짐을 무릅쓰고 조금은 이해한다고 말하고 싶다. 여행을 한 10개월 남짓한 시간 동안, 10년 치 생각보다 많은 생각을 하고 10년 치 성장보다 많은 성장을 하며 내 마음속에서도 때로는 전쟁이 일어났고 때로는 불꽃이 일었다. 실망감이 지워진 후 있는 그대로의 모습에 마주하니 전쟁과 불꽃이 잠잠해졌다. 평생을 치열하게 살았던 체 게바라에게 아티틀란은 어쩌면 가슴 한편에 고이 간직한 '냉각제'는 아니었을까. 처음의 실망 때문에 어쩌면 지나쳤을지도 모를 아티틀란의 아름다움을 볼 수 있어서 다행이다.

과테말라 케트살테낭고
GUATEMALA QUETZALTENANGO

이별의 시기

첫인상

거만함, 오만함, 무례함, 까칠함. 케트살테낭고Quetzaltenango의 호스트 다니엘의 첫인상이다. "한국의 휴대전화보다 미국 것이 더 좋다, 중국에 가본 적은 있는데 동양 문화에 대해서는 관심이 안 간다, 일본에 갔을 때 일본인들이 영어를 너무 못해서 깜짝 놀랐다." 친해지기 전, 여러 주제로 이야기를 나누던 중 다니엘이 한 말이다. 밖에 나오면 다 애국자가 된다고 내가 휴대전화를 만드는 회사에 다니는 것도 아니면서 다니엘의 그 말에 화가 났다. 한국 가요보다 팝송을 더 좋아하면서도, 도쿄 지하철에서 일본어로만 적힌 표지판 때문에 나도 애를 먹었으면서도 중국과 일본까지 부정적으로 보는 다니엘의 말에 짜증이 났던 걸 보면 나는 애국자를 넘어 '애대륙자'일지도 모른다. '한국 휴대전화가 더 좋아', '한류가 요즘 대세야', '왜 모든 나라에서 영어를 써야 하지?'라고 반박조차 하지 않았던 건 이 도시를 떠나면 다시는 안 볼 사람이라는 생각에서였다.

다니엘의 집에는 카우치 서핑을 통해 머무르는 친구 한 명이 더 있었다. 폴란드에서 온 도로타. 어차피 낮에는 다니엘이 직장에 나가니 혼자, 또는 도로타

다니엘(좌), 도로타(우)와 시내 구경

와 함께 시내 구경을 했다. 저녁에 집에 들어가면 다니엘과 얼굴 마주칠 시간은 얼마 안 되니 다행이었다. 그런데 얼마 안 되는 시간 동안 다니엘과 마주치며 대화를 하다 보니 거만하고, 오만하고, 무례하고, 까칠하다고 생각했던 첫인상이 변하기 시작했다. 첫인상의 색안경을 벗고 바라본 다니엘은 꽤 괜찮은 친구였다. 낮에는 점심시간을 이용해 현지인들만 알 수 있는 '맛집'에 데려갔고, 과테말라의 질 좋은 커피를 소개해줬다. 저녁에는 야경이 한눈에 보이는 언덕 위 카페로 데려가 과테말라와 케트살테낭고에 대한 이야기도 들려주고, 우리의 여행에 대해 조언도 아끼지 않았다. 많은 대화를 하며 알았다. 내가 오해했던 다니엘의 모습은 솔직함에서 비롯했다는 것을. 안 좋은 첫인상 때문에 "나는 한국 휴대전화보다는 미국 것을 더 좋아해."라는 다니엘의 답이, 최신형 미국 휴대전화를 보고 "오, 이거 최신형이네. 어때, 좋아? 한국 것도 써봤니?"라는 내 물음에 대한 답이었다는 것을 기억하지 못했다. 첫인상 때문에 혼자 오해하고, 점심시간까지 쪼개 도시 관광을 시켜주는 등 지내보니 괜찮은 사람 같아서 혼자 오해를 풀고, 다니엘을 두고 혼자 북치고 장구를 쳤다. 역시 사람은 지내봐야 안다.

후인상

주말에 우리는 케트살테낭고에서 1시간 떨어진 온천으로 여행을 다녀왔다. 자욱하게 깔린 안개 속에서 하는 온천은 신선놀음이었다. 게다가 사람도 없어 온천에는 우리 셋뿐이었다. 몸의 피로가 풀리니 마음의 앙금도 완벽하게 사라졌다. 온천을 다녀온 날이 내게는 다니엘의 집에서 보내는 마지막 밤이었다. 다음 날 새벽, 과테말라 동부의 란킨Lanqúin이란 도시로의 여행을 앞두고 있었다.

송별회를 해야 한다며, 다니엘이 모아둔 술을 모두 꺼냈다. 평소 아끼느라 잘 마시지도 않는다는 메스칼Mezcal까지. 그 나라의 음식만큼은 욕심이 없지만 술만큼은 종류별로 다 마셔봐야 직성이 풀리는 걸 어찌 알았는지, 평소 마셔보고 싶던 벌레 담근 술까지 꺼낸 것이다. 담아두지 못하는 내 성격, 술도 들어갔겠다, 다니엘에게 첫인상에 대해 이야기했다. 동양 사람인 내게 너무도 솔직하게 동양이 싫다고 이야기하는 네가 처음에는 너무 싫었다고. 그랬더니 다니엘이 이야기했다. 중국과 일본을 여행하다가 고생을 한 기억이 있어서 동양을 싫어했지만, 나 때문에 한국이 궁금해졌고 한국 여행을 하고 싶어졌다고. 나는 다니엘에 대한 오해를 풀고, 다니엘은 동양을 다시 긍정적으로 바라볼 수 있게 됐다. 이렇게 조금 더 친밀해졌는데, 하필이면 마지막 밤이다.

이렇듯 카우치 서핑은 늘 아쉬울 때쯤 이별의 시기가 찾아온다. 처음 만날 때부터 함께할 시간이 얼마 되지 않음을 알기 때문에 늘 최선을 다한다. 하지

다니엘이 푼 메스칼(벌레술)

만 헤어짐의 순간이 다가올 때마다 아쉬운 것은, 최선을 다한다고 해서 없어지지 않는다. 다시 만나지 못할 수도 있다는 것을 안다. 그런 나를 위해 그들은 시간을 쪼갰고, 좁은 공간을 기꺼이 함께 나눴다. 어렵다는 것을 알면서도 다음에 다시 만나기를 희망하며, 이별의 시기를 우리는 어렵게 이겨냈다.

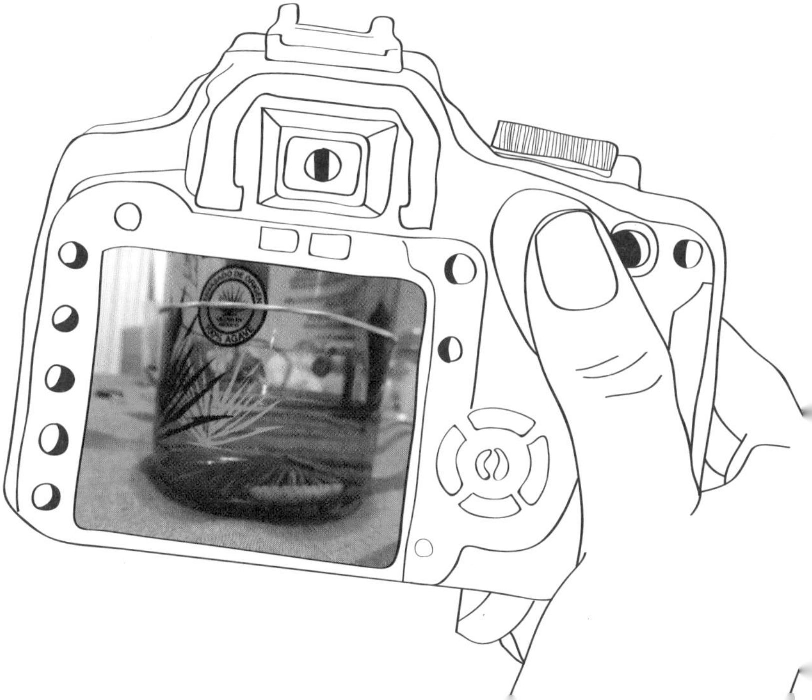

멕시코
MÉXICO

CHETUMAL
CANCÚN
SAN CRISTÓBAL DE LAS CASAS
TUXTLA GUTIÉRREZ
OAXACA
TLACOTALPAN
CIUDAD DE MÉXICO

멕시코 체투말
MÉXICO CHETUMAL

대 승객 사과

석양에 새겨진 멕시코

멕시코로 가기 위한 관문 정도로 생각했던 과테말라였기 때문에 여행은 2주 정도로 짧게 마무리했다. 부지런을 떨면서 열심히 돌아다닌 덕에 짧은 시간이었지만 만족스럽고 알찬 여행을 할 수 있었다. 과테말라에서의 마지막 도시, 플로레스Flores. 강 위에 둥둥 떠 있는 섬에서 바라본 석양, 아마도 여행의 마지막 나라가 될 멕시코를 닮은 듯하다. 사그라져가는 것에 대한 아쉬움과 잘 끝낸 후 찾아올 안도감, 내일의 태양처럼 다음 여행을 기대하게끔 하는 설렘까지, 하루의 일과를 마치고 점멸해가는 태양에는 모든 감정이 담겨 있었다.

과테말라 플로레스의 석양

란킨Lanquín과 티칼Tikal 여행을 함께한 미국 친구 사라와 다음을 기약하고 아침 일찍 멕시코 체투말Chetumal로 향하는 버스에 올랐다. 아무래도 국경을 넘는 일인지라, 약속 시간에 늦으면 안 된다는 생각에 지정된 시간보다 30분이나 먼저 나와 기다렸는데 도대체 버스는 올 기미조차 보이지 않았다. 예약을 했던 여행사 문마저 굳게 닫혀 있으니 괜히 불안감만 커졌다. 잠이 덜 깬 호스텔 직원에게 버스가 안 온다고, 나만 남겨두고 먼저 출발한 것은 아니냐고 말하며 발을 동동 구르니 자신의 손목시계를 가리킨다. 과테말라의 시간에 맞추란 뜻이다. 하긴, 라틴아메리카를 여행하며 제시간에 출발한 버스는 없었다. 아니나 다를까, 30분이 지나니 여행자를 가득 채운 버스가 도착했다. 미안하다는 말도 없이 묵묵히 짐을 싣는 기사님께 늦은 시간을 탓하지 않았다. 어쩌면 내 시계도 조금 느려졌는지 모른다.

플로레스를 출발해 멕시코로 가는 길은 이름도 생소한 벨리즈Belize라는 나라를 거쳐야 했다. 하긴, 목적지가 칸쿤Cancún이라는 것만 정하고 도통 지도는 펼쳐보지도 않았던 내게 벨리즈가 익숙할 리 없다. 나라 이름마저 생소한데, 국경을 넘을 때 무엇을 준비해야 하는지 알았을 리가 없다. 여행사에서 버스를 예약할 때, 직원이 내가 한국인이라는 것을 알고 고개를 갸웃거리긴 했지만 과테말라 출국세와 벨리즈 출국세만 준비하면 될 거란 말에 그 말만 철석같이 믿었다. 그리고 벨리즈 국경에서 나는 여행사 직원이 갸웃거린 고개의 의미를 알아채지 못한 대가를 톡톡히 치러야 했다.

국제 미아가 될 뻔하다

여행자들을 태운 버스는 과테말라 국경에 도착했다. 출국은 그 나라를 떠나는 것이니, 언제나 쉽다. 얼마 되지 않는 출국세를 내고 여권에 도장을 받으

과테말라 - 벨리즈 국경

면 끝. 문제는 벨리즈였다. 입국 절차가 까다롭기로 소문난 미국마저 명목상 무비자로 여행할 수 있는 대한민국 여권. 세계 어느 나라에서건 대한민국 여권은 '하이패스' 카드다. 여행사에서도 무엇을 준비하라는 언질조차 없었지만 개인적으로도 알아보지 않았다. 이게 화근이었다. 벨리즈에서 대한민국 여권은 더 이상 '하이패스' 카드가 아니었다. 벨리즈를 여행하겠다는 것도 아니고, 그저 통과만 하자는 것인데도 비자가 필요했다. 다른 승객들은 이미 비자를 준비했거나, 대부분 비자가 필요 없는 나라에서 온 사람들이었다. 하지만 비자야 국경에서 사면 그만이다. 직원에게 비자를 사야 한다고 하니 앉아서 기다리란다. 그동안 같은 버스에 탔던 승객들은 이미 모든 절차를 완료하고 국경을 통과했다. 더 이상 동행 승객들이 보이지 않아 불안한 마음에 직원을 채근하니, 돌아오는 대답은 역시 기다리란 말뿐. 빨리해달라고 생떼를 부리다가는 비자는커녕 입국 허가조차 안 날 것 같아서 조용히 기다렸다. 아무것도 하지 못한 채 점점 시간만 흘렀다. 과테말라도 아니고 벨리즈도 아닌 곳에 나만 남겨졌다. 버스 기사님이 와서 보채기 시작했다. 30분이 지났는데도 서류 작성조차 시작하지 못했다. 점점 애가 탔다. 기다리다 못한 기사님은 자신도 정해진 시간 안에 멕시코에 갔다가 다시 과테말라로 돌아와야 한다며, 나를 국경에 남기고 출발할 거라고 엄포를 놓았다. 근처에 숙소도 없고 과테말라로 다시 돌아가는 버스도 없어 '국제 미아'가 될 일촉즉발의 순간. 다시 직원에게 도대체 비자는 언제 나오느냐고 물으니 황당하게, 아직까지 기다렸느냐며 오히려 다시 말하지 않은 나를 탓했다. 아, 속에서 올라오는 깊은 분노. 분명 그들의 시야 안에서 초조함을 연기하며 기다리고 눈까지 마주친 게 여러 번인데. 드디어 비자 신청서를 작성하고 기사님과 함께 제발 빨리해달라고 애걸복걸하고 나서도 30분을 기다려 겨우 비자를 받을 수 있었다. 우리 승객들은 나 때문에 1시간이 넘게 국경에 발이 묶였다. 짐 검사도 번개처럼 끝내고, 버스로 달려갔다. 당연히 승객들이 나를 보는 시선은 매서웠다. 정말 죄송하다고, 자초지종을 설명하고 한 명 한 명에게 일일이 허리를 굽히고 사과했다. 짜증을 내는 승객도 있었지만, 대부분은 여행 중 일어날 수 있는 일이라며 괜찮다고 나를 다독였다.

역지사지

다른 여행자가 나와 같은 상황이고 내가 버스에서, 내 시간을 낭비하며 누군가를 기다려야 했던 상황이라면 나는 어떻게 했을까? 황망히 사과하던 내게, 전날 티칼에서 만나 안면이 있던 이스라엘 친구는 말했다. "여행 중 일어날 수 있는 일이야. 내가 너의 상황이더라도 너는 나를 기다렸을 거야. 그러니 너무 미안해하지 마." 과연 나는 그 친구의 말처럼, 그 친구처럼 행동할 수 있었을까? 솔직히 자신이 없다. 그런 상황이었다면 나는 분명 속으로 비자를 먼저 준비하지 못한 사람의 무지를 욕하며 이를 바득바득 갈았을 것이다. 사과하는 사람을 가자미 눈으로 째려보며 얼굴로나마 짜증을 표현했을 것임이 분명하다. 내가 나를 잘 안다. 분명히 속 좁은 행동을 할 내게, 이스라엘 친구의 한마디는 큰 울림이었다.

국경에서 시간을 지체해, 결국 멕시코에는 늦은 밤에 도착했다. 긴 하루였다. 몸은 피곤함에 곤죽이 되었지만, 머릿속에서는 이스라엘 친구가 준 울림이 맴돌았다. 나도 남에게 피해 주지 않고 남도 나에게 피해 주지 않는다는 합리적 개인주의에 대한 경종이었다. 평생 지키고자 노력했던 '합리적 개인주의'라는 거, 그거 아주 이기적인 생각이었다. 때로는 불편함을 끼치고, 피해도 주고 또 그걸 용서하고 화해하며 사는 게 세상이다. 앞으로도 나는 살면서 수만 번, 작은 피해를 받았다고 짜증을 낼 수도 있을 것이다. 가끔 욕설을 내뱉으며 싸울 수도 있을 것이다. 수만 번 중 한 번만이라도 나도 누군가에게 울림이 되고 싶다. 작은 울림이 퍼져 큰 울림이 되고, 작은 불편 정도는 호탕하게 웃어넘길 수 있는 즐거운 세상을 꿈꾼다.

멕시코 칸쿤
MÉXICO CANCÚN

가난한 부자

가난한 여행자의 칸쿤

가난한 배낭여행자에게 칸쿤이란? 건너뛰자니 아쉽고, 가자니 주머니 사정에 걱정부터 앞서는 계륵 같은 존재. 친구들에게 칸쿤에 있음을 알리니, 다른 어떤 도시보다 부러움의 탄성이 더 커졌다. 하지만 가난한 배낭여행자에게 칸쿤이란 도시는 파라다이스가 아니었다. 다른 어떤 지역보다 물가도 비싸고, 해수욕을 즐기려 해도 해변이 가까운 숙소는 모두 비싼 호텔뿐이다. 저렴한 가격의

호스텔은 모두 시내에 있어 해변까지는 버스로 15분을 가야 했다. 라틴아메리카에서의 10개월, 머무르는 일수가 늘어나는 만큼 주머니는 점점 가벼워졌다. 생수 값도 아까워 수돗물을 마셨고, 버스비를 아끼려고 무거운 짐을 지고 하도 걸어 다녀 이미 걷는 데에는 도사가 됐다.

멕시코에서의 첫 도시, 칸쿤. 이미 남미와 과테말라에 많은 돈을 쏟아 부어 그 어느 때보다 가난한 상태로 도착한 도시가 하필 칸쿤이었다. 최고의 신혼여행지로 꼽히고, 미국과 캐나다 사람들에게도 꿈의 휴양지가 되는 캐리비안의 보석 같은 곳. 그런 도시를 나는 그 어느 때보다 가난한 상태로, 그 어느 때보다 초췌한 모습으로 왔다.

가난하면 어때?

대부분 커플 혹은 가족 단위인 여행객들 속에서 나는 혼자였다. 하지만 용감하게 맥주 한 캔 사 들고 해변에 앉아 벌컥벌컥 마시고 모래사장에 벌러덩 누워 바다와 닮은 하늘을 오랫동안 바라봤다. 낮에 호스텔에서 빌린 물안경으로 모양새 빠지는 스노클링을 하면서 내 옆을 지나가는 폼 나는 스킨스쿠버 일행을 바라보며 결심했다. 2년 뒤에 스킨스쿠버를 배운 뒤 다시 오겠다고. 밤, 잔잔한

캐리비안에서

소금물 속에 몸을 맡기고 쏟아질 듯한 별을 바라봤다. 캐리비안의 품 안에서 바라보는 흙빛의 아름다움, 이유는 알 수 없이 행복하기만 했다.

여행은 '살아 있음'을 느끼게 했다. 하고 싶은 것도 많아졌고, 보고 싶은 것도 많아졌으며, 알고 싶은 사람도 많아졌다. 여행을 하기 위해서라도 한국에서 열심히 살아야겠다는 다짐도 했고, 어떤 상황에서도 담대할 수 있게 마음의 근육을 단련해야겠다는 생각도 했다. 버킷 리스트에 적었던 밤에 별을 보면서 수영하는 것도 해봤다. 그것도 캐리비안에서! 빨간 줄을 쫙 긋고선 '완료'라고 크게 적었다.

잠깐, 손에 들린 건 맥주 한 캔뿐. 천 원 단위로 생활하고 있는데, 불과 몇 시간 전에 친구들에게 수돗물을 먹는 생활고를 이야기하면서 느낀 내 처지는 너무도 짠했는데, 왜 이렇게 부자처럼 느껴지지?

나, 가난한 배낭여행자 맞아?

멕시코 산 크리스토발
MÉXICO SAN CRISTÓBAL DE LAS CASAS

권태를 극복하는 방법

그 녀석, 권태

그 녀석을 처음 만난 건 과테말라에서였다. 그 녀석과 함께라면 그 어떤 환상적인 풍경도, 그 어떤 감동적인 유적도 그저 그런 게 됐다. 그 녀석은 바로 '권태'다. 어느덧 여행을 한 지 10개월이 훌쩍 지났다. 여행 중이 아니라면 한 달에 한 번 할까 말까 한 감탄을 10개월간 거의 하루도 빠지지 않고 했으니 권태로운 감정이 생기는 것도 무리는 아니었다. 그 녀석을 떨쳐내기 위해 무던히도 애썼다. 스타일도 바꿔봤다. 도시 관광은 하지 않고 친구들과의 시간에 집중하거나, 카페만 돌아다니며 소설을 읽거나 스페인어 공부에 몰두했다. 아름답다고 회자되는 풍경 앞에서는 입을 벌리고 감탄하는 척하며 감정을 쥐어짜기도 해봤다. 하지만 녀석은 끈질겼다. 티칼의 유적 앞에서도, 란킨의 세묵 참페이Semuc Champey에서도 권태란 녀석은 내게서 떨어지지 않았다.

산 크리스토발 시내

피할 수 없다면 즐겨라

포기했다. 지독스러운 그 녀석을 그냥 친구처럼 생각하기로 했다. 아름다운 풍경 앞에서 아무런 감정도 느낄 수 없어 무기력했지만, 텅 빈 느낌은 이미 인생에서 여러 번 마주친 적이 있다. 이 여행은 어쩌면 인생이란 긴 시간을 1년으로 압축한 것일 수도 있으니 피할 수 없으면 즐겨야 했다. 지난한 권태의 과정도 어쩔 수 없는 여행의 일부였다.

권태를 안은 채 멕시코의 산 크리스토발이란 도시에 도착했다. 카우치 서핑을 통해 미리 연락해둔 사라의 집으로 향했다. 동양 문화에 관심이 많아 중국어, 네팔어 등을 공부하고 있고, 중국에서 2년 동안 산 경험이 있는 사라. 흥이 많은 멕시코 사람들과 다르게 명상과 요가를 즐기는 친구다. 가까워서, 마음만 먹으면 언제든지 갈 수 있다는 생각에 중국은 한 번도 가보지 못했고, 막연하게 비슷할 거란 생각에 중국 문화에는 관심도 없어 잘 몰랐던 중국에 대한 이야기를 멕시코 친구인 사라에게 들으니 느낌이 색달랐다.

과거의 모습이 그대로 남아 있는 콜로니얼 도시인 산 크리스토발은 독특한 관광 도시다. 1년 내내 도시를 스쳐 가는 여행자가 끊이지 않기도 하지만, 떠나가기 위해서 들른 이곳에서 많은 여행자는 정착을 하기도 한다. 딱히 꼬집어 표현할 수는 없는 도시의 차분한 분위기가 떠나려는 여행자의 발목을 붙잡는가 보

다. 떠남이 예정된 여행자도 이곳에서는 정착의 기분을 느끼는 묘한 도시이기도 하다. 이렇듯 이상한 도시에서 나도 마치 정착한 여행자처럼, 혹은 이곳에서 태어난 사람처럼 도시에 녹아들었다.

딱히, 한 일은 없다. 아침 늦게 일어나 사라와 식사를 하고 정원에 나가 오랫동안 조용히 이야기를 나눴다. 현지 친구와 이야기를 할 때면, 늘 여행책에는 나오지 않는 명소를 알아내려 신경을 곤두세우곤 했는데 이곳에서는 대화조차 도시를 닮았다. 마치 이 도시에서 평생을 살 것처럼 일상을 이야기했다. 그리고 오후에는 시내로 나가 오랜 건물 사이를 걷고, 시장에 가서 저녁 식사 재료를 사고, 언덕 위에서 일몰을 바라봤다. 저녁을 먹고 나서는 사라의 가족과 차를 한 잔 앞에 두고 또 일상을 이야기했다. 당장 다음으로 갈 도시조차 정하지 못한 상태에서도 평온하기만 했다. 별일 없는 하루가 모여 인생이 되듯 이곳에서는 별일 없는 하루가 모여 여행이 되었다.

권태를 씻다

돌이켜 생각해보니 권태의 시작은 강박관념이었다. 여행자니까, 금 같은 시간과 적지 않은 돈을 들여 지구 반대편으로 날아왔으니까, 여행을 통해 거창한 무언가를 얻어야 한다고 생각하고 자신을 옥죄었다. 만약 이 도시에서 의도적으로 권태를 지우기 위해 '정착'을 흉내 냈다면 오히려 더 깊은 권태의 늪에 빠졌을 것이다. 어쩌다 보니 모든 강박을 내려놨고, 어쩌다 보니 지독한 감기 같던 권태도 슬슬 사라지기 시작했다. 여행을 처음 시작했던 때처럼 다음 도시에 대한 기대감이 생기기 시작했다. 시나브로 보고 싶은 것들이 생기기 시작했다. 권태가 씻겼다.

산 크리스토발의 온전한 이름은 산 크리스토발 데 라스 카사스San Cristóbal de Las casas다. 도시의 이름에 집Casa이란 단어가 있다. 도시는 이름처럼 성자 크리스토발San Cristóbal에게도, 여행자에게도 집이 되었다. 인생을 살면서 앞으로도 수많은 권태와 마주칠 것이다. 여행 때보다 더 복잡한 얼굴을 하고 끈덕지게 내 옆에 붙어 있을 것이다. 마음을 비우고 강박을 버리고 나서야 씻을 수 있던 여행 중의 권태처럼, 인생의 권태기에도 욕심을 버리고 집착을 내려놓을 수 있는 용기를 가지길 기대한다. 암흑의 길을 걸어야 할 인생의 권태기에도 산 크리스토발이란 도시가 있기를 희망한다.

멕시코 툭스틀라
MÉXICO TUXTLA GUTIÉRREZ

제가 이 사랑을 어떻게 갚을까요?

도시를 사랑하는 방법

도시를 사랑하게 되는 방법은 두 가지가 있다. 그 도시가 아름다워서 사랑하게 되거나, 그 도시에서 만난 사람들 덕분에 사랑하게 되거나.

멕시코 치아파주의 주도, 툭스틀라에 도착했을 때만 해도 내가 이 도시와 사랑에 빠지게 될 줄은 상상치 못했다. 도로는 온통 공사 중이었고, 공사하는 곳을 피해 길게 늘어진 차들, 그리고 여기저기서 울려 퍼지는 클랙슨 소리. 카우치 서핑을 통해 잘 곳과 머무를 날짜를 이미 정해둔 상태였지만, 툭스틀라에 도착하자마자 다른 도시로 이동해야겠다는 생각뿐이었다. 그런데 이곳에서 만난 '멕시코 가족' 덕분에 이 도시마저 사랑하게 돼버렸다. 사실 이번에는 운이 좋았다고 할 수밖에 없는 것이, 툭스틀라라는 도시가 관광으로 유명한 곳이 아

툭스틀라 공원 축제

씨틀라와 함께

니라서 호스트 찾기가 어려웠다. 서핑 신청을 했던 씨틀라의 '최근 로그인'이 2주 전이었기 때문에 신청하면서도 별 기대는 하지 않았다. 그리고 사실 툭스틀라에서 하려던 수미데로 협곡Cañón del Sumidero 투어는 근처의 산 크리스토발이라는 '관광 도시'에서도 가능했기 때문에 답신이 안 오면 산 크리스토발에서 하기로 생각하고 있었다. 그런데 바로 다음 날, 와도 좋다는 메시지가 왔으니 운이 아니면 설명하기 힘들다.

씨틀라의 퇴근 시간에 맞춰 툭스틀라에 도착했다. 터미널까지 마중을 와준 씨틀라를 만나 먼저 집으로 향했다. 보자마자 와락 껴안아 주시면서 기다리고 있었다며, 오는데 고생 많았다며 볼을 쓰다듬어 주시는 씨틀라의 어머니. 3일 정도 머무르다 다른 도시로 갈 거라는 말에, 왜 그렇게 빨리 떠나느냐며 더 머무르다 가라던 씨틀라의 여동생 소치. 보자마자 이렇게 따뜻하게 맞아준 가족 덕분에 툭스틀라의 첫인상을 바꿀 수 있었다.

첫 닭볶음탕

평일에는 어머니와 씨틀라가 전부 일하는 관계로 혼자 돌아다니기로 했다.

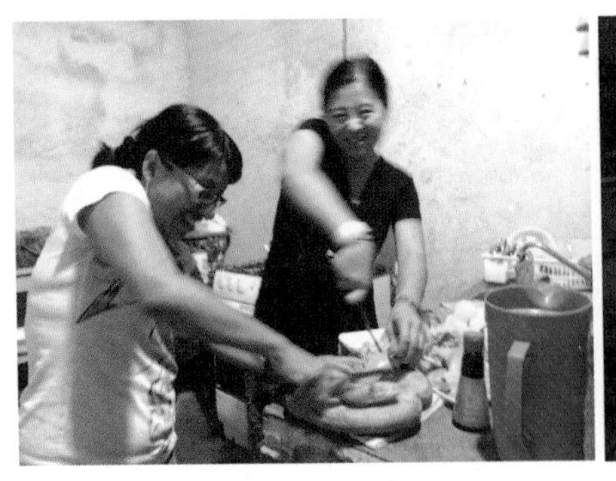

나갈 준비를 하고 인사를 하니 소치가 도시락을 건네준다. 멕시코의 전통 음식 몰레mole를 넣은 샌드위치 2개, 닭고기와 밥. "한국에서는 삼시 세끼 밥을 먹어요."라고 했던 말을 잊지 않았던 거다.

원래는 첫째 날 가려던 옆 동네, 치아파 데 코르소Chiapa de Corzo에 시간이 늦어 가지 못했다. 코르소에서 가게를 운영하시는 어머니는 내가 오기만을 기다리셨다는데, 난 그것도 모르고 게으름 때문에 괜히 어머니만 기다리게 했다. 이것저것 다 챙겨주신 데 대한 감사함과 기다리시게 한 것에 대한 미안함을 조금이라도 표현하고자 소중한 보물인 고추장을 꺼내기로 했다! 여행하기 전까지만 해도 밥을 지어본 게 열 번도 안 될 정도로 요리라곤 못하고 안 하는 나지만, 고추장 하나 믿고 도전해보기로 했다. 씨틀라와 마트에서 장을 보고, 미리 검색해 둔 요리법 하나만 믿고 난생처음 닭볶음탕에 도전! 조금이나마 내 마음을 표현하고 싶어서 얼마나 긴장했는지 모른다. 다행히 맛과 모양이 얼추 비슷하게 나왔다. 쌀밥은 없었지만, 멕시코식으로 토르티야Tortilla에 싸 먹으니 색다른 맛이다. 특히 매운 것을 잘 못 드신다는 어머니는 푸짐하게 퍼드린 한 그릇을 다 비우셨다.

씨틀라가 만들어준 귀걸이

내가 닭볶음탕을 만드는 동안 씨틀라는 맥주 뚜껑으로 귀걸이를 만들어 주었다. 맥주 뚜껑과 치아파 특산물인 암바

돌에서 추출된 보석의 일종를 이용해 세상에서 단 하나뿐인 귀걸이를 만든 것이다. 수많은 기념품을 봤지만 이보다 특별한 기념품은 단언컨대 내게 없었다.

사랑 갚으러 다시 올게요

마지막 날, 저녁을 먹으려고 식탁에 앉자마자 어머니는 내게 물으신다. "언제 돌아올 거야?" "2년 후에 다시 올게요."라고 말씀드리니 손을 잡으시며 그때 꼭 다시 보고 싶다고 말씀하신다. 식사를 마치고 정말 작별해야 할 시간이다. 어머니가 직접 만드신 베개 덮개를 선물로 주시면서 다시 한 번 안아주신다. 그리고 잠깐 눈을 감으시고 기도를 하시더니 성호를 그어주신다. 씨틀라는 "여긴 네 집이야. 언제라도 다시 와."라며 꼭 껴안아 준다. 버스에서 먹으라며 샌드위치랑 물도 챙겨 주신다.

도대체 어떻게 이 사랑을 갚을 수 있을까? 도시를 사랑하게 되는 두 가지 방법 중, 치명적 사랑에 빠지게 되는 방법은 바로 후자다. 베풀어주신 사랑을 조금이라도 갚을 수 있는 가장 좋은 방법은, 2년 후 다시 오겠다던 약속을 지키는 것이라고 생각한다. 내가 받은 사랑을 갚고 더 많은 사랑을 베풀고 받기 위해, 2년 뒤 툭스틀라에 다시 가기를 희망한다.

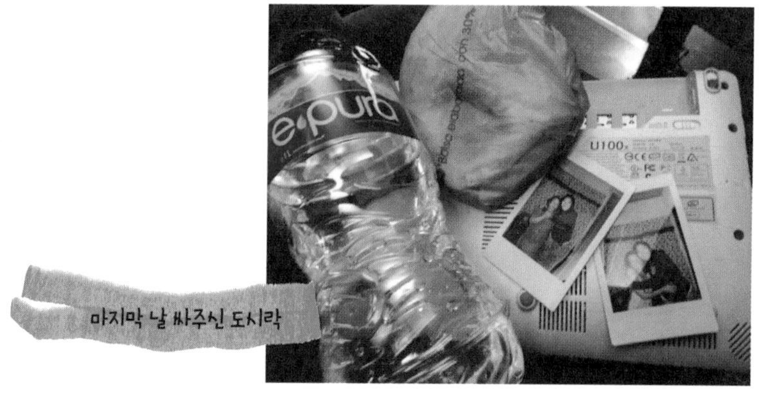

마지막 날 싸주신 도시락

멕시코 오악사카

MÉXICO OAXACA

가고 싶은 곳은 간다

못 먹어도 고!

산. 볼리비아의 안데스가 볼리비아의 빈곤을 만들었듯 오악사카의 산도 이 지역의 빈곤을 만들었다. 하지만 볼리비아의 안데스가 만들어낸 아름다움이 여행자를 이끌듯 이곳, 오악사카의 산도 여행자를 유혹한다.

오악사카에서 버스로 50분 정도 떨어진 마을, 미틀라Mitla에 이에르베 엘 아

미틀라 시내

오악사카 시내

구아Hierve el Agua라는 멋진 곳이 있다기에 미틀라로 향했다. 그런데 채비를 마치고 막 출발하려는 내게 호스텔 주인아주머니께서 "어제 여기 있는 여행자가 미틀라에 다녀왔는데 도로가 막혀서 다시 돌아왔대!"라고 말씀하셨다. 오악사카의 음식, 고풍스러운 건물도 좋지만 내가 오악사카에 온 이유는 이에르베 엘 아구아 때문인데 이게 웬 마른하늘에 날벼락? 부랴부랴 시내에 위치한 관광안내소로 가서 물었더니, 안 막혔으니 가도 좋다고 한다. 누구의 말을 믿어야 할지 혼란스러웠지만, 늘 그렇듯이 못 먹어도 고! 일단 미틀라로 향했다.

알고 보니 문제는 미틀라에서 이에르베 엘 아구아까지 운행하는 콜렉티보가 파업으로 운행을 중단했단 거였다. 걸어가기는 무리, 정류장에서 어떻게 할지 고민하고 있으니 택시 기사가 와서 미끼를 던졌다. "이에르베 엘 아구아에 가니? 왕복 300페소에 해줄게!"라는 유혹에 순간 고민은 했지만 결국 미끼를 덥석 물었다. 콜렉티보가 파업만 안 했어도 왕복 70페소에 다녀올 수 있었겠지만, 방법이 없었다.

사진만으로는 상상하지 못했던 곳

이에르베 엘 아구아를 알게 된 건, 인터넷에서 오악사카를 검색하며 우연히 본 사진 한 장 때문이었다. 호수 같은 곳에서 두 남자가 어디를 바라보고 있던 사진. 하지만 사진만으로는 상상할 수 없었다. 분명 배경을 보면 산꼭대기인 것 같은데 호수라니. 그것도 산 위의 흔한 칼데라 호수도 아니었다. 게다가 물색깔도 매우 아름다웠다. 이곳은 호수일까, 산일까? 둘 다 정답이다. 산꼭대기에 있는 호수, 자연이 만든 수영장이다. 싱가포르 5성급 호텔 옥상에 도심을 바라보며 수영을 즐길 수 있는 곳이 있다는데, 그걸 상상하면 쉽겠다. 다른 건, 눈앞에 빌딩 숲이 아닌 오악사카의 아름다운 산이 있다는 것. 이 높은 곳에 물이 어떻게 생겼는지 궁금해하며 구석구석을 살폈다. 마치 온천처럼 작은 구멍에서 샘이 솟아나고 있었다. 물과 바람이 합작해 이렇게 멋진 '자연 수영장'을 만든 것이다. 미처 수영복은 준비하지 못해 발만 담그고 앞을 바라봤다. 산꼭대기, 넓지 않은 편평한 곳에 생긴 수영장인 탓에 바로 앞은 절벽이었다. 앉아서 앞을 바라보면, 멋진 산들이 나를 마주하고 있고 밑을 내려다보면 나무가 날 우러러보고 있다. 태양은 강렬하고 뜨거웠지만, 산 정상의 거센 바람 때문에 태양의 강렬함을 이겨낼 수 있었다.

콜렉티보를 타고 왔다면 넉넉하고 여유롭게 있다가 내려갈 수 있었을 텐데, 개인택시를 타고 와서 주어진 시간은 단 1시간뿐이었다. 하지만 반면 파업 때문에 사람이 없어 한결 여유로웠다. 나를 제외하고 고작 3팀 정도가 있었을 뿐이니 넓은 공간이 모두 내 것이었다. 발만 담그고 있어도 호사였다.

'자연 덕후'

난 가끔 고풍스러운 건물이나 유적에 지루함을 느끼곤 한다. 콜렉티보가 없어서 어떻게 할까 고민하고 있을 때, 옆에 계시던 아저씨가 "미틀라에도 마야 유적이 있으니 그걸 보는 게 어때?"라고 말씀하셨다. 고개를 절레절레 흔들었다. 때마침 유적에 질렸던 상태, 다시 오악사카로 돌아가면 돌아갔지 유적은 보고 싶지 않았다. 그에 반해 자연은 봐도 봐도 질리지가 않는다. 수개월 동안 안데스만 바라보며 남미를 다녔지만 한 번도 질린 적이 없다. 파타고니아에서는 근 한 달을 있었지만 풍경은 언제나 새로웠다. 한마디로 '덕후특정 분야에 대한 마니아를 일컫는 신조어'다, '덕후'. '자연 덕후'.

시간은 상대적이라, 주어진 1시간은 그 어느 때보다 빠르게 흘렀다. 다시 오악사카로 돌아가야 할 시간이 됐다. 아쉬웠지만 주어진 시간이 짧다는 것을 알고 있었기 때문에 더 집중했고 더 느끼려고 노력했다. 택시를 타러 올라가니 기사님이 밑을 가리킨다. 손끝을 따라 시선을 돌리니 이에르베 엘 아구아가 한눈에 들어왔다. 눈으로 봤으면서도, 이것이 진정 자연의 손길인지 믿을 수가 없다.

산. 비록 주민들에게는 녹록지 않은 삶의 터전이겠지만 여행자에겐 매력적인 존재가 된다. 어쩌면 평생 서로의 입장을 이해하지 못할 수도 있겠지만, 나에게 매력적인 휴식처가 됐던 이곳이 그들에게도 얼마간은 포근한 휴식처가 되길 바란다.

한국에서도 안 하던 '팬질'을 하다

카를로스 오빠~!

세계적으로 가장 유명한 콜롬비아 가수는 아마 샤키라Shakira일 것이다. 콜롬비아 사람들과 처음 만나 대화할 때 공통된 화제가 많지 않다 보니, 종종 샤키라로 이야기를 시작하려고 했다. 하지만 그때마다 콜롬비아 사람들 반응이 영 시원찮았다. 한국에서 왔다고 말하면 모두 말춤을 추며 '강남 스타일'을 부르는 사람들. 너무 많이 들어서 비록 노래는 지겨웠지만 이야기의 물꼬를 틀 수 있는 '강남 스타일'의 존재에 항상 감사했건만, 이 친구들은 왜 이렇게 떨떠름할까? 궁금함을 이기지 못하고 친구에게 물었다. 너무 국제적으로만 논다, 생긴 것이 꼭 '그링고'• 같다, 샤키라가 말하는 캐리비안 쪽 억양을 알아들을 수가 없다는 것들이 이유였다. 확고한 놀이 문화를 가지고 있는 이들에게 국내 활동에 집중하지 않고 국외 활동에만 치중하는 샤키라는 애정을 쏟을 수 없는 존재란다. 그러니까 콜롬비아

• 그링고 : 금발과 파란 눈을 가진 서양 사람, 특히 미국인을 가리키는 단어.

에서는 정작 콜롬비아 출신 팝 스타인 샤키라의 노래를 듣기도, 사진을 보기도 어렵다는 말이다.

자칫 보수적이라 할 수 있는 이들이 가장 사랑하는 스타는 단연 카를로스 비베스Carlos Vives일 것이다. 바에서 술을 마시다가도 이 사람의 노래만 나오면, 노래는 꼭 합창이 되고 만다. 곱슬머리에 약간 튀어나온 배, 외모도 딱 콜롬비아의 흔한 아저씨다. 그의 노래를 너무 들어서일까, 콜롬비아에 있는 동안 필연적으로 나도 카를로스의 팬이 됐다. 그중에서 가장 좋아하는 노래, 「Volví a nacer 나는 다시 태어났어」. 세상의 달콤한 모든 단어를 가져와 사랑 고백을 하는 '달달한' 노래. 뮤직비디오 내용 역시 달콤하다. 도시의 삶에 지쳐 무작정 도시를 떠난 남자 주인공이 우연히 머물게 된 한 시골 마을에서 운명적으로 한 여자를 만나 사랑에 빠지고 그 도시에 정착하게 되는 내용이다. 그들이 만나 사랑에 빠진 배경 또한 소담하니 아름다웠다. 기회가 된다면 뮤직비디오의 배경이 되는 마을에 꼭 가보고 싶었다.

마을 자체가 한 폭의 그림

우연히 뮤직비디오에 나온 마을이 멕시코의 베라크루스Veracruz 근처에 있다는 걸 알게 됐다. 사실 베라크루스에 간다면 경로상 일정이 꼬이게 될 상황이었지만 '팬심'은 이미 그 마을을 향하고 있었다. 어차피 가진 건 시간뿐, 뮤직비

디오의 주인공처럼 어쩌면 내게도 다가올지 모를 운명적인 사랑을 기대하며 뮤직비디오의 마을, 틀라코탈판으로 향했다. 숙소 정보를 찾지 못해 짐은 큰 도시인 베라크루스에 풀고 당일로 틀라코탈판에 다녀오기로 했다. 영상으로만 봤던 곳이라 마치 실재하지 않을 것만 같던 마을, 틀라코탈판. 큰 강을 따라가는 길도 매우 아름다워 꿈 속을 거니는 기분이었다.

베라크루스에서 틀라코탈판까지는 오랜 시간이 걸렸지만 평화로운 풍경에 마음을 빼겨 시간 가는 줄 몰랐다. 도착하자마자 강변에 위치한 식당에 자리를 잡고 멕시코식 송어 요리를 주문했다. 낚시를 하는 어부들만 간간이 보일 뿐 여행자는 한 명도 보이지 않았다. 유명 관광지는 아니지만 그래도 베라크루스 사람들이 자주 휴양하러 오는 곳이라고 했는데 이날 따라 아무도 보이지 않았다. 마치 시간이 멈춘 듯한 도시가 오직 나를 위해 존재하는 기분이었다. 식사를 마치고 뮤직비디오의 배경이 된 성당으로 향했다. 공사가 한창이라 들어가 보지 못했지만, 영상과 똑같았다. 남녀주인공이 결혼식을 올리고 마을 사람들과 함께 춤을 추던 골목까지 똑같았다. 한가한 시간을 보내고 있는 주민에게 부탁해 영상과 똑같이 사진을 찍어달라고 부탁했다. 부끄럽지만, '카를로스 오빠'와 똑같은 자세도 취했다. 일상을 살고 있는 주민들 속에서, 혼자 사진 찍고 혼자 즐거움에 방방 뛰는 모습이 이질적이었지만, '팬심'은 이질감도 가뿐히 넘었다.

성당 외에는 볼 것도 많지 않은 마을. 길을 걷다가 우연히 두 주인공이 만

뮤직비디오에 나오는 성당

뮤직비디오에 나온 바 주인아저씨

난 바bar를 발견했다. 나도 모르게 이끌려 무작정 자리를 잡고 맥주 한 병을 주문했다. 그런데 주인아저씨의 얼굴이 낯이 익었다. 맙소사, 뮤직비디오에 나온 아저씨다! 당연히 배우가 연기한 줄로만 알았는데 실제로 바의 주인이었다니! 부끄러움을 무릅쓰고 아저씨에게 다가가 인사를 건넸다. 멕시코 관광객들도 없던 조용한 마을에서, 그것도 한 동양 여자가 불쑥 들어왔을 때부터 이미 아저씨와 손님들의 시선은 나를 향해 있었다. 아저씨께 말을 거니 손님들도 하나둘 내 옆으로 몰려왔다. '카를로스 오빠'를 너무 좋아해 이곳까지 오게 되었다는 이야기를 하니 아저씨는 "아~ 카를로스!"하며 알은체를 한다. 뮤직비디오에서 카를로스에게 '공짜 술'을 건넨 것처럼 내게도 건네주시는 아저씨. 뮤직비디오와 현실에서의 괴리감이 없는 묘한 상황. "악또르! 악또르!Actor; 배우"를 외치며 경외의 눈빛을 보내는 동양 여자의 넉살에 기분이 좋아지셨는지 공짜 안주도 내어주셨다.

바에서 나와 강가로 향했다. 마침 일몰이 시작되는 시간. 낚시를 마치고 강변에 앉아 하루를 마무리하는 주민들의 모습이 마치 한 폭의 그림 같았다. 여행자들도 없던 곳, 그 시간만큼은 유일했던 여행자, 그것도 흔치 않은 동양 여자

라서 사람들의 시선이 뜨거웠다. 버스 시간도 넉넉해서 나도 강변에 앉아 석양을 바라봤다. 누가 어깨를 톡톡 쳐서 뒤를 돌아보니 아이스크림을 파는 아저씨가 아이스크림을 건넸다. 사지 않을 거라고 정중하게 말하니, 틀라코탈판에 온 기념 선물이란다. 뮤직비디오에서 남자 주인공은 직업도 없는 '한량'이지만 바에서 술도 얻어 마시고 바에서 만난 친구들에게 운 좋게 어부라는 직업도 얻는다. 설정과 연출인 줄로만 생각했던 '함께 살아가는 삶'이 이 작은 마을에서는 실제 상황이었던 것이다. 내친김에 물었다. 주인공이 직업을 얻었던 것처럼 나도 이 마을에서 친구를 사귀고 고기를 낚을 수 있느냐고. 아이스크림 아저씨는 "문제없지! 당장 내일이라도 할 수 있어!"라고 말하며 웃으셨다.

운명적인 사랑을 기대한다

야구를 좋아하지만, 특별히 좋아하는 야구 선수는 없다. 드라마와 노래를 좋아하지만, 특별히 좋아하는 배우와 가수도 없다. 휴대전화에 최신 가요보다 20년 전 가요와 탱고만 넣고 듣는 내게 '팬질'은 다른 세상 이야기였다. 줄 서는 게 귀찮아서 맛집도 피해 다니는 내가 단지 '팬심' 때문에 일정이 꼬이는 것을 감수하면서까지 이곳에 왔다. 나의 '스타'가 인도한 길을 따라온 것뿐인데 이렇게 따스한 마음까지 선물 받았다. 이러니 카를로스 오빠에 대한 사랑이 더 커질 수밖에. 사랑하는 당신을 위해서라면 올림픽에서 복싱 경기를 할 수도 있고, 당신을 위해서는 히말라야를 오를 수도 있다는 오글거리는 「Volví a nacer」의 가사가 입에 착착 감기는 걸 보니 내게도 운명적인 사랑이 얼마 남지 않은 것 같아 설렌다.

멕시코 멕시코시티

MÉXICO CIUDAD DE MÉXICO

무데뽀 정신!

무작정

여행이 얼마 남지 않은 어느 날, 멕시코에서 두 번째로 큰 도시인 과달라하라Guadalajara에서 갑자기 이런 생각이 들었다. 이미 너무 많은 곳을 다녔기 때문에 몇 군데 도시를 더 간다고 해도 감흥이 예전만 하지 않을 것이고, 여행을 마무리하는 시간이 필요할 것 같다고. 그래서 2개 도시를 더 가려던 일정을 취소하고 바로 마지막 도시로 예정된 멕시코의 수도 멕시코시티로 향했다. 그러니까 결심부터 실행까지 단 이틀이 걸렸다. 숙소도 알아보지 않고 에콰도르에서 만난 멕시코 친구인 파블로에게 메시지만 하나 달랑 보내놓고 멕시코시티행 버스를 탔다. 하지만 대책 없는 '무데뽀' 여행의 대가를 멕시코시티에 도착하자마자 치러야 했다. 터미널에서 알아본 숙소에는 방이 없었고, 울며 겨자 먹기로 갔던 다른 호스텔은 안 좋은 시설에 비해 너무 비쌌다. 멕시코시티로만 오면 방을 내주겠다던 파블로는 바빠서 주말에나 만날 수 있었다. 졸지에 할 일도, 잠잘 곳도 없어져 버렸다. 여행의 막바지, 가진 돈도 얼마 없어 심각하게 노숙을 고려해야 할 상황이 됐다.

첫날 환영 파티

차릴 염치가 없다

이런 절망적인 상황에서 한 줄기 빛이 된 친구, 지나. 카우치 서핑을 통해 이러한 상황을 설명하니 너무도 간단하게 "당장 우리 집으로 와!"라고 말했다. 보스턴으로 출발하기까지 2주 정도가 남은 상황. 아무리 가난해도 염치는 차려야 했지만, 차릴 염치마저 남아 있지 않았다. 호스텔에서 하룻밤을 보낸 후 다음 날 아침 지나를 만나기 위해 다시 짐을 싸고 지하철을 탔다. 대학교 어학당에서 중국어를 배우고 있는 지나는 자넷이란 친구와 함께 마중을 나와 있었다. 보자마자 껴안고 쉴 새 없이 이야기를 풀어내는 덕에 낯가릴 시간조차 없었다. 짐을 싣고 우리는 시장으로 향했다. 첫날부터 '환영 파티'를 준비했단다. 두 손 가득 재료를 사서 지나네 집으로 가서 요리를 하고 있으니 하나, 둘 지나의 친구들이 도착했다. 고기를 굽고, 타코를 만들고, 술을 마시며 춤을 췄다. 활발한 지나 덕분에 멕시코시티에서의 짧지 않은 시간 동안, 잘 지낼 수 있을 것 같은 좋은 예감이 들었다.

파란 집, 프리다 칼로

멕시코에서 가장 유명한 화가, 프리다 칼로Frida Kahlo. 영화로도 잘 알려진 그녀의 삶은 너무 가슴 아프다. 소아마비, 교통사고, 유산, 여성 편력을 가지고 있던 남편까지. 신은 프리다 칼로에게 편안한 삶을 허락하지 않았다. 프리다는 육체적, 정신적 아픔을 그림으로 승화시켰다. 그림으로 표현된 그녀의 아픔과 고통은 고스란히 그림을 보는 사람의 몫이 됐다. 멕시코시티의 코요아칸Coyoacán에는 프리다가 남편인 디에고 리베라와 함께 일생을 보낸 파란 집Casa Azul이 있다. 청량함을 표현하지만, 이면에는 우울함을 가지고 있는 파란색. 집도 프리다를 닮았다.

지나의 수업이 없는 날, 우리는 함께 파란 집으로 향했다. 멕시코에 도착하자마자 곳곳에서 만났던 프리다 칼로를 더 가까이서 만날 수 있는 기회였다. 그림부터 시작해 프리다가 실제로 사용했던 침대, 실제로 입었던 옷까지 많은 것들이 전시돼 있었다. 오랜 시간을 침대에 누워 지내야만 했던 프리다를 상상한다. 침대 위쪽에 거울을 두고 자신의 아픔을 똑바로 바라보며 그렸던 수많은 자

파란 집

화상. 못과 화살에 찔려 피를 흘리는 자신을 그릴 때의 프리다를 상상한다. 상상은 상상에서 그친다. 나의 모든 것을 동원해 그녀의 인생을 그려본다 한들 아픔의 한 조각도 온전하게 공감할 수 없다. 신은 유독 프리다에게 가혹했다. 그 대가로 우리는 명작을 볼 수 있지만 아픔으로 물든 삶에 마음 한쪽이 무겁기만 했다. 한 줌의 재로 변해 파란 집에서 쉬고 있는 프리다. '이 외출이 행복하기를, 그리고 다시 돌아오지 않기를'이라는 말을 남기고 떠난 그녀의 지금은 평안하길 바란다.

나도 모르던 내 안의 학구열

'무데뽀' 정신으로 무작정 온 멕시코시티. 스페인어를 배우고 싶다는 '학구열'도 함께 왔다. 문제는 '주머니 사정'이었다. 학비는커녕 끼니를 걱정해야 했던 상황에서 '스페인어 수업'은 사실 그림의 떡이었다. 지푸라기라도 잡는 심정으로 카우치 서핑에 글을 올려 '공짜 과외 선생님'을 찾았다. 안 될 거라 생각했는데 다음 날 접속한 카우치 서핑에서 나는 무료로 해주겠다는 답신만 5개 이상

공짜 스페인어 선생님 호르단

받았다. 두드리니, 열렸다. 그중 시간이 맞는 호르단이란 친구에게 2주 동안 무료로 스페인어 수업을 듣기로 했다. 체계적인 커리큘럼은 없었지만 수업은 훌륭했다. 언어뿐만 아니라 멕시코의 문화와 역사에 대해 많은 이야기를 들을 수 있었다. 금쪽같은 자신의 시간을 조건 없이 내어주며 스페인어를 가르치는 이유가 궁금했다. 우선 자신의 언어를 배우고 싶어하는 내가 궁금했단다. 그리고 언어를 통해 많은 사람이 마약 사건이 넘치고 치안이 불안정한, 미디어에 비친 멕시코가 아닌 아름답고 정이 넘치는 멕시코를 알기를 바란단다. 하루에 고작 2시간 배운 것으로 스페인어 실력이 갑자기 일취월장한 것은 아니었지만, 미디어 이면에서 살아 숨 쉬는 진짜 멕시코를 알아가는 데 큰 도움이 됐다.

학창 시절 나는 이유도 모른 채 공부를 했고, 알고 싶지도 않은 것에 대해 알아야 했다. 빨리 어른이 되고 싶었던 이유 중 하나는 어쩌면 지긋지긋한 공부를 끝내고 싶어서였을지도 모른다. 그런데 어른이 되어서도 해야 할 공부는 더 많아졌고, 도대체 시험은 왜 그리도 많은지. 이유도 모르고, 알고 싶은 것도 없는데 공부를 해야 했던 학창 시절과 졸업 후 인생은 크게 다르지 않았다. 그런 내가 매력적인 이 나라를 깊이 알고 싶어서, 매력적인 사람들이 궁금해서 스스로 공부를 시작했다. 내 세포 중에 학구열이 새겨진 DNA는 없을 줄 알았는데, 꽉 찬 나이에 그것도 지구 반대편에서 나도 모르던 내 안의 학구열을 찾았다. 친절하고 따뜻하고 유쾌한 사람들에 대해 다 알게 될 때까지 이 학구열은 계속될 것이다.

멕시코 멕시코시티
MÉXICO CIUDAD DE MÉXICO

나 지금 멕시코야!

운명이었어

에콰도르 코토팍시 투어를 함께했던 파블로. 당시에는 멕시코가 아닌 브라질 여행을 생각하고 있었기 때문에 "멕시코에 가게 되면 한번 보자!"라는 내 말은 예의를 차린 '착한 거짓말'이었다. 내 가식이 보였는지 파블로는 "거짓말하지 마!"라고 대답했더랬다. 그런데 정말, 어쩌다 보니 멕시코에 가게 됐다. 도착한 날 바로 파블로에게 연락을 했다. "나 지금 멕시코야!"라는 말에 깜짝 놀라

는 파블로. 거짓말하지 말라고 이야기는 했지만 내심 기대는 했단다. 그리고 멕시코의 수도 멕시코시티에서 우리는 약 반년 만에 다시 만났다. 사실 에콰도르에서 함께한 시간은 24시간이 채 안 되는데 다시 만나니 마치 오랜 친구처럼 반가웠다. 영어 강사로 하루에 보통 5개의 강의를 하고 있던 파블로는 나를 만나기 위해 있던 강의까지 취소했단다.

애초 '대기 목록'에도 올라 있지 않던 나라, 멕시코. 멕시코에서 만나자고 했던 말, 호스텔에서 만난 친구들이 가장 좋은 나라로 멕시코를 꼽아서 호기심이 생겼던 일. 어쩌면 내 운명의 화살표는 계속 멕시코를 가리키고 있었는지도 모르겠다. 운명이란 단어가 쉽게 내뱉을 수 있는 말이 아님을 알지만, 그래도 내가 이 나라에 온 이유만큼은 운명과 연결 짓고 나서야 설명이 되는 너무도 즉흥적인 일이었기 때문이다.

광란의 금요일, 평온한 토요일, 따뜻한 일요일

너무도 바쁜 파블로, 멕시코시티에 도착한 지 일주일이 지나서야 겨우 만날 수 있었다. 금요일 오후, 스페인어 수업을 마치고 만나기로 한 장소에 나갔다. 낯설 거라 생각했던 예상은 기우였다. 보자마자 반가운 마음에 서로 얼싸안고 인사를 나눴다. 매사에 딱 부러지는 파블로, 여행사 직원보다 더 훌륭하게

파블로

갈 곳과 일정을 이미 정해놨다. 난 그저 파블로만 따라 움직이면 됐다.

코토팍시도 겅중겅중 올라가던 '활력왕' 파블로가 먼저 데려간 곳은 클럽이었다. 그것도 소나 로사Zona Rosa 지역에 위치한 게이 클럽. 색다른 문화를 체험하고 싶다는 내 말에 이곳이 적격이라고 생각했단다. 일반적인 클럽이야 한국에서도, 여행하면서도 남 부럽지 않게 가봤지만 게이 클럽은 생전 처음이었다. 금요일 밤은 이곳에서도 '불금'처럼 불타오르고 있었다. 들어가는 입구부터 분위기에 압도당했다. 동성애를 반대하는 입장은 아니지만, 그래도 바로 눈앞에서 펼쳐진 각종 애정 행각에 눈을 둘 곳을 찾지 못했다. 게다가 이곳에서도 동양인은 나 하나뿐. 대부분 다른 사람에게 신경 쓰지 않고 춤추고 노는 데 심취해 있었지만 그 공간에 유일했던 동양인에게 시선이 아예 안 쏠릴 수는 없는 법. 내 행동 하나하나가 그들에게는 이야깃거리가 됐다.

여행하면서 듣기 싫은 말 중 하나는, 한국 사람들은 참 놀 줄 모른다는 말이나 얌전하다는 말이다. 그런 편견에 맞서 나도 작정하고 놀기로 했다. 아무도 강요하지 않았지만 편견을 없애러 온 한국의 '민간 외교관'처럼 누구보다 열심히 흔들었다. 그런데 문제는 파블로. 새벽 4시가 되어도 이 활력 넘치는 아이는 지칠 줄을 모른다. 결국 내가 먼저 백기를 들었다. 제발 나가자는 말에, 분위기가 막 좋아지기 시작했는데 끝이라며 툴툴거리는 파블로가 이끈 다음 일정은 한

소치밀코

술집이었다. 그런데 이곳에서도 음악이 나오자 모든 사람이 일어나 춤을 추기 시작했다. 결국 새벽 6시까지 춤판은 이어졌다. 광란의 금요일이었다.

새벽에 잠들어 오후에 겨우 눈을 뜨고 지칠 줄 모르는 파블로를 따라 토요일 일정도 소화해야 했다. 우리가 향한 곳은 멕시코시티 외곽에 위치한 소치밀코Xochimilco라는 곳이었다. 멕시코의 베네치아라고 불리는 곳인데, 화려하지만 멋이 없는 베네치아의 곤돌라보다 훨씬 화려하고 멋진 배를 탈 수 있는 곳이다. 세상의 모든 원색이 칠해진 것만 같은 소치밀코의 배, 사랑의 세레나데는 도무지 어울리지 않을 법한 이 배 위에서도 악사는 연주하고 또 노래를 했다. 현지 친구와 함께 다닐 때에는 굳이 내가 협상을 하지 않아도, 말을 하지 않아도 알아서 다 해주니 여러모로 편하다. 이번에도 파블로가 배 주인과 협상해 넓은 배에 싼값으로 우리 둘만 탈 수 있었다. 흔들리는 배 위에서 아랑곳하지 않고 모두 일어나 노래를 부르며 춤을 추는 사람들, 마치 육지를 걷는 것처럼 배 위를 거침없이 옮겨 다니며 물건을 파는 상인들. 모든 것이 멕시코답다. 다만 우리는 광란의 금요일을 보낸 대가로 그들처럼 춤을 출 수 없어 그저 바라봐야만 했다.

일요일에 파블로가 준비한 일정은 생일파티였다. 파블로와 피는 섞이지 않았지만 가족처럼 지내는 사람들의 생일파티란다. 멕시코시티에서 지하철을 타고, 다시 기차를 타고 툴테펙Tultepec이란 도시로 갔다. 대가족이었다. 막내 샹디, 샹디의 오빠, 남매의 부모님, 남매의 할머니와 할아버지. 그날은 할머니의 생신이었다. 모두 일손을 도와 빠에야*를 만들고 분주하게 움직였다. 처음에는 어색하게 시작했던 생일파티, 시간이 지날수록 신 나는 파티로 바뀌었다. "춤과 음악이 빠지면 그건 멕시코가 아니야!"라는 샹디, 역시 춤과 음악이 등장했다. 정원에서 크게 음악을 틀고 다 같이 일어나 춤을 췄다. 술도 빠질 수 없다. 맥주부터 시작해 멕시코의 상징인 테킬라와 메스칼도 나왔다. 점심 때쯤 시작한 생일파티는 밤까지 끝날 줄 모르고 계속됐다. 다음 날, 출근해야 했던 파블로와 스페인어 수업이 있던 나. 결국 가족들의 적극적인 만류에 못 이기고 새벽까지 즐거운 시간을 보내고 '외박'을 할 수밖에 없었다. 끈끈한 가족의 정을 나누기 위해서 필요했던 시간은 단 하루였다. "생일파티에 왔으니 너는 내 손녀다!"라고 딱 정해주신 할머니의 말씀에 나도 "네! 할머니!"라고 크

* 빠에야 : 프라이팬에 쌀과 고기, 해산물 등을 넣고 볶은 스페인 전통 요리.

게 대답했다. 멕시코시티로 돌아가야 할 시간이 왔다. 아쉬움에 발길이 떨어지지 않았고 따스함에 감동해 눈물이 났다. 여행 중 이렇게 늘 받기만 했다.

여행을 마친 후, 다시 돌아온 한국에서 생일을 맞았다. 여행에서 만난 친구들로부터 받은 수많은 축하 속에서 가장 기억에 남는 게 있다. 발신인을 알 수 없던 이상한 번호로 걸려온 전화. 받으니 툴테펙의 내 가족들이다. 6명의 가족 한 명도 빠짐없이 모두 모여 생일 축하 노래를 불러줬다. 기대도 못 했지만, 기대했더라도 감동은 그대로였을 것이다. 여행 후에도 이렇게 받기만 한다.

꼭 다시 만나자

"멕시코에 가게 되면 한번 보자!"라는 말이 진짜 우리를 다시 만나게 했다. 헤어질 때 파블로는 의미심장한 미소를 지으며 "한국에 가게 되면 한번 보자!"라고 말했다. "거짓말하지 마!"라고 일갈할 수 없는 이유는, 이젠 말의 힘을 알기 때문이다. 2년 후에 멕시코에 다시 가겠다고 말은 했지만 약속을 못 지키는 상황이 올 수도 있음을 누구보다 잘 안다. 그럼에도 불구하고 그 약속을 입 밖으로 계속 꺼내는 이유는 말의 힘을 빌려 꼭 다시 올 수 있기를 바라기 때문이다. 내뱉는 말이 다짐을 만들고, 다짐이 2년 후 인생의 상황을 긍정적으로 만들 것이라 믿는다. 그리고 2년 후, 우리는 꼭 다시 만날 것이다.

멕시코시티 풍경

살아 있는 한, 인생은 언제나 청춘이다

98%의 어떤 것

2014년 4월 8일, 뉴욕. 여행의 마지막 날. 멕시코에서 먹은 음식이 안 맞았는지, 한 일주일간 배탈로 고생했다. 다음 날 오전, 한국행 비행기를 타야 했기 때문에 아픈 배를 부여잡고 애써 잠을 청해보려 침대에 누웠다. 몸이 아파 정신이 없는 와중, 고통을 견딜 수 있게 한 것은 진통제가 아닌 뿌듯함이었다.

여행을 떠나기 전 일주일 동안 친구들과 신 나게 환송회를 하느라 준비는 전혀 하지 않았다. "이렇게 환송회를 거하게 해주는데 몇 개월도 못 버티고 돌아오면 부끄러워서 어떻게 해!"라고 말했지만, 나는 사실 내가 좀 오래 버틸 걸 알고 있었다. 하지만 그 '오래'라는 시간이 1년이 될 줄은 나도 몰랐다. 한 10개월 정도로 예상했다. 사실 1년이란 기간은 금전적으로나, 체력적으로나, 여러 가지로 좀 무리였다. 예상했던 10개월만 여행했어도 난 마지막 밤을 뿌듯함과 함께 보낼 수 있었을 것이다. 하지만 서른 살을 훌쩍 넘어, 많은 것들을 내려놓고 어렵게 떠난 이번 여행에서 난 '상징적인 무언가'가 필요했다. 그 상징을 나는 '1년'이란 시간으로 삼았다.

1년, 365일, 8,760시간. 많은 일이 오랜 시간을 빼곡하게 채웠다. 길을 걷다 휴대전화를 훔치려던 사람과 실랑이를 벌였던 콜롬비아 메데인. 5분 만에 큰 배낭을 2개나 도둑맞았던 칠레 산티아고. 호스텔이 없어 무턱대고 들어갔던 (추정상) 러브호텔에서 30분간 문을 두들겨댄 (추정상) 성매매 영업꾼 덕분에 오들오들 떨기만 했던 콜롬비아 툰하Tunja. 새벽 2시에 도착해 잘 곳을 구하지 못해 결국 침낭 깔고 터미널에서 '노숙'을 했던 아르헨티나 엘 칼라파테El Calafate 등등. 마지막 밤, 한 편의 영화처럼 지난 1년이 눈앞을 스쳤다. 일말의 아쉬움 없이 내 마음은 온통 잘 버티고 잘해냈다는 뿌듯함으로 채워졌다. 많은 '무리'를 뛰어넘고 '상징'을 완성했다.

2013년 4월 9일 인천공항. 비행기를 기다리며, SNS에 이런 글을 끄적였다.

> 소란스럽게 드디어 간다. 짐도 오늘 싸고 해서 정말 이렇게 안 설레긴 처음인 듯. 스페인어, 거대한 자연, 불가사의 이런 건 목적의 2%도 안 된다. 적극적으로 사람 구경하러 가야지. 적극적으로 놀다 와야지.

목적의 2%도 안 되던 스페인어는 장족의 발전을 했고, 파타고니아의 거대 자연은 숨 막히게 아름다웠고, 사라진 공중도시 마추픽추도 감동이었다. 하지만 내 여행을 완벽하게 만들고 내 이야기를 채워준 것은 역시 나머지 98%의 것들이다. 바로 사람들이다. 나와 다르게 생기고 다른 방식으로 생각하는 사람들을 적극적으로 구경했고 그들과 적극적으로 놀았다. 여행 전, 나는 외로워도 외롭다고 말하지 못하고 모든 것을 혼자 해결해야 직성이 풀리는 사람이었다. '사람'이 없던 내 삶에 들어온 98%의 사람들은 외로운 순간을 함께 해주었고 조건 없는 도움을 주었다. 1년, 사람은 살을 비비고 부대끼고 살아야 하는 존재란 것을 깨닫기 충분한 시간이었다.

누가 뭐래도, 난 청춘이다

'아프니까 청춘이다'라는 말 앞에서도 아플 수 없었다. '여행자'라는 타이틀을 달고 대륙을 종횡무진 누리던 나도, 한국에서는 30대 중반을 바라보는 대책 없는 '백수'였다. 청춘이라 하기에는 좀 늙은, 장년이라 하기에는 좀 젊은 어중간한 나이. 모든 것이 톱니바퀴처럼 돌아가는 우리나라에서 나는 아파도 아프다고 말할 수 없었다.

경기도에서 태어나 줄곧 경기도에서 자란 내게, 세상은 딱 경기도만 했다. 사람은 누구나 이곳이 아닌 저곳을 바라보기 때문에 불행하단다. 경기도만 한 세상에서, 아파도 아프다고 말할 수 없던 나는 오히려 저곳을 바라봐서 행복했다. 새가 알에서 나오려고 투쟁하듯, 나도 더 넓은 세상과 만나기 위해 투쟁했다. 안정적인 미래를 준비해도 모자랄 마당에, 그것을 박차고 나가버렸다. 과연 세상은 넓었다. 수만 가지 모습의 삶이 있었다.

심장이 뛰는 곳에 손을 얹었다. 하고 싶은 일이 많아졌고, 알고 싶은 사람이 많아졌다. 삶에 대한 무한한 욕구와 의지가 있는 한 사람은 언제나 청춘을 살 것이다. 그러니 누가 뭐래도, 난 청춘이다. 수없이 아프고 수없이 깨지며 청춘을 살겠다고 다짐한다. 여행은 이렇게 나를 청춘으로 되돌려 놓았다.

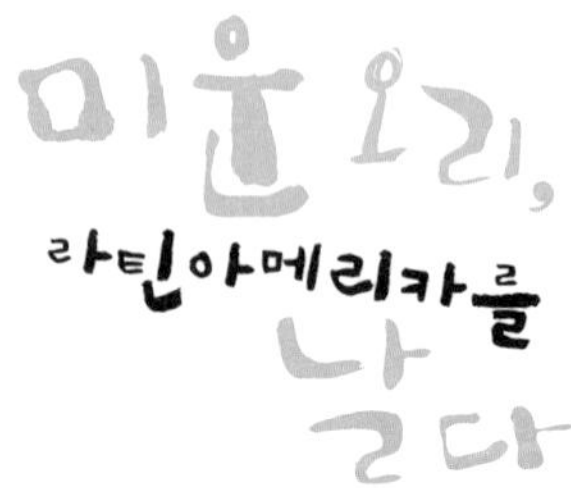

초판 1쇄 발행일 2015년 2월 17일

글 · 사진 송유나
펴낸이 박영희
편집 배정옥 · 유태선
디자인 김미령 · 박희경
인쇄 · 제본 AP프린팅
펴낸곳 도서출판 어문학사
서울특별시 도봉구 쌍문동 523-21 나너울 카운티 1층
대표전화: 02-998-0094/편집부1: 02-998-2267, 편집부2: 02-998-2269
홈페이지: www.amhbook.com
트위터: @with_amhbook
블로그: 네이버 http://blog.naver.com/amhbook
다음 http://blog.daum.net/amhbook
e-mail: am@amhbook.com
등록: 2004년 4월 6일 제7-276호

ISBN 978-89-6184-361-4 03950
정가 18,000원

이 도서의 국립중앙도서관 출판예정도서목록(CIP)은 e-CIP홈페이지(http://www.nl.go.kr/ecip)와 국가자료공동목록시스템(http://www.nl.go.kr/kolisnet)에서 이용하실 수 있습니다.
(CIP제어번호: CIP2015001871)